新时代新理念职业教育教材·机车车辆类

铁道机车制动机

主　编　许大勇　李长生

副主编　张琳娜　董小平　王铁明

主　审　姜　铎

北京交通大学出版社

·北京·

内 容 简 介

本书根据职业教育铁道运输类专业群中铁道机车运用与维护、电力机车运用与检修和内燃机车运用与检修专业教学计划中“机车制动机”课程的教学大纲编写而成，全书以东风系列内燃机车使用的 JZ–7 型空气制动机及 SS_4 改型电力机车使用的 DK–1 型电空制动机为例，依据典型工作岗位的典型工作任务对教学内容进行项目化处理，以典型工作任务为驱动，介绍制动机的性能、构造、控制关系、作用原理、验收原则及实际运用。此外，书中还介绍了有关制动的基本理论、机车制动机附件、风源系统、基础制动装置与停车制动装置等内容。

本书由职业院校专业教师团队与铁路部门一线技术骨干双元开发，内容反映企业现场新技术，贯彻人才技能培养新理念，项目安排合理，取材深度与学生水平相适应，便于组织教学。本书配备数字化教学资源，扫描二维码即可轻松学习，符合铁道机车制动机运用与检修岗位需求，适合职业教育学生学习的特点，便于自学。

本书既适用于职业院校铁道机车制动机课程的教学，也可作为职工的非学历教育培训教材，并可供从事铁道机车驾驶与检修岗位工作的广大从业人员学习参考。

图书在版编目（CIP）数据

铁道机车制动机 / 许大勇，李长生主编. —北京：北京交通大学出版社，2021.8
ISBN 978-7-5121-4559-7

Ⅰ. ① 铁… Ⅱ. ① 许… ② 李… Ⅲ. ① 机车车辆–车辆制动–制动装置–职业教育–教材 Ⅳ. ① U260.13

中国版本图书馆 CIP 数据核字（2021）第 171056 号

铁道机车制动机
TIEDAO JICHE ZHIDONGJI

责任编辑：陈跃琴
出版发行：北京交通大学出版社　　电话：010–51686414　　http://www.bjtup.com.cn
地　　址：北京市海淀区高梁桥斜街 44 号　　邮编：100044
印 刷 者：北京鑫海金澳胶印有限公司
经　　销：全国新华书店
开　　本：185 mm×260 mm　　印张：13.75　　字数：343 千字
版 印 次：2021 年 8 月第 1 版　　2021 年 8 月第 1 次印刷
印　　数：1～2 500 册　　定价：49.80 元

本书如有质量问题，请向北京交通大学出版社质监组反映。对您的意见和批评，我们表示欢迎和感谢。
投诉电话：010-51686043，51686008；传真：010-62225406；E-mail：press@bjtu.edu.cn。

前言

铁道机车主要包括内燃机车和电力机车，铁道机车制动机是内燃机车运用与检修、电力机车运用与检修及铁道机车运用与维护专业的一门主干专业课程。本书以东风系列内燃机车机及 SS_4 改型电力机车为典型车型，对其上装配的 JZ-7 型空气制动机和 DK-1 型电空制动机进行了详细讲解，还介绍了有关制动的基本理论、机车制动机附件、风源系统、基础制动装置与停车制动装置等知识，内容编写坚持理论与实际相结合的原则，加大实际操作应用的篇幅，突出技能水平的培养，语言上力求简明扼要、通俗易懂，具有较强的针对性。

本书适用于中职电力机车运用与检修专业、内燃机车运用与检修专业及高职铁道机车运用与维护专业在校生及具有相应水平和学习要求的读者，符合铁道机车制动机运用与检修岗位需求，适合职业院校学生学习的特点，便于自学。针对学生的认知规律和学习特点，每个项目采取“项目描述—任务引入—教学活动—项目小结—复习思考题”的编排结构，以突出教学重点。同时，力求使所选材料通俗易懂，语言规范，图文并茂，满足自学的需要。

在教学过程中，教师可以本书提供的教学内容为基础，结合学生特点和教学条件，发挥创造性，生动活泼地进行教学，避免照本宣科地讲授。一要确保教学的完整性和系统性。实践技能的培养是专业课教学的侧重点之一，教学过程中教师应避免“重理论，轻实践”的错误做法，同时应注重各章节之间的内在联系，以求教学的完整性和系统性。二要突出教学的直观性和实践性。本课程是一门实践性较强的主干专业课，仅靠教材中的图文进行讲授是难以达到教学要求的，因此教师在授课过程中，一方面要充分利用实物、模型挂图等教具或多媒体课件进行讲授，以增加教学的直观性，提高学生的学习兴趣；另一方面要适当增加实训的教学时数，实现教学与实践相结合，以帮助学生有效地巩固所学知识，培养他们的实践技能。

本书由齐齐哈尔技师学院许大勇、李长生担任主编，齐齐哈尔技师学院张琳娜、董小平、王铁明担任副主编，中国铁路沈阳局集团有限公司沈阳机务段职教科高级工程师姜铎担任主审。全书共五个项目，其中，项目1、项目4由许大勇、李长生编写，项目5由张琳娜编写，项目2由董小平编写，项目3由王铁明编写，徐博、王丹丹、李建斌等对本书的编写工作提出了许多宝贵意见。同时，本书的编写工作也得到了全国各兄弟院校有关老师和现场有关人员的大力支持和帮助，在此深表感谢。另外，书中引用了部分工厂的技术资料，参考了一些已发表的文章、已出版的著作，在此向有关作者一并致谢。

由于编者水平有限，书中难免存在缺点与错误，诚恳欢迎读者批评指正。

编　者

2021年7月

目录

项目1
制动系统基础知识

（扫描二维码，获取本项目视频资源，共3个）

项目描述

有效的制动装置（又称制动系统，工作实践中简称制动机）是铁道机车车辆的重要组成部分。随着社会的发展、科学技术的进步，制动机由原始的手制动机、直通式空气制动机，发展到近代的性能较完善的自动空气制动机、电空制动机、微机控制制动机等。与此同时，伴随着铁道牵引动力的革命，制动技术也得到飞跃式发展，再生制动、电阻制动和液力制动的问世虽时间不长，但这些制动方式的强大制动功率、极好的高速性能及很高的经济性，使它们得到较为广泛的应用。

任务1.1 认知制动理论基础知识

任务引入

日常生活中，任何运输工具都离不开制动系统。小到自行车，大到航天飞机，制动系统都起着保证运输安全的重要作用。对于铁路运输来讲，列车的运行过程包括牵引、惰行和制动三个基本工况，而制动工况顺利实施的关键在于制动系统的有效、可靠工作。那么，什么是制动系统？它包括哪些组成部分呢？

活动1.1.1 学习与制动相关的基本概念

1. 制动

所谓制动是指能够人为地产生列车减速力并控制这个力的大小，从而控制列车减速、阻止其运动或阻止其加速运动的过程。

2. 制动力

由人工引起的、可以调节的、受到一定限制的与列车运行方向相反并阻止列车前进的外力，称为制动力。

3. 制动距离

从施行制动开始到列车完全停车为止，这段时间内列车所行驶的距离称为制动距离。

4. 制动系统

① 定义。制动系统指的是能够产生可控制的列车减速力，以实现和控制能量转换的装置或系统。

② 组成。制动系统由制动机、手制动机和基础制动装置三大部分组成。

制动装置中可直接受司机操纵控制，从而产生制动力的动力来源部分，称为制动机。

用人力转动手轮或手把，以代替制动机产生制动力的动力来源部分称为手制动机。

传递制动机所产生的制动力，并将该力扩大后送给闸瓦的部分，称为基础制动装置。

③ 控制关系。制动系统的控制关系（即工作流程）如图 1–1 所示。

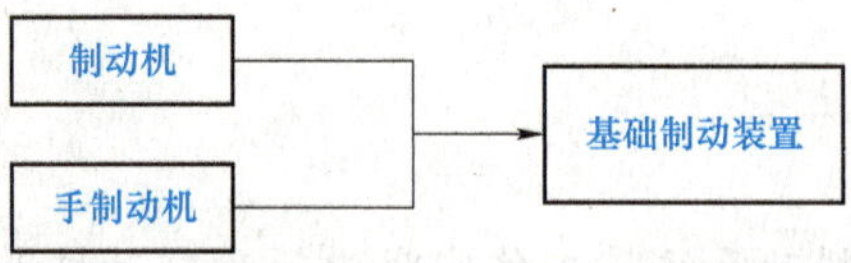

图 1–1　制动系统的控制关系（即工作流程）

④ 制动系统分类。无论是机车，还是车辆，都具有各自的制动系统，即各自的制动机、手制动机和基础制动装置。当机车、车辆编组成列车后，其各自的制动系统相互联系而构成一个统一的制动系统——列车制动系统。因此，制动系统有了机车制动系统、车辆制动系统和列车制动系统之分。

5. 缓解

对已经施行制动的列车，解除或减弱其制动作用，称为缓解。

活动 1.1.2　认知制动方式

制动方式是指制动时列车动能转移的方式或制动力获取的方式。这是制动的基本问题，也是制动研究的基础。

1. 按列车动能转移方式分类

按列车动能转移方式的不同，制动方式可分为热逸散和将动能转换成可用能两种基本方式，如表 1–1 所示。

表 1–1　按动能转换方式分类

<table>
<tr><th>制动类型</th><th colspan="3">分　类</th><th>备注</th></tr>
<tr><td rowspan="4">热逸散制动</td><td rowspan="4">摩擦制动</td><td rowspan="3">固体摩擦制动</td><td>闸瓦制动</td><td rowspan="2">广泛应用</td></tr>
<tr><td>盘形制动</td></tr>
<tr><td>轨道电磁制动</td><td>在高速旅客列车上采用，目前尚未普及</td></tr>
<tr><td colspan="2">液体摩擦制动</td><td>在液力传动的内燃机车上采用</td></tr>
</table>

续表

制动类型	分　类		备注
热逸散制动	动力制动	电阻制动	在电力机车上普遍采用
		旋转涡流制动	在高速列车上采用，目前尚未普及
		轨道涡流制动	在高速列车上普遍采用
		加馈电阻制动	在韶山电力机车上普遍采用
	风阻制动及喷气制动	风阻制动	在高速机车、动车组上采用，目前尚未普及
		喷气制动	
动能转换成可用能制动	再生制动		在电力机车上采用
	飞轮蓄能制动		在城市轨道交通电动车组上采用，目前尚未普及

1）热逸散制动

目前属于热逸散制动类型的制动方式有摩擦制动和动力制动两大类。

（1）摩擦制动

摩擦制动把列车动能转变为摩擦热能，主要有以下 4 种制动方式。

① 闸瓦制动（踏面制动）。制动时，闸瓦压紧车轮踏面（见图 1–2），在轮瓦间发生摩擦，列车动能绝大部分变成热能，并转移入车轮与闸瓦，最终逸散于大气，其原理如图 1–3 所示。这种制动方式的优点是简单可靠，使全列车在高速和低速时都有制动停车能力，制动力的大小可通过控制闸瓦压力来适当调节，所以它应用最为广泛，至今仍是铁路机车、车辆的主要制动方式。其缺点是闸瓦压力过大时会发生车轮被“抱死”而滑行的现象，所以制动力不能超过轮轨黏着力。闸瓦摩擦力一般随列车速度的提高而减小，随列车速度的降低而增大，因而易出现高速时制动力不够、低速时容易滑行、制动时车轮踏面易受到剧烈的磨耗等问题，所以多年来人们不断研究改进铸铁闸瓦的摩擦性能或使用新的摩擦材质制造闸瓦（如塑料合成闸瓦），也在寻求用其他更好的制动方式来弥补它的不足。

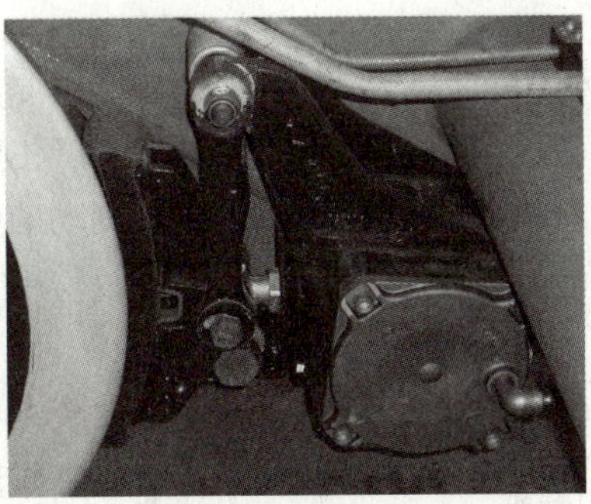

图 1–2　闸瓦制动实物

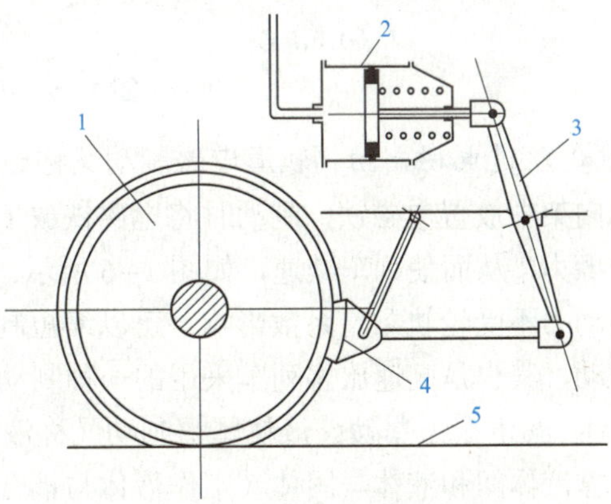

1—车轮；2—制动缸；3—制动传动装置；4—闸瓦；5—钢轨。

图 1–3　闸瓦制动原理

② 盘形制动。盘形制动分轴盘式和轮盘式两种。轴盘式的制动盘装在车轴上，轮盘式的制动盘装在车轮辐板上，如图 1-4、图 1-5 所示。制动时，用制动夹钳使闸片（一般用合成材料制成）夹紧装固在车轴或车轮辐板上的制动盘（一般为铸铁盘），使闸片与制动盘间产生摩擦，把动能转变成热能，热能转移入制动盘与闸片，最终逸散于大气。和闸瓦制动相比较，这种制动方式可以减少车轮踏面的磨耗，而且摩擦系数比较稳定，所以有些速度较高的车辆已经采用盘形制动，但它又有构造复杂、散热不良和成本较高等缺点。

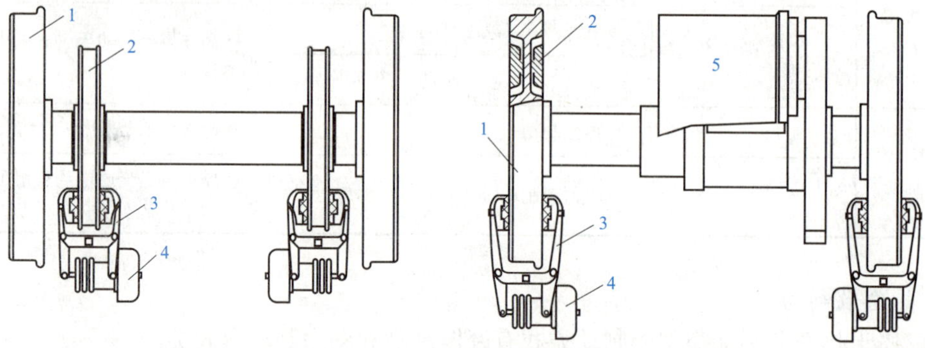

(a) 轴盘式　　(b) 轮盘式

1—轮对；2—制动盘；3—制动夹钳；4—单元制动缸；5—牵引电机。

图 1-4　盘形制动原理

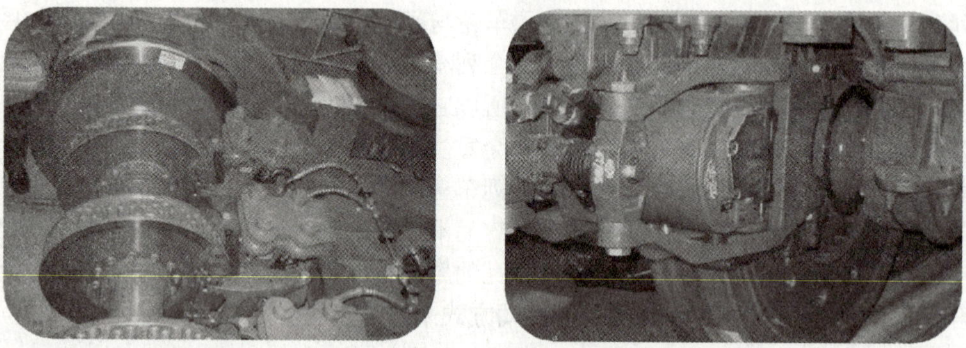

(a) 轴盘式　　(b) 轮盘式

图 1-5　盘形制动实物

③ 轨道电磁制动。轨道电磁制动又称磁轨摩擦制动，简称磁轨制动。它的作用原理是在转向架中放置电磁铁，制动时将电磁铁放下，利用电磁铁与钢轨之间的吸引力来产生较大的摩擦力，从而使列车减速，如图 1-6 所示。和上述两种制动方式相比较，磁轨制动的优点是制动力不受轮轨黏着系数影响，可以缩短制动距离，缺点是钢轨磨损较严重，故常用于紧急制动，其也是高速旅客列车采用的一种制动方式。

④ 液体摩擦制动。液体摩擦制动又称液力制动。在液力传动内燃机车上装设液力耦合器，靠液体间和液体与固体（工作液体与耦合器）之间的摩擦，使列车动能转变成工作液体的热能，并使发热的工作液体进行循环冷却，经由散热器逸散于大气。液力制动在内燃机车上只是作为一种辅助制动装置，用以弥补闸瓦制动之不足。

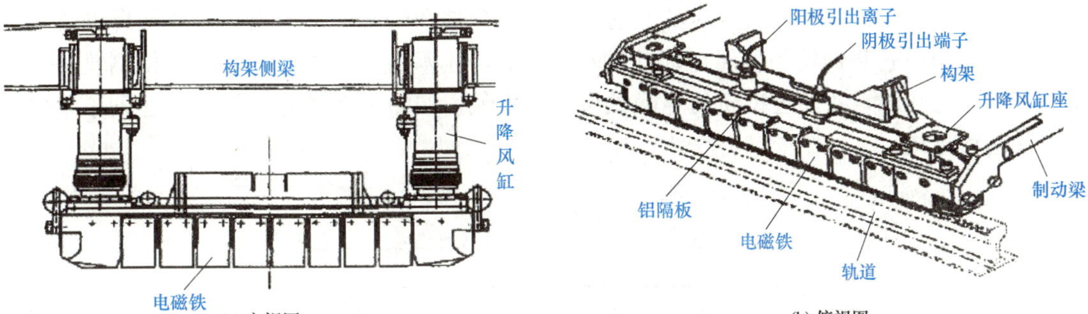

(a) 主视图　　(b) 俯视图

(c) 实物图

图 1–6　磁轨制动

（2）动力制动

动力制动时，列车动能通过电机、电器变为热能，最终逸散于大气。动力制动主要有以下 4 种方式。

① 电阻制动。电力机车、电传动的内燃机车和电动车辆等，凡用牵引电机驱动的都有可能实现电阻制动。制动时将牵引电机由电动机转变为发电机，将所发电能传送给电阻器转化为热能，靠冷却风扇强行通风而将热量逸散于大气中。

② 旋转涡流制动。牵引电机轴上装有金属涡流盘，制动时，金属涡流盘在电磁铁形成的磁场中旋转，在其表面感应出涡流，从而产生阻力并使金属涡流盘发热，变列车动能为热能并通过金属涡流盘逸散于大气，如图 1–7 所示。涡流盘带有散热筋，可起冷却风扇的作用，用以加速涡流盘的散热。

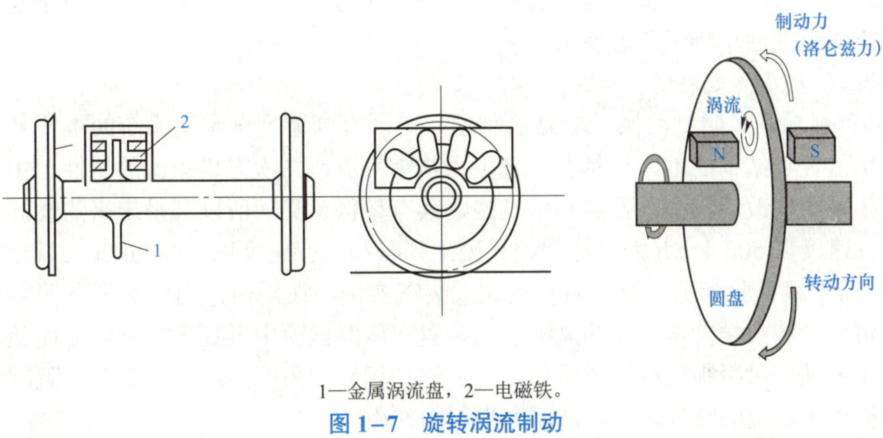

1—金属涡流盘，2—电磁铁。

图 1–7　旋转涡流制动

③ 轨道涡流（线性涡流）制动。制动时，将悬挂在转向架上的电磁铁放至离钢轨上方几毫米处，利用它和钢轨的相对运动使钢轨表面感应出涡流，从而产生阻力并使钢轨发热，变列车动能为热能，并通过钢轨与电磁铁逸散于大气，如图 1-8 所示。这是高速列车采用的又一种制动方式。

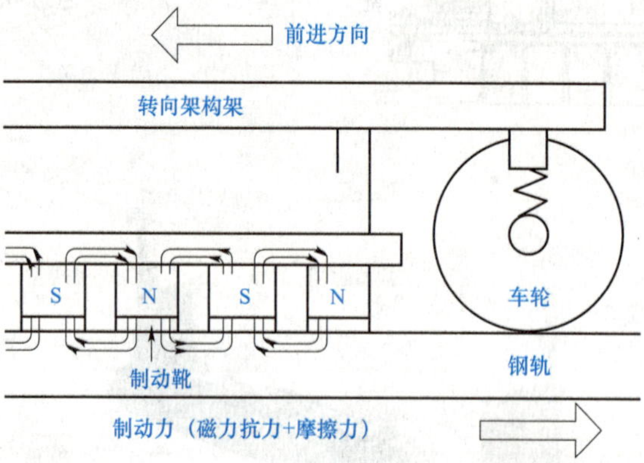

图 1-8　轨道涡流制动

④ 加馈电阻制动。加馈电阻制动又称“补足”电阻制动，在常规电阻制动中，电机的电枢电流随着机车速度的减小而减小，机车轮周制动力也随着机车速度的变化而变化。为提高机车在低速运行时的轮周制动力，常采用加馈电阻制动的方式。加馈电阻从电网中吸收电能，并把电能补充到电机的电枢电流中去，以获得理想的轮周制动力。该制动方式优点如下：一是加大了调速范围，最大制动力可以延伸至接近零；二是能比较方便地实现恒制动力控制。目前大部分韶山型电力机车都采用这种制动方式。

2）列车动能转变成可用能制动

将列车动能转变成可用能的方式有以下 2 种：

① 再生制动。将列车的动能转化为电能，与电阻制动不同的是将这部分电能反馈到牵引接触网再加以利用。因此再生制动装置只能装在电力机车和电动车上，根据接触网上的电流制式不同可将再生制动分为直流再生和交流再生两种。

② 飞轮蓄能制动。在列车制动时把动能转入飞轮储存，在列车起动、加速时放出该能量并加以利用，可以节约能源。但目前尚属试验阶段，因为它不但需要在车辆上装设质量相当大的飞轮，而且还需要一整套运转装置。飞轮蓄能对于长途车意义不大，对于起动、停车频繁的城市轨道交通车辆可考虑使用。

3）风阻制动及喷气制动

① 风阻制动。风阻制动属于非黏着制动，是现有高速列车制动系统的重要补充。风阻制动装置重量轻、结构简单，且具有空气阻力与空气流速二次方成正比的特性。由于风阻制动对原有车辆结构改动较小，且能利用风能，具有环保意义，所以其是未来的发展方向。在日本，运行速度以 500 km/h 为目标的超导磁浮列车和运行速度以 360 km/h 为目标的东日本铁路 E954 新干线试验车上，有风阻制动装置装车实例。在国内，由中车青岛四方车辆研究所有限公司与同济大学合作设计的风阻制动装置在风洞试验中得到了很好的性能验证。风阻制动的工作原理：风阻制动板可绕所属固定座转动相应的角度，当气流流向风阻制动板时，风阻制动板产生一定的空气阻力，从而产生制动作用。

② 喷气制动。喷气制动也称排风制动、发动机缸内制动，属于辅助制动的一种方式。它的主要特点是制动在发动机里实现，主要工作原理是：关闭发动机排风通道，使发动机活塞在排风行程中接受气体的反作用力，阻碍发动机运转，从而产生制动作用，达到控制车速的目的。

2. 按制动力获取方式分类

按制动力获取方式分类，可分为黏着制动和非黏着制动两类，如表 1–2 所示。

表 1–2　按制动力形成方式分类

<table>
<tr><th>制动类型</th><th colspan="2">分类</th><th>备注</th></tr>
<tr><td rowspan="6">黏着制动</td><td rowspan="2">摩擦制动</td><td>闸瓦制动</td><td rowspan="2">广泛应用</td></tr>
<tr><td>盘形制动</td></tr>
<tr><td rowspan="3">动力制动</td><td>电阻制动</td><td>在电力机车上普遍采用</td></tr>
<tr><td>再生制动</td><td>在电力机车上采用</td></tr>
<tr><td>加馈电阻制动</td><td rowspan="2">在电力机车上普遍采用</td></tr>
<tr><td>惯性制动</td><td>飞轮蓄能制动</td></tr>
<tr><td rowspan="4">非黏着制动</td><td colspan="2">轨道电磁制动</td><td rowspan="4">在高速旅客列车上采用，目前尚未普及</td></tr>
<tr><td colspan="2">磁轨涡流制动</td></tr>
<tr><td colspan="2">旋转涡流制动</td></tr>
<tr><td colspan="2">风阻制动及喷气制动</td></tr>
</table>

1）黏着制动

制动力的形成是通过轮轨间的黏着来实现的制动，称为黏着制动。黏着制动是目前主流的一种制动方式。闸瓦制动、盘形制动、再生制动及飞轮蓄能制动，都属于黏着制动。它们的制动力要受黏着力的限制。

制动时，车轮对钢轨的作用力和由此引起的钢轨对车轮的反作用力（制动力），既不是静摩擦力，更不是滑动摩擦力，而是介于二者之间但接近于静摩擦力的力，是支承车轮在钢轨上滚动而不滑动的力，这种力叫黏着力。黏着制动时，可能实现的最大制动力不会超过黏着力。

黏着力是一个很复杂的力，与车轮对钢轨的压力和轮轨黏着系数有关。黏着系数又随气候与车速等条件而有相当大的变化。关于制动力和黏着力，在“牵引计算” 类课程中有详细介绍。

2）非黏着制动

不通过轮轨间的黏着来形成制动力的制动，称为非黏着制动。轨道电磁制动与轨道涡流制动都属于非黏着制动。制动时，钢轨给出的制动力并不通过轮轨黏着点作用于列车，而由钢轨直接作用于吊挂在转向架上的电磁铁。制动力大小不受轮轨间黏着力的限制，是超出黏着力以外获取制动力的一种制动方式。非黏着制动目前主要用于黏着制动力不够的高速旅客列车，仅作为一种辅助的制动装置。

活动 1.1.3　制动机分类

按作用对象不同，制动机可分为机车制动机和车辆制动机。按操纵方法与动力来源不同，制动机可分为空气制动机、电空制动机、真空制动机、空气–真空两用制动机、手制动机，以及电（磁）制动机等。

① 空气制动机。此类型制动机以压力空气为制动力来源，用压力空气的压力变化来操纵制动装置动作。这种制动机能够较好地满足现代铁路对制动性能的基本要求，所以目前广泛采用。

② 电空制动机。此类型制动机以压力空气为制动力来源，用电来操纵制动装置的制动、保压和缓解等作用，故名为电空制动机。电空制动机一般是在空气制动机的基础上加装电磁阀等电气控制部件而成，但为了取得应用上的可靠性，现在的电空制动机大多数附有空气制动机，以备在电控部件发生故障时能自动地转为空气操纵制动。

注意：相对于空气制动机来说，电空制动机的主要优点为全列车制动和缓解的一致性较好，列车制动或缓解时纵向冲动小，明显地缩短了制动距离。列车越长，电空制动机的这种优点就越突出。

③ 真空制动机。此类型制动机以大气为制动力来源，用真空度的变化来操纵制动装置动作。和空气制动机相比，这种制动机构造简单，维修方便。但由于大气压力本身力量有限，又不可能全部利用，因而需要较大的制动缸和较粗的列车管，质量较大且占空间。所以原来采用真空制动机的国家，随着列车牵引重量和运行速度的提高，已逐步向空气制动机过渡。

④ 空气–真空两用制动机。此类型制动机使用在我国为坦赞铁路设计制造的内燃机车上。机车本身以空气制动为基础，既能操纵空气制动的列车，又能操纵真空制动的列车。在列车使用真空制动时，机车和车辆的真空列车主管相互连接，机车上的空气–真空转换装置（真空控制阀和真空中继阀）将机车空气主管的空气压力变化，按比例自动转换为真空列车主管的真空度变化，并通过真空列车主管操纵全列车。这种制动机主要用于从真空制动向空气制动过渡，同时适用于空气制动与真空制动联运的铁路。

图 1–9　手制动机

⑤ 手制动机。此类型制动机以人力为动力来源，用手操纵。这种制动机只能使一台机车或一个车辆发生制动作用，缺点是制动力弱、动作缓慢，优点是构造简单、费用低廉。手制动机通常作为辅助制动装置使用，例如在调车或车辆停留时防止溜逸，当空气制动机失效时用手制动机暂时代替等。所以在机车、车辆上一般都装有手制动机（见图 1–9）。

⑥ 电（磁）制动机。此类型制动机的操纵控制和原动力都用电实现，通常称为电磁制动机，简称电制动机。对于此种制动机，制动机和基础制动装置已很难分开了。

任务 1.2　认知空气制动机

任务引入

我国机车、车辆上采用的制动机基本上有两种——空气制动机和电空制动机。由于电空制动机是在空气制动机基础上加装电气控制部件构成的，因此掌握空气制动机的基本作用原理，对今后学习 DK-1 型电空制动机具有非常重要的作用。所以在制动系统基础知识项目中仅介绍空气制动机。

活动 1.2.1　认知直通式空气制动机

1. 组成

直通式空气制动机主要由空气压缩机组、总风缸、调压阀、制动阀、制动缸、列车管、制动传动装置、基础制动装置组成，如图 1-10 所示。

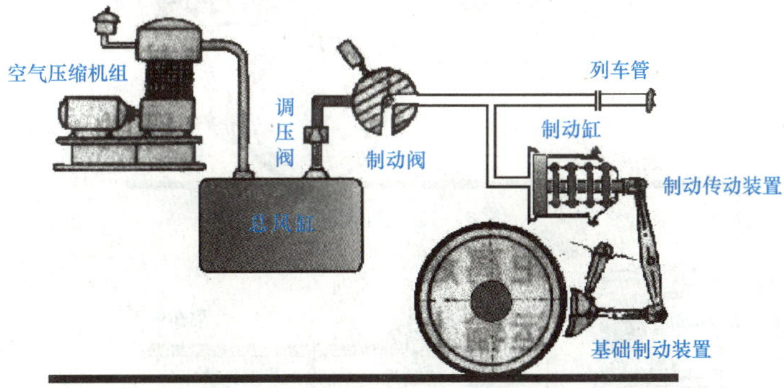

图 1-10　直通式空气制动机的组成

2. 工作原理

制动机的工作过程包括制动、缓解和保压三个基本状态。

1）制动状态

当列车需要制动时，司机操纵制动阀手柄将其置于“制动”位，使储存在总风缸内的压力空气经调压阀、制动阀和列车管直接向制动缸充风，推动制动缸活塞压力弹簧移动，并由制动传动装置（如制动缸活塞杆、制动缸杆等）将此推力传递到闸瓦等基础制动装置上，使闸瓦紧压车轮，产生制动作用，如图 1-11 所示。

2）缓解状态

当列车需要减小或消除制动时，司机操纵制动阀手柄将其置于“缓解”位，使机车、车辆制动缸内的压力空气经列车管和制动阀排向大气，在制动缸弹簧作用下，制动缸活塞反向移动，并通过制动传动装置带动闸瓦等基础制动装置离开车轮，实现缓解作用，如图 1-12 所示。

3）保压状态

当列车需要保持某一制动力时，司机操纵制动阀手柄将其置于“中立”位，既关断机车、车辆制动缸的充风气路，又关断其排风气路，使机车、车辆制动缸内保持一定的压力，实现保压作用，如图 1–13 所示。

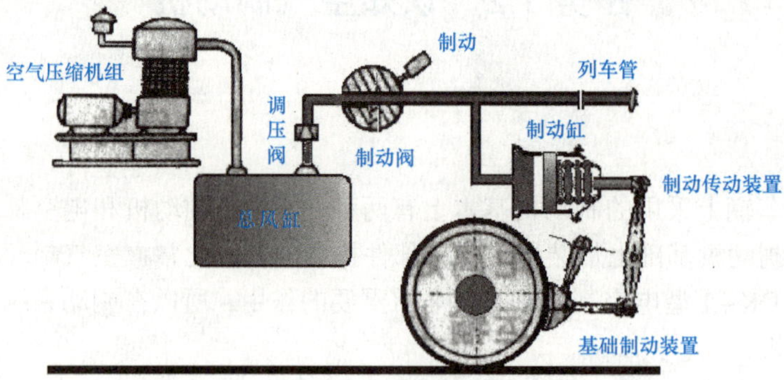

图 1–11　制动状态

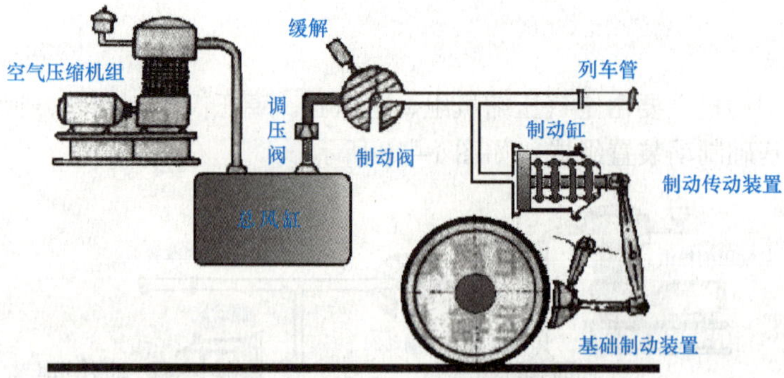

图 1–12　缓解状态

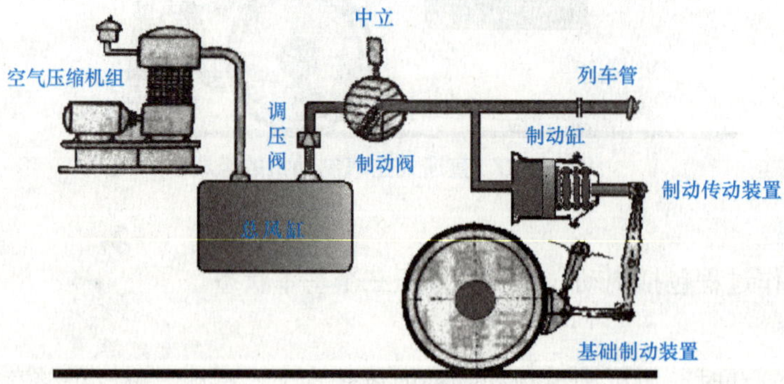

图 1–13　保压状态

活动 1.2.2　认知自动式空气制动机

1. 组成

自动式空气制动机主要由空气压缩机组、总风缸、调压阀、制动阀、列车管、三通阀、副风缸、制动缸、基础制动装置等组成，如图 1–14 所示。

2. 工作原理

列车管充风，制动机缓解；列车管排风，制动机制动。

1）缓解状态

司机将制动阀手柄置于“缓解”位，压力空气经制动阀向列车管充风，三通阀活塞两侧压力失去平衡而形成向右的压力差，推动活塞带动滑阀、节制阀右移，一方面开通充风沟，使列车管压力空气经充风沟进入副风缸储备；另一方面开通制动缸经滑阀的排风气路，使制动缸排风，最终使闸瓦离开车轮实现缓解作用，如图 1–15、图 1–16 所示。

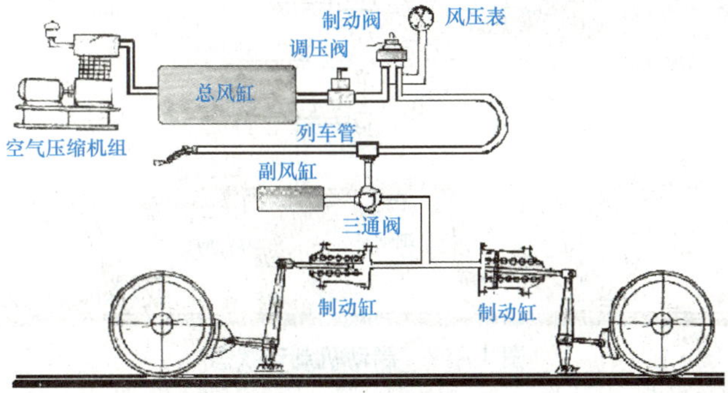

图 1–14　自动式空气制动机的组成

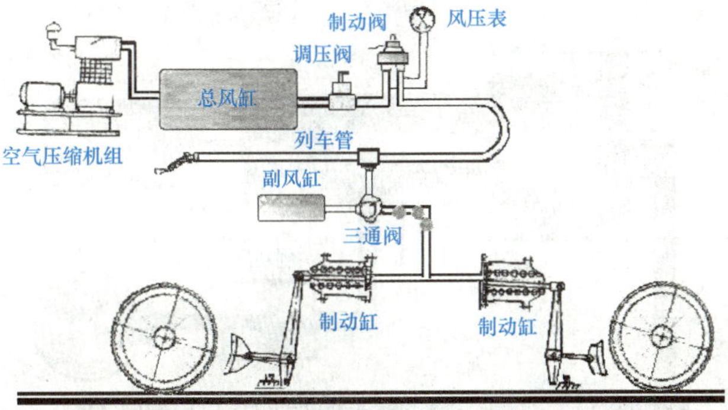

图 1–15　制动机缓解状态

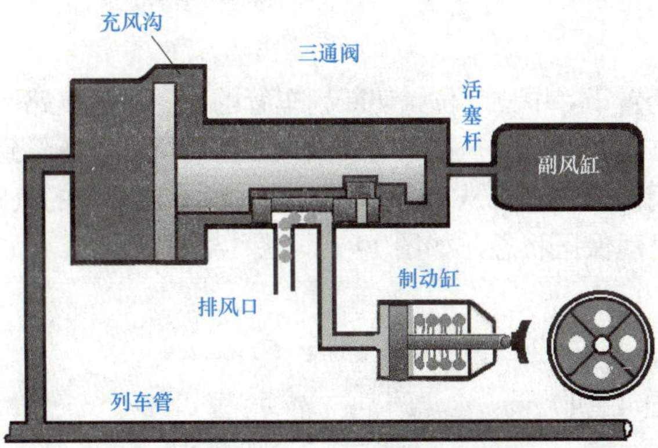

图 1–16　三通阀缓解状态

2）制动状态

司机将制动阀手柄置于“制动”位，列车管内压力空气经制动阀排风，三通阀活塞两侧压力失去平衡而形成向左的压力差，推动活塞左移，关闭充风沟，使副风缸内的压力空气不能向列车管逆流；同时，活塞带动滑阀、节制阀左移，使滑阀遮盖排风口以关断制动缸的排风气路，并使节制阀开通副风缸向制动缸充风的气路，随着压力空气充入制动缸，将推动制动缸活塞右移，最终使闸瓦紧压车轮产生制动作用，如图 1–17、图 1–18 所示。

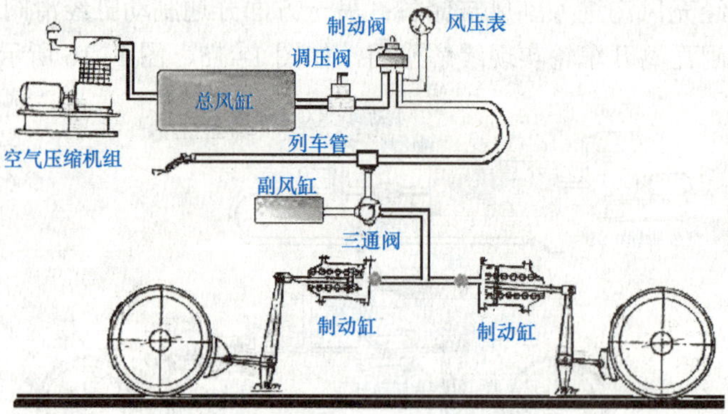

图 1-17 制动机制动状态

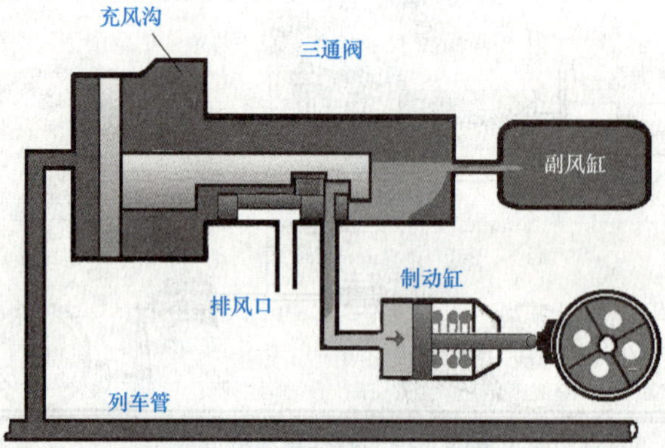

图 1-18 三通阀制动状态

3）保压状态

司机将制动阀手柄置于“中立”位，切断列车管的充、排风气路，列车管压力停止变化。随着制动状态时副风缸向制动缸充风的进行，副风缸压力降低，当降到稍低于列车管压力时，三通阀活塞带动节制阀微微右移，从而切断副风缸向制动缸充风的气路，使制动缸既不充风也不排风，即制动机呈现保压状态，如图 1-19、图 1-20 所示。

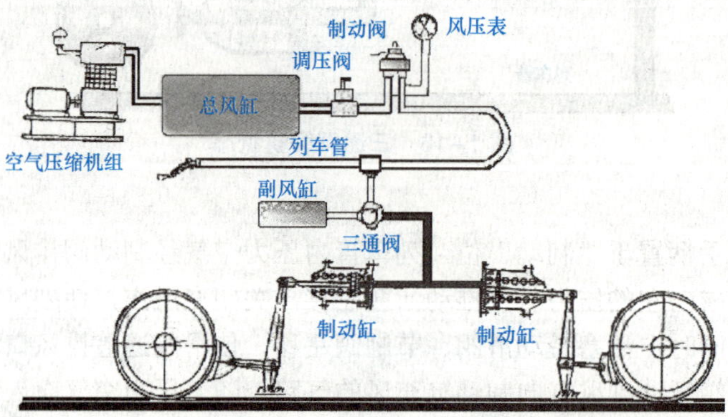

图 1-19 制动机保压状态

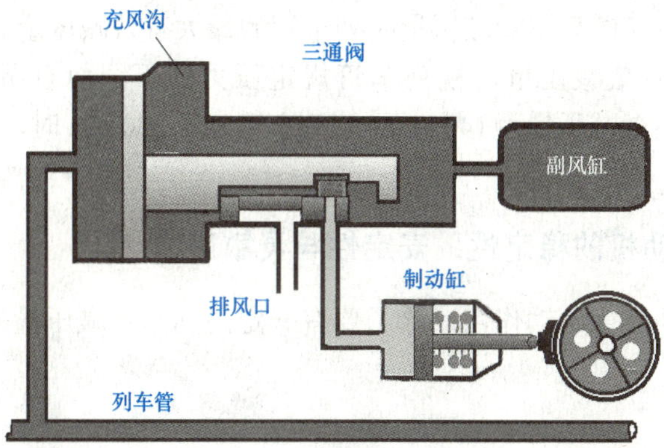

图 1-20　三通阀保压状态

活动 1.2.3　制动缸压力的计算

1. JZ-7 型空气制动机分配阀

制动缸压力计算公式如下：

$$P_1=2.5r$$

式中　P_1——制动缸表压力，kPa；

r——列车管减压量，kPa。

2. DK-1 型电空制动机 109 型分配阀

制动缸压力计算公式如下：

$$P_r = P_1 = 2.6r$$

式中　P_1——制动缸表压力，kPa；

P_r——容积室表压力，kPa；

r——列车管减压量，kPa。

活动 1.2.4　认知列车管最小有效减压量及最大有效减压量

1. 列车管最小有效减压量

无论何种类型的制动机，都以控制全列车实现制动、缓解与保压为目的，而只有全列车的闸瓦均压紧车轮，才能有效地产生制动作用。实际工作表明，在制动缸充风后将制动缸活塞推出使闸瓦压紧车轮的过程中，需要克服制动缸弹簧对活塞的背压及相关的摩擦阻力，因此制动缸存在最小有效制动缸压力，那么相应地存在一个列车管最小有效减压量（简称列车管最小有效减压量）值。

根据理论计算和试验资料，考虑到各种不利因素。在实际运用中，规定列车管最小有效减压量为 50 kPa，编组 60 辆以上时为 70 kPa。

2. 列车管最大有效减压量

制动缸的压力是根据列车管减压量成比例地增长的，列车管减压量越大，制动缸压力也越大。但列车管减压到一定数值时，制动缸与副风缸（容积室与工作风缸）空气压力平衡，此后若继续减压，制动缸压力也不会再升高，此时的减压量为列车管最大减压量。因此，列车管的最大减压量，是指机车、车辆常用制动时，使闸瓦压向车轮产生实际制动效果的制动缸压力的最大值，其相应的列车管减压量叫列车管的最大有效减压量。

对于列车管最大有效减压量，视列车管规定压力的不同而有所不同。当列车管定压500 kPa时，规定最大有效减压量为140 kPa；当列车管定压600 kPa时，规定最大有效减压量为170 kPa。

活动 1.2.5　认知制动机的稳定性、安定性与灵敏度

要使制动机可靠地产生制动作用，除了要有一定的列车管减压量外，还要有一定的减压速率。两者缺一不可。

1. 稳定性

当列车管减压速率低于某一数值时制动机将不发生制动作用的性能，称为制动机的稳定性。我国规定列车管减压速率应小于20 kPa/min。

2. 安定性

常用制动时不发生紧急制动作用的性能，称为制动机的安定性。即当列车管减压速率在10～40 kPa/s范围时，不发生紧急制动作用。

3. 灵敏度

当列车管减压速率达到一定数值范围时制动机必然产生制动作用的性能，称为制动机的灵敏度。一般地，常用制动的灵敏度为10～40 kPa/s；紧急制动的灵敏度为70 kPa/s。

项目小结

① 有效的制动装置（又称制动系统，简称制动机）是铁道机车车辆的重要组成部分。

② 制动机按作用对象不同可分为机车制动机和车辆制动机，按操纵方法和动力来源不同可分为空气制动机、电空制动机、真空制动机、空气-真空制动机、手制动机及电（磁）制动机。

③ 制动机的工作过程包括制动、缓解和保压三个基本状态。

④ 自动式空气制动机是在直通式空气制动机的基础上增设一个副风缸和一个三通阀而构成的。

⑤ 自动式空气制动机具有“列车管充风—制动机缓解，列车管排风—制动机制动”的工作机理。

复习思考题

1. 简述制动的概念。
2. 简述制动方式的分类。
3. 简述制动机的分类。
4. 直通式空气制动机有什么缺点？为什么无法得到广泛应用？
5. 直通式空气制动机与自动式空气制动机的区别是什么？
6. 简述自动式空气制动机的工作原理。

7. 什么是列车管最小有效减压量？列车管最小有效减压量是如何规定的？
8. 什么是列车管最大有效减压量？列车管最大有效减压量是如何规定的？

知识拓展

1. 空气波与制动波

列车管的作用是使其管内充风或排风，引起列车管空气压力变化，形成压力差，从而控制制动机动作。

1）空气波

当司机施行缓解充风或制动减压时，并不是全列车立即、同时增减压力。以施行制动为例，首先，列车管排风口处附近的压力突然开始下降，使列车管的压力平衡被破坏。这一压降将沿着列车管长度方向以一定的速度逐渐向后传播，直到列车管尾端的压力也开始下降。在这一压降由前向后传播的过程中，列车管压力继续下降，新的压降也不断地向后传播。这种压降的传播形成空气波，其传播的速度为空气波速。当空气温度在 0 ℃时空气波速约为 330 m/s。

2）制动波

由于机车的排风减压不断地向后传播，空气波传到哪里，哪里的空气压力就立即开始下降。所以，列车管内的压力空气将不断地膨胀，它的压能转化为动能，并不断地由后向前流动。这种介质的流动，使得制动作用沿列车长度方向由前向后逐次发生，习惯上称作“制动作用的传播”，简称制动波，其传播的速度称为制动波速。

制动波速是综合评定制动机性能的主要指标之一，其数值越大，表明列车制动作用的同时性越好，全列车的闸瓦能较一致地压紧车轮，可缩短制动距离和减小列车纵向冲动。制动波速越大，越能适应长大列车的要求。

2. 缓解时机与缓解波速

制动机的缓解作用通常发生于列车管充风压力稍高于副风缸（或工作风缸）的时候。因此，制动机缓解波速主要取决于中继阀的充风速度，若手柄放在“过充”位，则列车管充风快，缓解波速也大；若手柄放在“运转”位，则列车管充风小，缓解波速也小。紧急制动后，由于副风缸压力高于列车管压力很多，若将手柄放在“过充”位，也必须待列车管压力高于副风缸时方可缓解，故制动缸开始缓解的时间较晚。列车管越长，制动缸缓解越晚，因而缓解波速相差悬殊，而且缓解波速的数值随条件不同而有较大的差异。另外，缓解波速与总风缸的压力及容积也有关系。

项目 2
基础制动装置及停车制动装置

项目描述

本项目介绍基础制动装置的基本构成及作用，并着重介绍 DF_4 型内燃机车所使用的基础制动装置、SS 系列电力机车所使用的单缸制动器，以及它们各自的停车制动装置的构造及检修方法。

任务 2.1　认知基础制动装置

任务引入

制动装置包括 3 个部分：制动机、基础制动装置和停车制动装置。基础制动装置用于将制动缸活塞上所产生的制动原力放大若干倍后均匀地传递到各个闸瓦，使之压紧车轮踏面，产生制动作用。那么基础制动装置包括哪些组件？它是如何实现制动作用的呢？

活动 2.1.1　了解基础制动装置的组成

基础制动装置由制动缸、制动传动装置、闸瓦装置及闸瓦间隙调整装置组成，如图 2–1、图 2–2 所示。

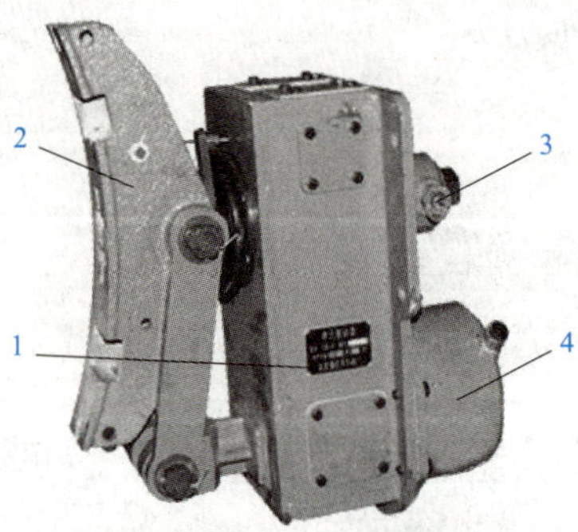

1—制动传动装置；2—闸瓦装置；3—闸瓦间隙调整装置；4—制动缸。

图 2–1　基础制动装置的组成

制动缸俗称闸缸，是产生制动原力的部件，它受制动缸内空气压力变化的控制而进行动作。

① 制动缸。制动缸种类很多，但其构造基本相同，主要由缸体、活塞、活塞杆及缓解弹簧等组成。

② 制动传动装置。应用杠杆原理，制动传动装置将制动缸产生的制动原力放大一定的倍数后均衡地传递给各个闸瓦。

③ 闸瓦装置。闸瓦装置由闸瓦、闸瓦托、闸瓦签及闸瓦定位装置等组成，用于安装闸瓦，并调整闸瓦与车轮踏面间的工作角度。

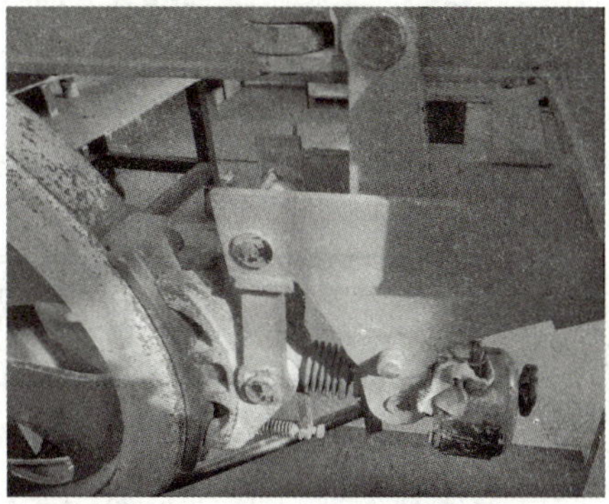

图 2–2　基础制动装置实物

④ 闸瓦间隙调整装置。闸瓦间隙调整装置用于自动调整闸瓦与车轮踏面之间的间隙，使闸瓦间隙保持在规定的范围内，以确保制动作用的可靠性。

活动 2.1.2　认知基础制动装置的布置形式

1. 按闸瓦的布置情况分类

基础制动装置按闸瓦的分布情况不同，可分为单侧制动式和双侧制动式。

① 单侧制动式。单侧制动式也称单侧闸瓦式，即只在车轮的一侧设有闸瓦。单侧闸瓦式基础制动装置的结构较为简单，适用于速度不高、吨位不大的车辆和有其他制动形式的机车。但这种制动装置在制动时使轴箱单侧受力，轴瓦易于偏磨；而且闸瓦单位面积上的压力较大，闸瓦磨耗量大，制动效果较差。

② 双侧制动式。双侧制动式也称双侧闸瓦式，即在车轮的两侧都设有闸瓦。双侧闸瓦式基础制动装置结构比较复杂，但由于制动时闸瓦单位面积上所受的压力较小，因而摩擦系数较高，制动效果较好，闸瓦磨耗量也小，因此对缩短制动距离、提高运行速度都是有利的。

目前我国货车和 DF_4 型内燃机车、部分电力机车采用单侧制动式基础制动装置，客车和部分型号的内燃、电力机车采用双侧制动式。随着列车运行速度的提高，大吨位货车也有采用双侧制动式基础制动装置的必要。SS 系列电力机车除 SS_1、SS_3、SS_7 型采用双侧制动式基础制动装置外，其他车型均采用单侧制动式基础制动装置。图 2–3、图 2–4 是单侧制动式基础制动装置，图 2–5 是双侧制动式基础制动装置。

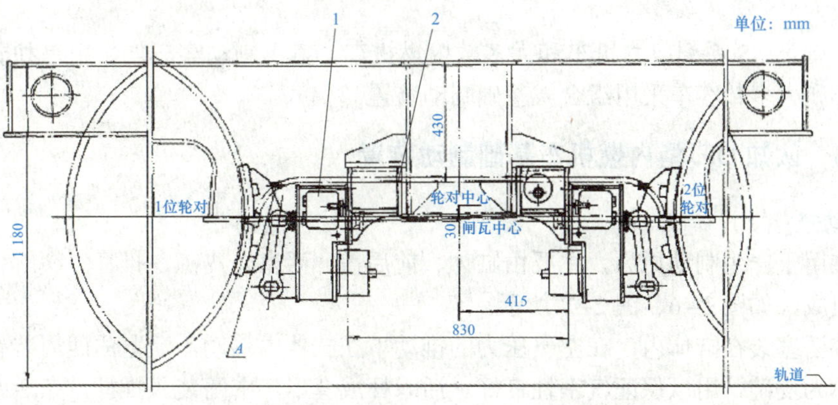

1—制动器；2—安装座。

图 2–3　SS_4 改型电力机车基础制动装置（单侧制动式）

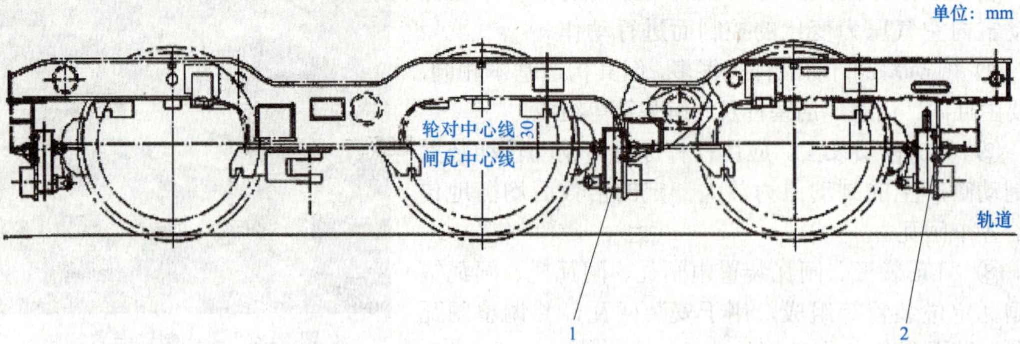

1—JDYZ-4A 型单元制动器；2—JDYZ-4B 型单元制动器。

图 2-4　SS_9型电力机车基础制动装置（单侧制动式）

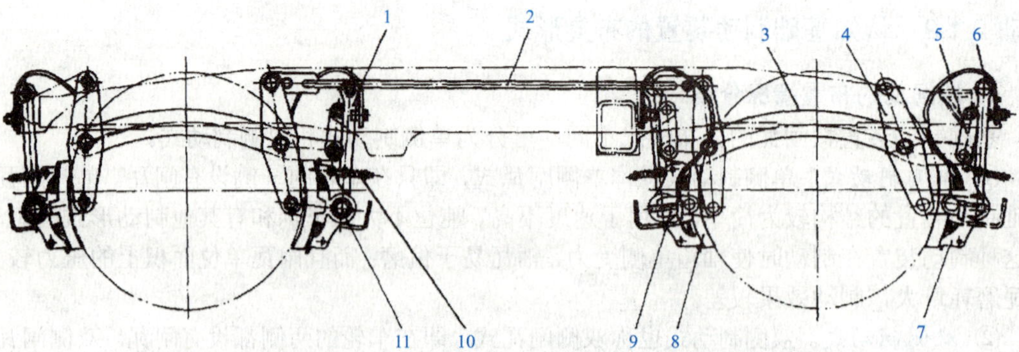

1—闸瓦托吊；2—移动杠杆上拉杆；3—移动杠杆拉杆；4—移动杠杆；5—拉杆吊；6—缓解弹簧；7—闸瓦托；8—闸瓦；9—拉环；10—闸瓦托弹簧；11—制动梁。

图 2-5　209T 转向架的基础制动装置（双侧制动式）

2. 按制动缸的控制对象分类

基础制动装置按制动缸的控制对象不同，可分为组合式和单独式。

① 组合式基础制动装置是由一个制动缸为若干个闸瓦装置提供制动原力。

② 单独式基础制动装置又称独立式基础制动装置，其特点是一个制动缸为一个闸瓦装置提供制动原力。

目前，国产 SS 系列电力机车和大多数内燃机车、盘形制动客车均采用单独式基础制动装置，货车和大多数客车采用组合式基础制动装置。

活动 2.1.3　认知 DF_4型内燃机车基础制动装置

1. 制动缸

制动缸用于产生制动原力，主要由缸体、前后盖、活塞、皮碗、推杆、缓解弹簧及活塞杆等部件组成，如图 2-6、图 2-7 所示。

制动缸活塞装在缸体内，在空气压力的推动下在缸体内移动。活塞的四周装有皮革制成的胀圈，称为皮碗，用以保证气密性良好。活塞杆成套形，中间装入推杆，在活塞移动时，推动套形活塞杆及推杆移动，压力便由推杆传出。

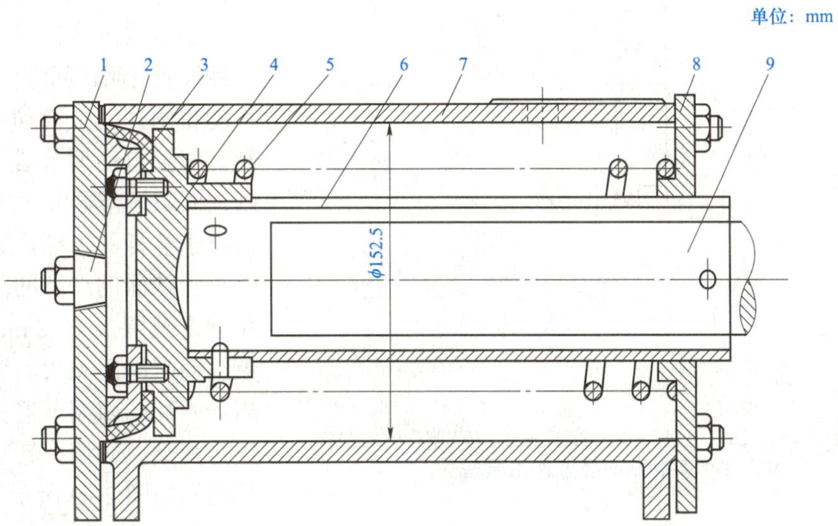

1—后盖；2—制动缸管孔；3—皮碗；4—活塞；5—缓解弹簧；6—活塞杆；7—缸体；8—前盖；9—推杆。

图 2-6　制动缸的结构

制动缸的压力空气进入的一侧称为压力侧，另一侧称为无压力侧。无压力侧内装有缓解弹簧，当压力侧进入压力空气时，推动活塞及活塞杆外移，缓解弹簧被压缩，将制动原力传出；压力空气排入大气后，缓解弹簧依靠自身的反弹力将活塞推回，使机车缓解。

图 2-7　制动缸实物

2. 制动传动装置

DF_4 型内燃机车采用的是独立式基础制动装置，即每个车轮各有一套制动传动装置，其作用原理如图 2-8 所示。

制动时，压力空气进入制动缸，推动活塞，压缩缓解弹簧。活塞杆推动横杆，使之转动。横杆的另一端向后平移，推叉杆与竖杆的上端向后移动，并沿顺时针方向转动。吊杆及闸瓦前移，压紧车轮，产生制动作用。

缓解时，排出制动缸内的压力空气后，制动缸活塞在缓解弹簧的作用下，被推回原位。横杆、竖杆和吊杆失去外力，闸瓦及吊杆在自身的重力作用下后移，自动离开车轮，呈缓解状态。

3. 闸瓦间隙调整装置

在运用过程中，闸瓦与车轮踏面经常处于磨耗状态，磨耗后闸瓦间隙将增大。闸瓦间隙过大或各闸瓦间隙不一致，均影响制动力的正常发挥，严重时甚至不能产生制动作用。因此，基础制动

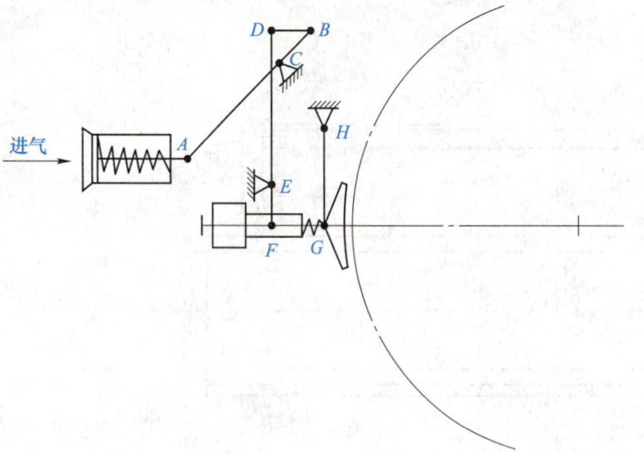

AB—横杆；BD—叉杆；DF—竖杆；FG—闸瓦间隙自动调节器；HG—吊杆。

图 2-8 基础制动装置作用原理

装置中设置有闸瓦间隙调整装置。

DF_4 型内燃机车上采用的是一种只能将闸瓦间隙自动调小，而不能将闸瓦间隙自动调大的单向闸瓦间隙自动调节器（以下简称闸瓦间隙调节器）。闸瓦间隙调节器位于竖杆的下端，它能使闸瓦距车轮踏面的缓解间隙自动保持在规定范围（6～8 mm）内，避免制动时因间隙大而延长空走距离。闸瓦间隙调节器由摆杆、棘轮、弹簧、套筒、转盘等组成，其结构如图 2-9 所示。

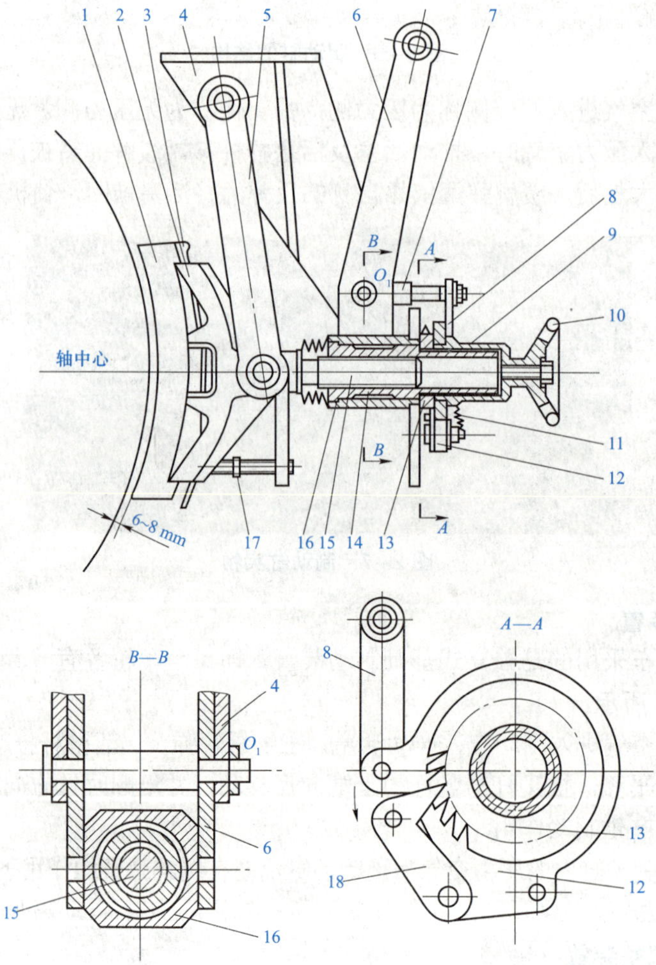

1—闸瓦；2—闸瓦托；3—闸瓦销；4—支座；5—吊杆；6—竖杆；7—摆杆；8—连杆；9—套筒；10—手轮；11—弹簧；12—转盘；13—棘轮；14—螺套；15—螺杆；16—套；17—螺母；18—棘爪。

图 2-9 闸瓦间隙调节器的结构

当机车施行制动时，制动缸活塞通过横向杠杆推动竖杆绕销转动，竖杆下端推动螺杆使闸瓦压向车轮踏面。此时，摆杆带动连杆下移，并推动转盘带动棘爪顺着棘轮齿方向转动，当闸瓦与车轮踏面间隙超过 6～8 mm 时，棘爪将落入新的棘轮齿间。制动后缓解时，棘爪在新的棘轮齿中将带动棘轮和螺套旋转，从而推动螺杆使闸瓦向车轮踏面移动，闸瓦间隙恢复到 6～8 mm。这个移动距离（0.2 mm）即为一次闸瓦间隙调整量。

当闸瓦磨耗到限需更换新闸瓦时，应打开防尘罩的检查孔盖，将棘爪拔出，使之与棘轮脱开，将手轮右旋（或左旋），使闸瓦间隙达到最大，取出闸瓦销，更换新闸瓦。新闸瓦装上后，再向左（或右）方向旋转手轮，使闸瓦间隙恢复至 6～8 mm，并施行制动，观察制动缸活塞行程，应为 74～123 mm，满足要求后再将棘爪推入棘轮齿内，关闭防尘罩盖。

活动 2.1.4 认知 SS 系列电力机车单缸制动器

1. 单缸制动器

SS 系列电力机车的基础制动装置均采用独立箱式单元制动器，它以制动器箱体为基础，将制动缸、制动传动装置和闸瓦间隙调整装置安装于箱体内部，闸瓦装置安装于箱体外侧，因而又称为单缸制动器（见图 2–10）。单缸制动器主要由制动缸、杠杆传动系统、闸瓦间隙自动调整器和闸瓦装置组成，其特点是将制动单元各部件分别安装于箱体内外，对精密部件实行全密封，以提高可靠性。不论采用单侧制动，还是双侧制动，组装好的制动器作为一个独立单元吊装在转向架构架的制动器安装座上，用螺栓连接，而且还采用了其他的稳定措施。

图 2–10 单缸制动器

2. SS_4 改型电力机车的单缸制动器

1）结构组成

SS_4 改型电力机车的单杠制动器的结构如图 2–11 所示。它主要由箱体、制动缸、制动杠杆、闸瓦装置和闸瓦间隙自动调整器等组成。

（1）箱体

箱体为钢板电焊结构，将制动单元各部件分别安装于箱体内外。箱体内安装制动杠杆和闸瓦间隙自动调整器；箱体外安装制动缸、闸瓦托及闸瓦。

（2）制动缸

制动缸为产生制动原力的部分，它采用活塞式结构，其上安装有制动缸管，制动缸管为压力空气进出制动缸的管路。缸内装有带橡皮碗的活塞及活塞杆，活塞与箱体之间装有圆锥缓解弹簧，活塞杆的一端连在制动杠杆的下端。

（3）制动杠杆

制动杠杆用于传递、放大制动缸产生的制动原力。制动杠杆分两片，用销子吊装在箱体内上方的支点座上。制动杠杆中部孔吊装闸瓦间隙自动调整器。在外片制动杠杆的上端侧面焊装一个关节肘销，吊装棘钩。在外片制动杠杆上卡着的条簧将棘钩紧压在闸瓦间隙自动调整器的棘轮齿槽内，此条簧为“┛”形。

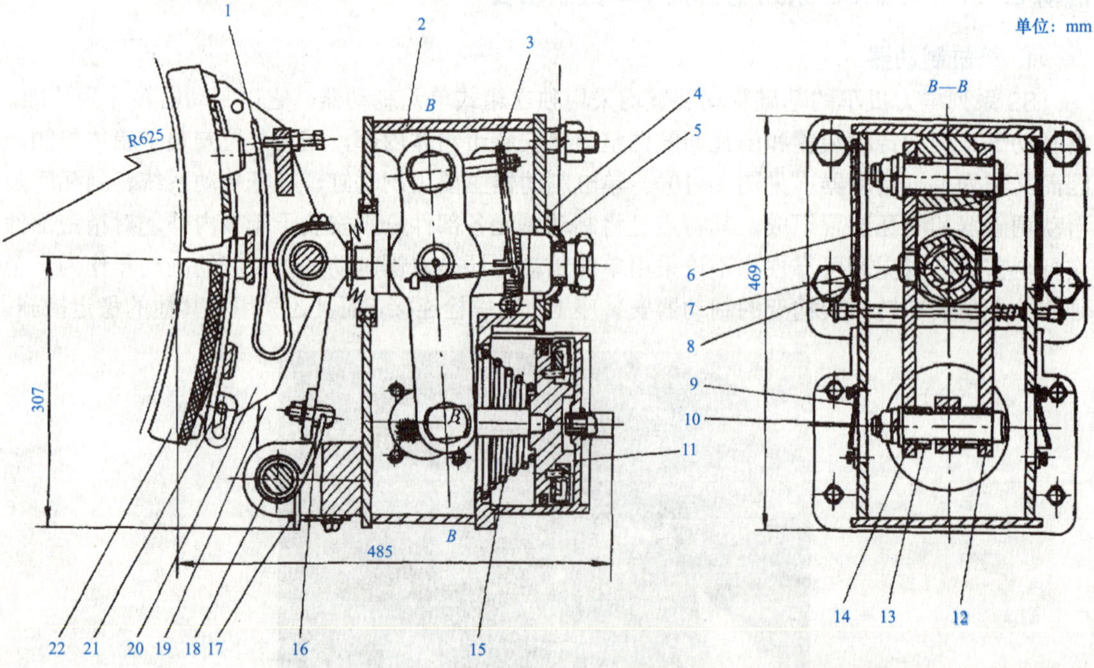

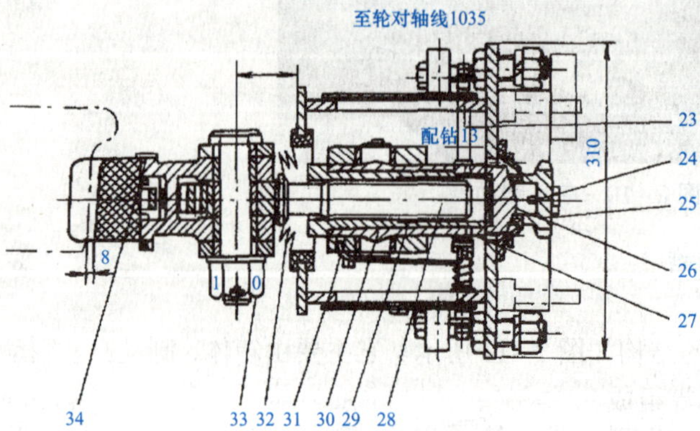

1—闸瓦定位弹簧；2—箱体；3—棘钩；4—压环；5—密封套；6—门组装（左）；7—门组装（右）；8—油杯；9—护罩；10—滤尘网；11—制动缸；12、14—杠杆；13—隔套；15—圆锥缓解弹簧；16—扭簧卡；17—扭簧止板；18—扭簧；19—闸瓦托杆；20—闸瓦托；21—闸瓦签；22—闸瓦；23—脱钩杆；24—开口销；25—调整手轮；26—螺盖；27—棘轮；28—传动螺杆；29—传动螺母；30—滑套；31—条簧；32—密封罩；33—螺母；34—闸瓦签圆销。

图 2–11　SS_4 改型电力机车的单缸制动器的结构

（4）闸瓦装置

闸瓦装置主要由闸瓦、闸瓦托、闸瓦托杆等组成。闸瓦托杆下端以销装在箱体下方的支点座上，上端安装闸瓦与闸瓦托，并与传动螺杆相连。闸瓦托上装有两块闸瓦，以闸瓦签串定。

（5）闸瓦间隙自动调整器

闸瓦间隙自动调整器为使闸瓦与车轮踏面保持一定间隙而设。SS 系列电力机车除 SS_7、SS_9 型外，均采用单向自动式闸瓦间隙调整器，即自动减小过大的闸瓦间隙，而增大闸瓦间隙则需人工调整。它吊装在制动杠杆上部，两端伸出箱体孔部分设密封装置，防止灰尘进入箱体内。伸出箱体部分一端是调整手轮，另一端是传动螺杆，连在闸瓦托与闸瓦托杆上。闸瓦间隙自动调整器由传动螺杆与传动螺母（左旋螺纹结合）、滑套、棘轮、棘钩及调整手轮等组成。传动螺母套装在滑套中，可转动，传动螺母尾部露出滑套部分有右旋螺纹，其上拧装棘轮与调整手轮。滑套上有两耳轴销，是为吊装在制动杠杆之间而设。

箱体上部有脱钩机构，主要由脱钩杆及棘钩组成。撬起脱钩杆的长臂，可压迫脱钩销使棘钩绕关节肘销转动而离开棘轮齿槽，以便反向旋转调整手轮使闸瓦离开车轮踏面，进行闸瓦更换。

2）工作原理

当制动缸充风时，活塞带动活塞杆左移（活塞同时压向圆锥缓解弹簧），推制动杠杆下端并以上螺销为支点向左摆动，制动杠杆带动与它相连的滑套，使传动螺母与传动螺杆推动闸瓦托，使闸瓦压在车轮踏面上实现制动作用。当制动缸排风时，活塞和活塞杆在圆锥缓解弹簧的推动下，使上述各传动件做反方向运动，闸瓦即离开踏面而缓解。

3）闸瓦间隙的自动调整

在运行过程中，由于闸瓦磨耗等原因，闸瓦与车轮踏面之间的间隙越来越大。为了消除增大的间隙，保证制动力的正常发挥，在基础制动装置中设置了闸瓦间隙自动调整器。当闸瓦间隙过大时，闸瓦间隙自动调整器将自动减小过大的闸瓦间隙。

当施行制动，制动杠杆绕上轴销摆动时，通过焊在制动杠杆上端的关节肘销使棘钩也随之摆动相同角度。棘钩在水平方向移动时，其钩尖不会落到棘轮齿槽外边，棘钩向下的移动量与杠杆摆角有关，摆角越大，向下移动量也越大。杠杆的摆角随闸瓦间隙而变。当闸瓦间隙大于正常值时，杠杆的摆动幅度将使钩尖下移的距离等于或大于棘轮齿的一个齿距。待缓解时，棘钩随杠杆回摆上移，同时钩住新位置的一个棘轮齿，使棘轮转动一个角度，与棘轮紧固在一起的传动螺母随之转动。传动螺母的转动使具有左旋螺纹的传动螺杆做直线移动而外伸，由此即可达到调整闸瓦间隙的目的。

传动螺母转动一圈，传动螺杆外伸 6 mm。SS_1、SS_3 和 SS_4 改型电力机车的棘轮齿数为 30 个，而 SS_{3B}、SS_8 型电力机车的棘轮齿数为 27 个，因此其单齿调整量分别为 $6/27 \approx 0.22$（mm）和 $6/30=0.2$（mm）。

4）闸瓦间隙的手动调整

在需要手动调整闸瓦间隙或更换闸瓦时，须拧动调整手轮。右旋调整手轮可调小闸瓦间隙，右旋前不需要进行脱钩操作；左旋调整手轮可调大闸瓦间隙，但左旋前必须拉动（或推动）设置在箱体上的脱钩杠杆，使棘钩离开棘轮。

更换闸瓦或落车时，应先使闸瓦退到最大间隙位置。待更换闸瓦或落车后，顺时针方向拧动调整手轮，使闸瓦紧贴车轮踏面，然后再向相反方向拧动调整手轮一周，此时，闸瓦间隙即为要求的正常间隙（6 mm）。

为了使闸瓦上下端与车轮踏面保持均匀的间隙，可通过调整闸瓦定位装置的调整螺栓来实现。在调整好闸瓦间隙后，一定要将调整螺栓上的锁紧螺母锁紧，以防机车运行过程中因调整螺栓松动而导致闸瓦上下端与车轮踏面之间的间隙不均。

活动 2.1.5 基础制动装置的检修

1. 检修范围

为确保基础制动装置正常运行及安全可靠，在使用过程中必须严格按照表 2–1 进行维护和检修。

表 2–1 基础制动装置的检修范围

编号	内容	维护或检修周期				检修方式
		日常	辅修	小修	中修	
1	检查闸瓦的磨耗	√	√	√	√	测量闸瓦磨耗是否到磨耗极限
2	检查闸瓦托是否抬头或低头	√	√	√	√	目测闸瓦间隙是否均匀
3	检查闸瓦间隙是否为 6～8 mm	√	√	√	√	用塞尺检查
4	检查各螺栓（包括制动器安装螺栓）是否松动			√	√	用扳手拧紧
5	过滤堵的清洗，箱体排水、排污			√	√	卸下过滤堵，排尽箱体内的污水，并将过滤堵内的过滤网清洗干净，经空气吹干后组装即可
6	检查防尘罩是否老化漏风，以及闸瓦间隙调整器、杠杆、制动器活塞是否正常工作			√	√	拉出锁紧机构的销轴并转动 90°，用扳手转动挡套螺母使闸瓦间隙在 10 mm 左右，退回销轴后进行制动缓解，观察防尘罩是否漏风、闸瓦间隙有无补偿、各机构是否运转灵活，若发生卡滞或无补偿现象，应拆解检查
7	清洗润滑各部件，检查易损件的磨耗量及构件是否有明显变形、锈蚀				√	从转向架上卸下制动器进行解体，并对照易损件使用限度表检查是否需要更换

2. 闸瓦的调整和更换

1）闸瓦的调整

先用手拉出锁紧机构的销轴并转动 90°，用扳手转动挡套螺母使闸瓦与车轮轮缘相贴合，反向转动挡套（约 120°）使闸瓦间隙在 6～8 mm 范围内，再将拉环转动 90° 使销轴退回。

调整闸瓦托上的六角螺栓，使闸瓦圆弧与车轮踏面上下间隙均匀。然后拧紧锁紧螺母（要求锁紧螺母与闸瓦托螺栓孔端面贴合后再旋紧 1/3 圈），以防止松动。

2）闸瓦的更换

当闸瓦磨损到一定限度（磨损极限为 15 mm）时，应更换闸瓦。更换时，先用手拉出锁紧机构的销轴并转动 90°，用扳手转动挡套螺母使闸瓦退到最大间隙位置，然后将闸瓦签圆销扯出，抽出闸瓦签，即可卸下旧闸瓦，装上新闸瓦。最后插入闸瓦签，装上闸瓦签圆销。更换闸瓦后，应按装车时的操作方法将闸瓦间隙调整为 6～8 mm，并调整闸瓦托上的调整螺栓，使闸瓦间隙均匀。

注意：以上操作均应在制动缸无风压时进行。

任务 2.2　认知停车制动装置

任务引入

停车制动装置是当机车车辆在无压力空气时，用以代替空气制动机的作用，带动基础制动装置，使闸瓦压紧车轮踏面的一种制动装置。停车制动装置一般包括手制动机和蓄能制动器（弹簧止轮器）。那么停车制动装置由哪些组件组成？它是如何将制动原理转换成制动力的？

活动 2.2.1　了解停车制动装置的作用

现在我国的机车车辆，除了极个别的特种车辆外，都必须安装停车制动装置。停车制动装置的用途是：

① 调车作业时，用以调速或停车，提高调车效率，保证调车作业安全。

② 在运行途中，当空气制动机发生故障失去作用时，用以代替空气制动机，继续慢行到前方站，以免停留途中，妨碍运输。

③ 当车列或车辆停在有坡道的线路上时，用以防止其发生溜车引起事故。

活动 2.2.2　认知 SS_4 改型电力机车的手制动机

手制动机是装在机车车辆上的靠人力操纵产生制动原力的人力制动机。机车停放时，可利用它来防止机车溜走。

1. 结构组成

SS_4 改型电力机车手制动机的结构如图 2-12 所示。当摇动设置在司机室后墙上的制动手轮时，带动小链轮、滚子链、大链轮、丝杆、横杠杆、拉杆至竖杠杆，竖杠杆上端左移、下端右移，作用于第二位轮对上的制动器手轮上，制动器手轮推动传动螺杆，传动螺杆推动闸瓦托使闸瓦压向车轮踏面，产生制动作用。

2. 主要技术条件

为保证拉杆环与竖杠杆对中，在组装时应将大链轮端面与丝杆端部距离调整至约 18 mm，并注意在焊装各托板时，丝杆、横杠杆、拉杆处于水平位置。各部件组装完毕后应对下列项目进行检查：

① 转动手轮时，各部件应灵活，无卡滞现象。

② 拉杆环应对中竖杠杆。

③ 竖杠杆与制动器手轮之间间隙应在 2～3 mm 之内。

④ 各部件摩擦面应注润滑剂。

⑤ 当制动手轮作用力为 500 N 时，机车手制动率为 27%。

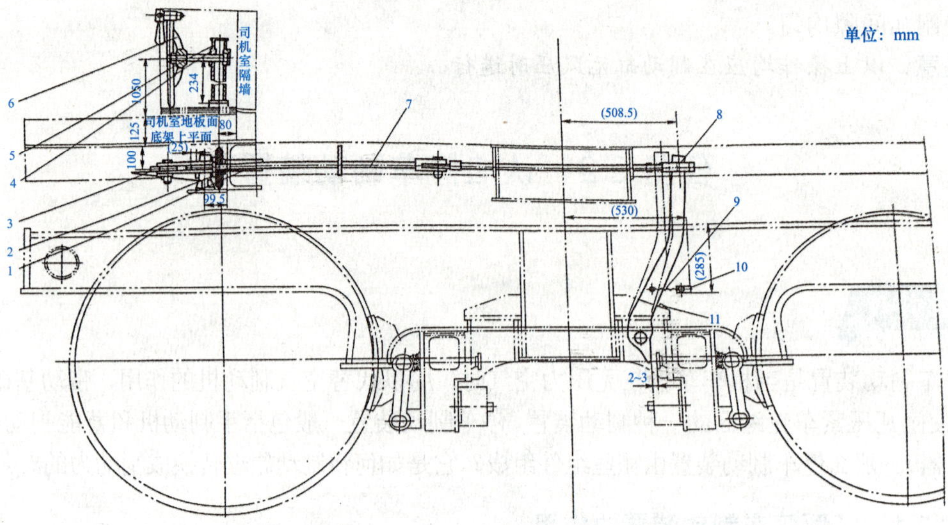

1—丝杆组成；2—大链轮装置；3—横杠杆；4—滚子链；5—链轮箱；6—制动手轮；
7—拉杆组成；8—竖杠杆；9—拉簧；10—拉簧支板；11—定位板。

图 2–12　SS_4 改型电力机车手制动机的结构

活动 2.2.3　认知 SS_9 型电力机车的弹簧止轮器

1. 弹簧止轮器

弹簧止轮器的作用是：通过调节螺杆和杠杆，将蓄能制动器所产生的制动力传递到单缸制动器闸瓦上，以实现停放制动。它主要由蓄能制动器、调节螺杆、锁紧螺母、调节螺母、叉杆、杠杆等组成，其结构如图 2–13 所示。

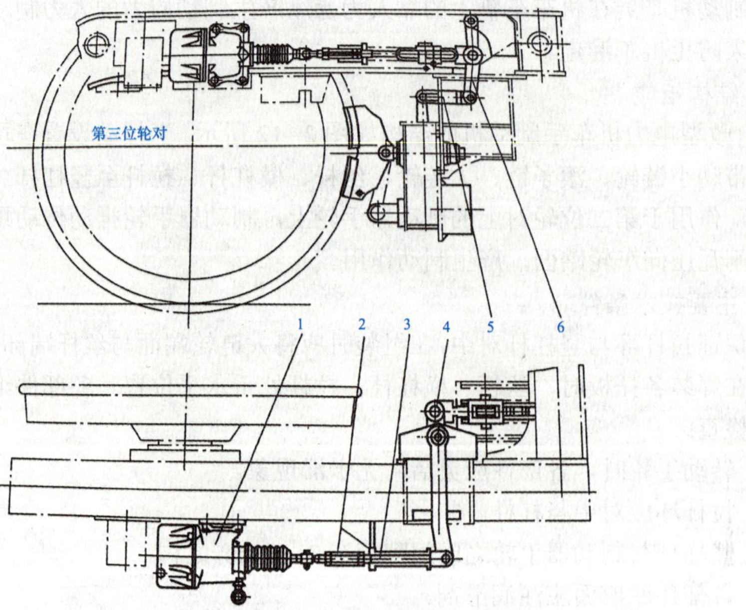

1—蓄能制动器；2—调节螺杆；3—锁紧螺母；4—调节螺母；5—叉杆；6—杠杆。

图 2–13　弹簧止轮器的结构

2. 蓄能制动器

蓄能制动器安装在构架侧梁外侧立板上，通过调节螺杆将蓄能制动器与杠杆连接起来，蓄能制动器主要由活塞、棘爪、导向环、导向套筒、主压缩弹簧、丝杆及缸体等组成，其结构如图 2–14 所示。

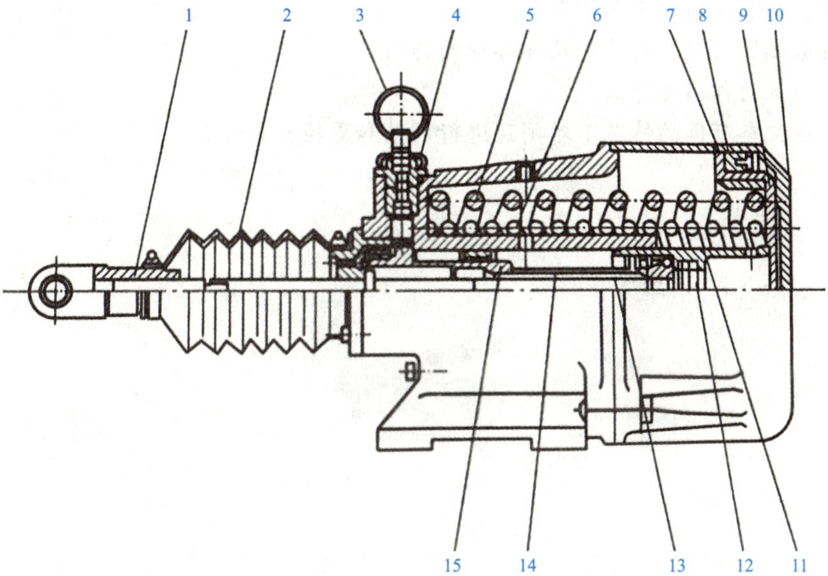

1—调整杆；2—护尘罩；3—锁紧机构；4—棘爪；5—主压缩弹簧；6—压缩弹簧；7—导向环；8—皮碗；9—活塞；10—缸体；11—套筒；12—弹簧；13—丝杆；14—螺母；15—导向套筒。

图 2–14　蓄能制动器的结构

蓄能制动器的丝杆与螺母是一副非自锁螺旋副，并且棘轮机构的棘轮固定在螺母上，以控制螺母能否在丝杆上转动。当棘轮机构锁闭时，螺母只能单向转动；当棘轮机构解锁时，螺母可双向转动。

项目小结

制动装置一般包括 3 个部分，即制动机、基础制动装置和停车制动装置。

基础制动装置用于将制动缸活塞上所产生的推力（称为制动原力）放大若干倍后均匀地传递到各个闸瓦，使之压紧车轮踏面，产生制动作用。

基础制动装置由制动缸、制动传动装置、闸瓦装置及闸瓦间隙调整装置组成。

基础制动装置的作用如下：

① 传递制动原力至各闸瓦。

② 将制动原力放大一定倍数。

③ 保证各闸瓦有较一致的制动力。

④ 与手制动机或停车制动装置配合产生停车制动作用。

停车制动装置是当机车车辆在无压力空气时，用以代替空气制动机的作用，带动基础制动装置，使闸瓦压紧车轮踏面的一种制动装置。停车制动装置一般包括手制动机和蓄能制动器。手制动机靠人力操纵并产生制动原力，而蓄能制动器则靠蓄能弹簧产生制动原力。

复习思考题

1. 基础制动装置的作用是什么？
2. 简述基础制动装置的结构及各部分的作用。
3. 手制动机的作用是什么？
4. 能否在机车有风的情况下对闸瓦进行调整和更换？为什么？

项目 3
风源系统

（扫描二维码，获取本项目视频资源，共 8 个）

项目描述

电力机车空气管路系统按其功能可分为风源系统、列车管路系统、控制管路系统及辅助管路系统四大部分。其中，风源系统的作用是生产、储备、调节控制压力空气，并向全车各气路系统提供所需的高质量的洁净、稳定的压力空气。

任务 3.1　认知 DF_4 型内燃机车风源系统

任务引入

风源系统是电力机车空气管路系统的基础，它为机车车辆制动系统及全列车气动器械提供稳定和洁净的压力空气，那么稳定和洁净的压力空气是如何生产制造出来的？通过哪些设备进行净化？如何保持其压力？

活动 3.1.1　了解 DF_4 型内燃机车风源系统的组成及作用

DF_4 型内燃机车风源系统如图 3-1 所示，其核心部件是空气压缩机和调压器，其作用是制造清洁、具有一定压力范围的压力空气，以供制动系统和风动装置使用。

空气压缩机种类很多，早期制造的 DF_4 型内燃机车采用两台构造相同的 NPT-5 型空气压缩机。随着技术的发展，现在的内燃机车正逐渐采用螺杆式空气压缩机取代活塞式空气压缩机。无论哪种空气压缩机，均由电动机独立驱动。下面先对这两种空气压缩机进行介绍。

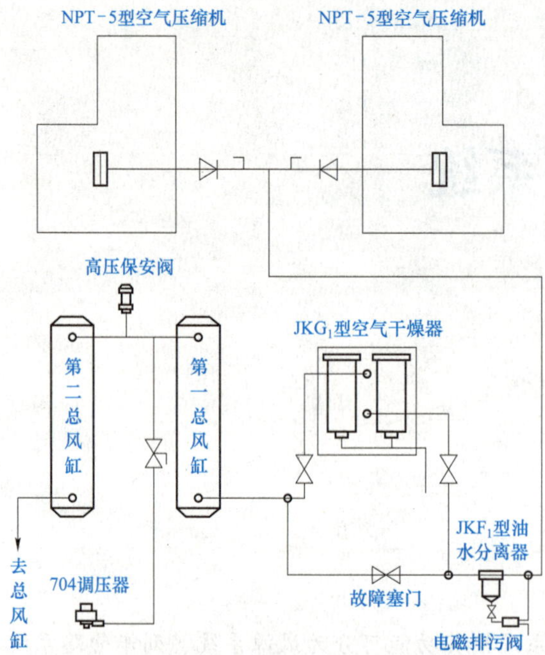

图 3–1　DF_4型内燃机车风源系统

活动 3.1.2　认知 NPT–5 型空气压缩机

NPT–5 型空气压缩机为立式、三缸、两级压缩、中间空气冷却、活塞往复式空气压缩机。驱动电机采用 Z2–82 型直流电动机，额定电压为 110 V，额定电流为 238 A，额定功率为 22 kW，额定转速为 1 000 r/min，励磁方式为并励，由辅助发电机供电。其主要技术参数见表 3–1。

表 3–1　NPT–5 型空气压缩机主要技术参数

参　数	参数值
工作环境温度/℃	−40～60
缸数（高压/低压）	1/2
高压活塞［（内径/mm）×（行程/mm）］	101.6×130
低压活塞［（内径/mm）×（行程/mm）］	125×130
最大排风压力/kPa	900
排风量/（m^3/min）	2.4
润滑油温度/℃	≤80
润滑油压力/kPa	440（1±10%）
旋转方向（从油泵端观察）	逆时针
工作方式	间歇工作率 25%

1. 结构组成

NPT–5 型空气压缩机的实物和结构如图 3–2 和图 3–3 所示，其主要由固定机构、运动机构、进气排风机构、冷却机构及润滑机构等部分组成。

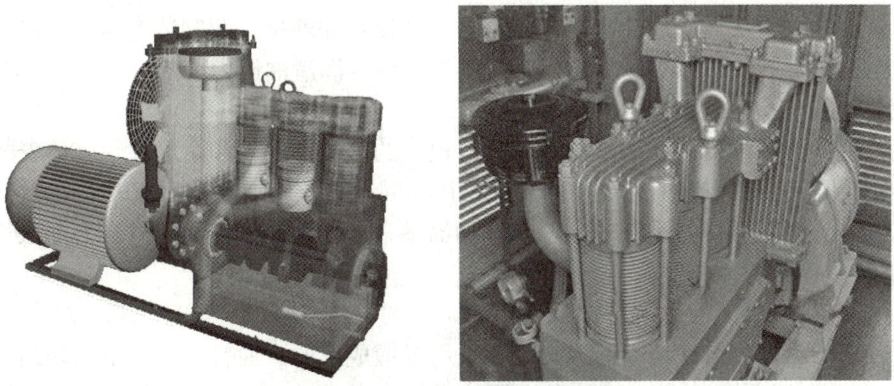

图 3-2　NPT-5 型空气压缩机实物

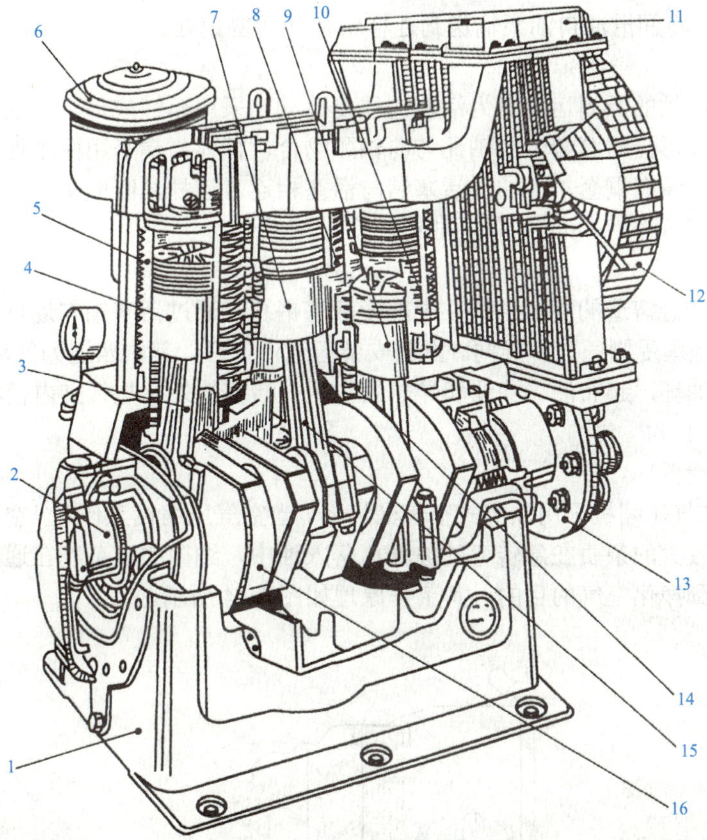

1—机体；2—油泵，3、15—低压连杆；4、7—低压活塞；5、8—低压气缸；6—空气滤清器；
9—高压活塞；10—高压气缸；11—中间冷却器；12—冷却风扇；13—弹性联轴器；14—高压连杆；16—曲轴。

图 3-3　NPT-5 型空气压缩机的结构

1）固定机构

（1）机体

机体（又称曲轴箱）是各部件的安装主体。它是由铸铁铸造成的箱形体，上部设三个气缸的安装孔，三缸并列，共用一个气缸盖，气缸盖由长螺栓紧固于机体上。两端各有一个支撑曲轴的轴承座孔，孔的中心线与底面及顶面平行。下部为盛油槽，存放润滑油，在机体前端（即自由端）下部设一放油堵，在前盖的上部设一加油堵，两侧装有标明最高、最低油位线的透明油位标牌。机体右侧安装一个油压表，显示润滑油压力。

（2）气缸

气缸用稀土高强度铸铁铸造而成，具有较高的强度、刚度和耐磨性。缸体表面铸有散热筋，高、低压气缸在构造上完全相同，仅内径不同，高压气缸内径为 101.6 mm，低压气缸内径为 125 mm，其高度均为 257 mm，靠联轴器端（即输入端）安装的气缸为高压气缸。

2）运动机构

（1）曲轴

曲轴由稀土球墨铸铁铸造而成，也有采用模锻成形的。曲轴上设三个曲轴颈（又称连杆轴颈），在轴向平面内互成 120° 夹角布置，直径均为 60 mm，用平衡铁加工成一体式。输入端选用双列向心球面滚柱轴承，自由端选用单列向心圆柱轴承支撑。在曲轴本体中钻有直径为 6 mm 的油道，将润滑油自油泵输送到连杆轴瓦和活塞销处。

（2）连杆

其作用是将曲轴的圆周运动变为活塞的往复运动，采用模锻成形。大端为开式结构，通过可卸的两个半圆形挂耐磨合金的轴瓦与曲轴颈吻合，杆体与端盖用两个连杆螺栓紧固；小端为整体式结构，镶有铜套，并通过活塞销与活塞相连。连杆体断面呈“工”字形，连杆内部从大端至小端有直径为 6mm 的贯通油道。

（3）活塞

活塞采用铝合金铸造的筒形结构。中部设活塞销孔，通过活塞销与连杆小端相接。下部为裙部，其作用是承受侧压力和导向。上部安装五道活塞环，其中四道为气环，起密封作用，最下面的一道为油环，起布油、除油和导热的作用。活塞的外径与气缸内径相对应。

3）进气排风机构

（1）空气滤清器

NTP－5 型空气压缩机采用油浴式空气滤清器。当空气压缩机工作时，空气以一定速度通过滤清器，其中较大的杂质在急转弯处被分离落入油中，细微的混杂物在通过滤网时被油膜所吸附，从而达到净化空气的目的，其工作原理如图 3–4 所示。

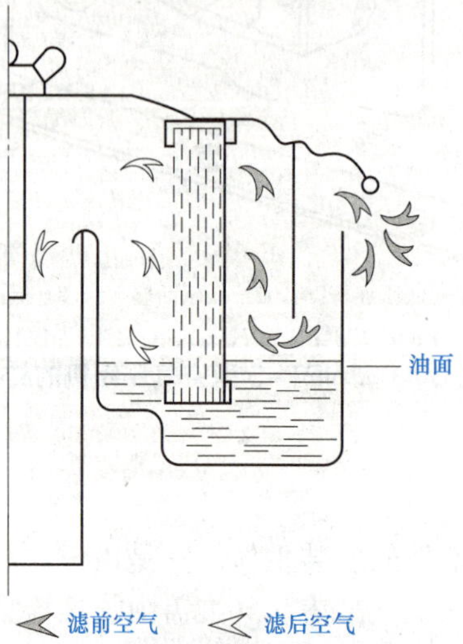

图 3–4　油浴式空气滤清器工作原理

（2）气阀

气阀为组合式自动气阀，进气阀、排风阀均为环状阀，外环是进气阀，内环是排风阀。气阀由阀座、阀盖、阀片及弹簧等组成，其结构如图 3–5 所示。

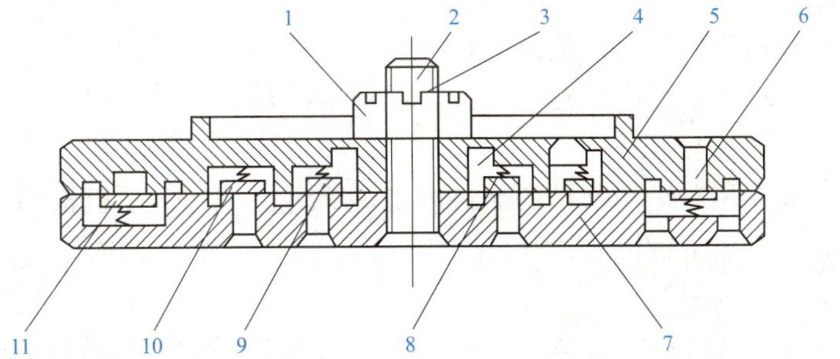

1—螺母；2—螺栓；3—开口销；4—排风孔；5—阀盖；6—进气孔；
7—阀座；8—弹簧；9—排风阀小阀片；10—排风阀大阀片；11—进气阀片。

图 3–5　气阀的结构

阀座与阀盖均采用中碳钢精密铸造，其外径为 140 mm，厚度为 11 mm，钢丝弹簧直径为 0.5 mm。高低压气缸气阀的结构完全相同，同一组合阀中各阀片的厚度应相同。气阀工作原理如图 3–6 所示。

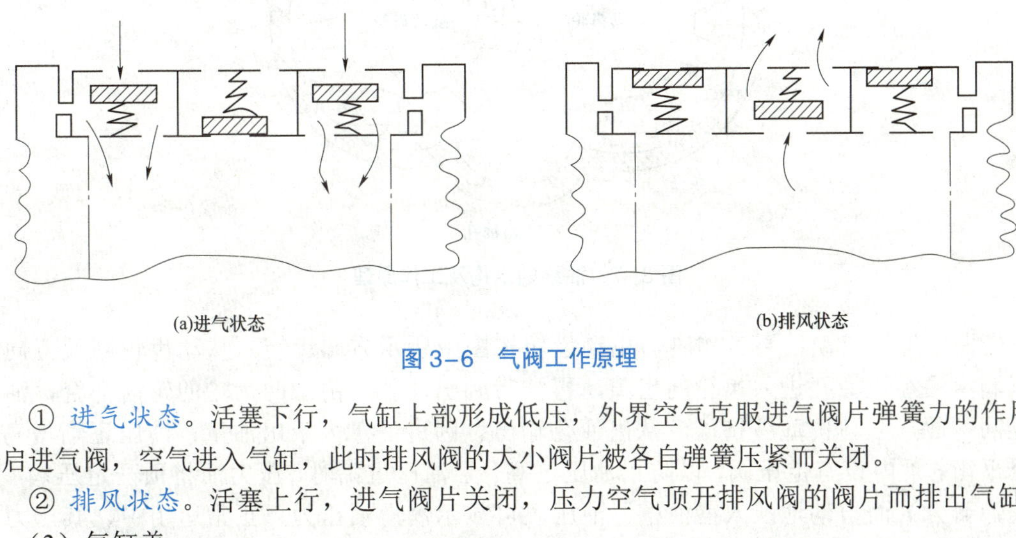

(a)进气状态　　(b)排风状态

图 3–6　气阀工作原理

① 进气状态。活塞下行，气缸上部形成低压，外界空气克服进气阀片弹簧力的作用，开启进气阀，空气进入气缸，此时排风阀的大小阀片被各自弹簧压紧而关闭。

② 排风状态。活塞上行，进气阀片关闭，压力空气顶开排风阀的阀片而排出气缸。

（3）气缸盖

气缸盖用铸铁制成，起着气缸压盖的作用，并提供两级压力空气的进排风通道。三个气缸共用一个气缸盖，其外表面铸有散热筋。

4）冷却机构

（1）中间冷却器

中间冷却器采用板翅式散热元件，用焊接的方法与上下法兰相接，并通过螺栓分别与上下集气箱连接成一个整体，具有较高的传热效率，且结构紧凑、牢固。因为空气一级压缩后进行强迫冷却，冷却后压力空气再进行二级压缩，故称中间冷却。

（2）低压安全阀

为保证空气压缩机的安全，在中间冷却器下集气箱的一端装有低压安全阀，开启时压力为 450 kPa，关闭时压力为 400 kPa，正常情况下，安全阀是不动作的。

（3）风扇

风扇采用六叶片轴流式风扇，通过弹性联轴器上的皮带轮，由三角皮带驱动。它所产生的冷风，一方面用于冷却中间冷却器，另一方面用于冷却气缸和气缸盖。

5）润滑机构

润滑的目的是减少相对运动部件的磨蚀和能耗，并能冷却运动机构的摩擦表面，密封气缸的工作容积，提高活塞密封性能，且可带走摩擦表面的污垢、微粒而起到清洗作用。

（1）油泵

油泵采用外啮合式齿轮结构，装于曲轴轴端，由前盖固定。油泵的结构及工作原理如图 3-7 所示。

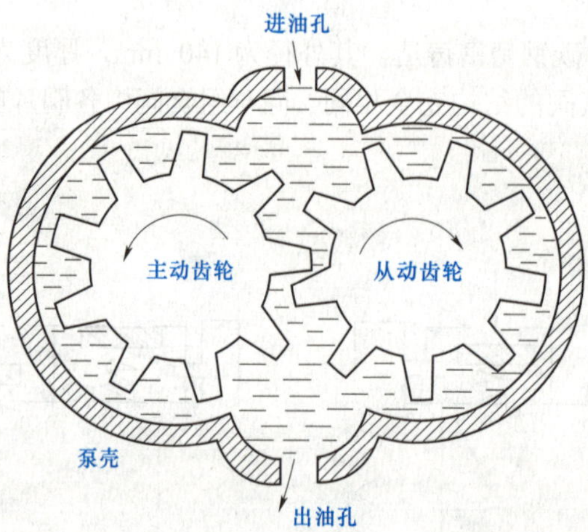

图 3-7　油泵的结构及工作原理

当曲轴旋转带动油泵工作时，主动齿轮按图中所示方向旋转，从动齿轮则反方向旋转。润滑油经进油孔进入齿轮的齿隙，再被带到出油孔，由于两齿轮的轮齿啮合，油不能返回，故在泵体内壁被挤压，从出油孔输出。因进油量大于出油量，油压逐渐增高，直至平衡。泵内设有定压阀，以防止油压过高。当油压过高时，压力油将顶开定压阀（克服其弹簧力）而自动地泄入盛油槽。油压表可显示润滑油压力，正常运用中，其压力应在 400 kPa（1±10%）范围内。

（2）油路

润滑机构采用压力油润滑和飞溅润滑。空气压缩机工作时，润滑油通过滤油网、吸油管而进入油泵内。由油泵输出的压力油，除了经出油孔进入曲轴外，还由泵盖通路作用在定压阀上，并由油路送入油压表中。空气压缩机的润滑油路如图 3-8 所示。

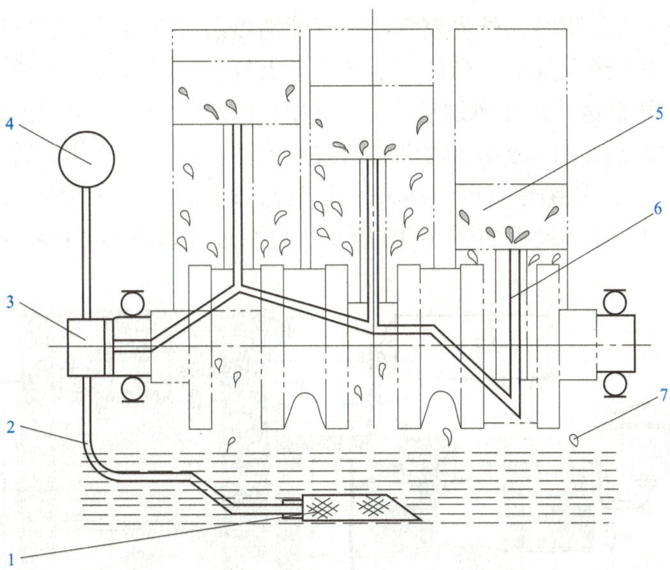

1—滤油网；2—吸油管；3—油泵；4—油压表；5—压力油滴；6—油路；7—飞溅油滴。

图 3-8　空气压缩机的润滑油路

进入曲轴内的润滑油，通过曲轴内油道送到三个连杆轴颈中央，在每个连杆轴颈处又分为三条油路：一路润滑连杆轴颈及曲轴瓦；另一路通过连杆体内油道送至连杆小端，用以润滑小端铜套及活塞销，并由间隙溢出润滑油，甩到活塞内起冷却作用；第三路是由连杆轴颈及曲轴瓦两侧间隙溢出润滑油，被甩到气缸壁上，用以润滑活塞环与气缸镜面。曲轴两端的轴承，则利用曲轴运转时飞溅的油滴进行润滑。

2. 工作原理

电动机驱动曲轴高速旋转，三个活塞分别做上下往复运动，其工作原理如图 3-9 所示。

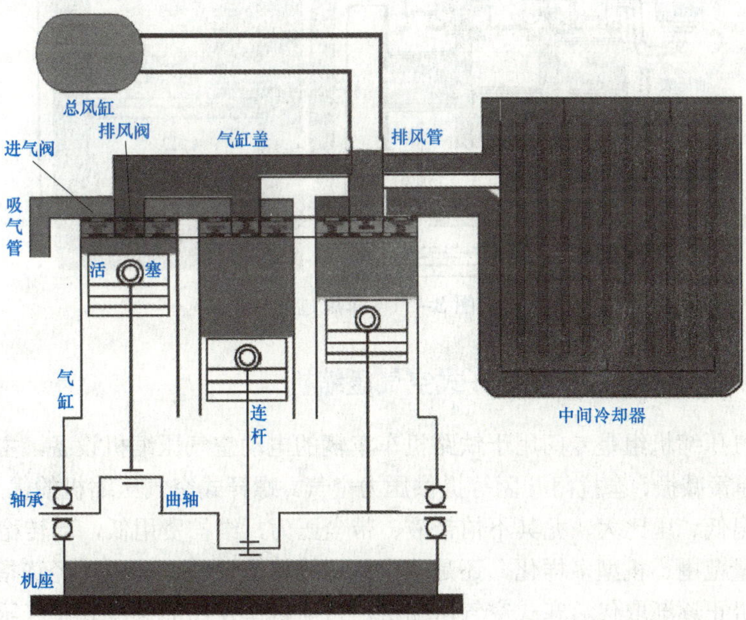

图 3-9　空气压缩机的工作原理

当低压活塞处于下行程时，外界空气经空气滤清器及气缸盖一级进气通道，压开进气阀片（排风阀片被关闭）进入气缸；当低压活塞处于上行程时，压力空气顶开排风阀片（进气阀片被关闭），进入气缸盖一级排风通道，两个低压气缸排出的低压空气汇集在一起进入中间冷却器。一级压力空气在中间冷却器内做二次往复流动，被充分冷却后通过二级进气通道进入高压气缸做二级压缩（压缩原理同一级）。高压气缸排出的压力空气经气缸盖二级排风通道进入总风缸储存备用。进气过程如图 3-10 所示，排风过程如图 3-11 所示。

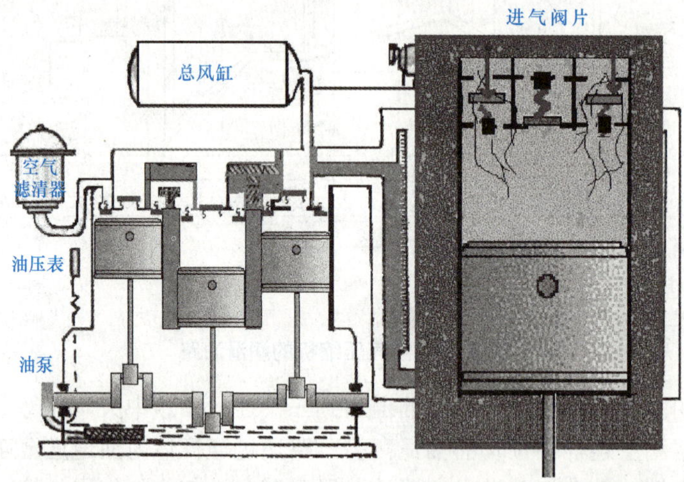

图 3-10　进气过程

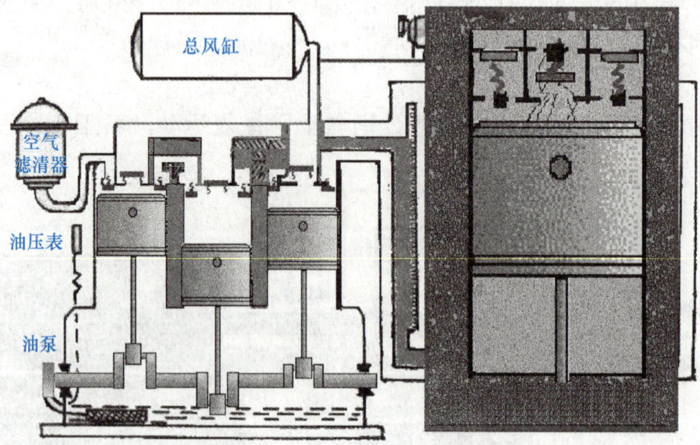

图 3-11　排风过程

活动 3.1.3　认知 TSA-330 型螺杆式空气压缩机

螺杆式空气压缩机组是专门用于铁路机车车辆的电动空气压缩机设备，主要作用是为车辆制动、空气弹簧减振、塞拉门开闭等提供压力空气。螺杆式空气压缩机的优点是结构简单、易损件少、排温低、压比大，尤其不怕带液、带尘压力，维护费用低，动转稳定。

无论从排量范围、机型多样化，还是从空气压缩机的性能、技术、经济指标来衡量，螺杆式空气压缩机正逐渐取代活塞式空气压缩机。目前机车使用的螺杆式空气压缩机大约有三种：TSA-330 型、TSA-230 型、NPT-135 型，使用较多的是 TSA-330 型，下面以 TSA-330

型为例进行详述，其实物如图 3-12 所示。

图 3-12　TSA-330 型螺杆式空气压缩机实物

1. 结构组成

TSA-330 型螺杆式空气压缩机由四大主要部件构成：驱动装置、空气压缩机机体、风冷冷却装置、底座。它们用螺栓连接在一起，组成一个紧凑的底座支承的机组，由弹性减振器挠性地接到一个共用底座上，共用底座与机车用螺栓刚性连接紧固。TSA-330 型螺杆式空气压缩机的结构如图 3-13 所示。

1—温控阀；2—油细分离器；3—进气阀；4—空-油冷却器；5—油过滤器；6—电动机；
7—空气滤尘器；8—减振器；9—中托架；10—涡壳；11—视油镜；12—油气筒；13—泄油阀。

图 3-13　TSA-330 型螺杆式空气压缩机的结构

① 驱动装置。三相交流电动机，法兰式安装。

② 空气压缩机机体。空气压缩机的一对转子装配在机体中，组成空气压缩机主机。主机装入油气筒中，采用螺杆、主机、油气筒一体的组合方式。油气筒组成上还装有油分离、过滤、控制元件。

③ 风冷冷却装置。离心式风扇装在电动机端的联轴器上，蜗壳上部装有扩压器，与冷却器相连接。冷却器分为前后两部分，前部分起冷却油的作用，后部分起冷却空气的作用。冷却器借助离心式风扇叶轮供给的冷却空气来交换压缩过程所产生的热量。

④ 底座。空气压缩机体、驱动装置及风冷冷却装置三大部件采用弹性减振器平稳地固定在一个钢制共用底座上，底座下方有 4 个安装孔与机车固定。

⑤ 其他控制部件。针对机车上的控制要求，螺杆式空气压缩机采用了压力开关、温度开关及安全阀等保护措施，保证了系统的运行安全。

2. 工作原理

1）工作过程

空气压缩机的工作过程包括吸气过程、压缩过程、排风过程，如图 3-14～图 3-16 所示。

(a)吸气过程即将开始　(b)吸气过程中　(c)吸气过程结束

图 3-14　吸气过程

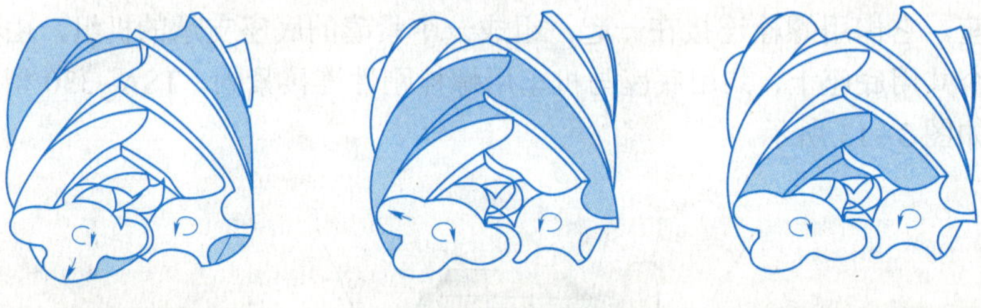

(a)压缩过程即将开始　(b)压缩过程中　(c)压缩过程结束，进入排风过程

图 3-15　压缩过程

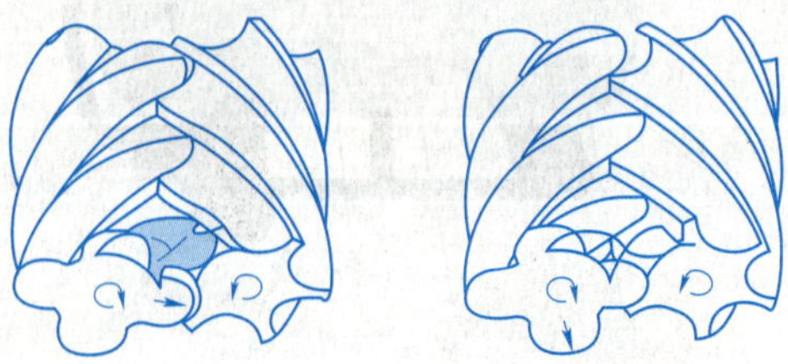

(a)排风过程中　(b)排风过程结束

图 3-16　排风过程

2）主空气压缩机系统流程图

主空气压缩机系统包括空气系统、润滑油系统和冷却系统，系统流程图如图 3-17 所示。

（1）空气系统

开机时空气由空气滤清器吸入，经由进气阀进入主机，在主机压缩腔内压缩，经润滑油冷却后排入油气室，这种含油空气在油气室内经撞击进行第一次气液粗分，再经由油细分离器进行第二次气液精分，当油气室压力达到输出压力后，被压缩的空气通过最小压力阀排出，经后冷却器冷却，提供给用户。

停机时，最小压力阀止回，切断后部高压气路，阻止高压气体返回主机。同时进气阀中的进气止回阀关闭，主机压缩腔内的高压气体返至低压腔，迫使进气阀中的泄压阀动作，将压力空气与进气阀吸气口连通，经由空气滤清器排入大气。

（2）润滑油系统

润滑油系统由温控阀、油过滤器、可视回油单向阀、油细分离器、油冷却器和油气室组成，其包含主回路与辅助回路两个回路。

① 主回路。空气压缩机起动时，在最小压力阀作用下，优先建立起润滑油循环所需之压力，润滑油压入温控阀，经过油冷却器冷却（或不经过油冷却器冷却）、油过滤器过滤，通过喷油口射入机体内，然后随压力空气排到油气室进行粗分。

② 辅助回路。含油压力空气经油气室粗分后，进入油细分离器细分，聚集在其底部的少许润滑油，经回油管、可视回油单向阀进入机体，用以润滑排风端轴承，继而返回油气室。

（3）冷却系统

冷却系统包括风机、冷却器，主要用于降低排风温度，避免润滑油温度过高。

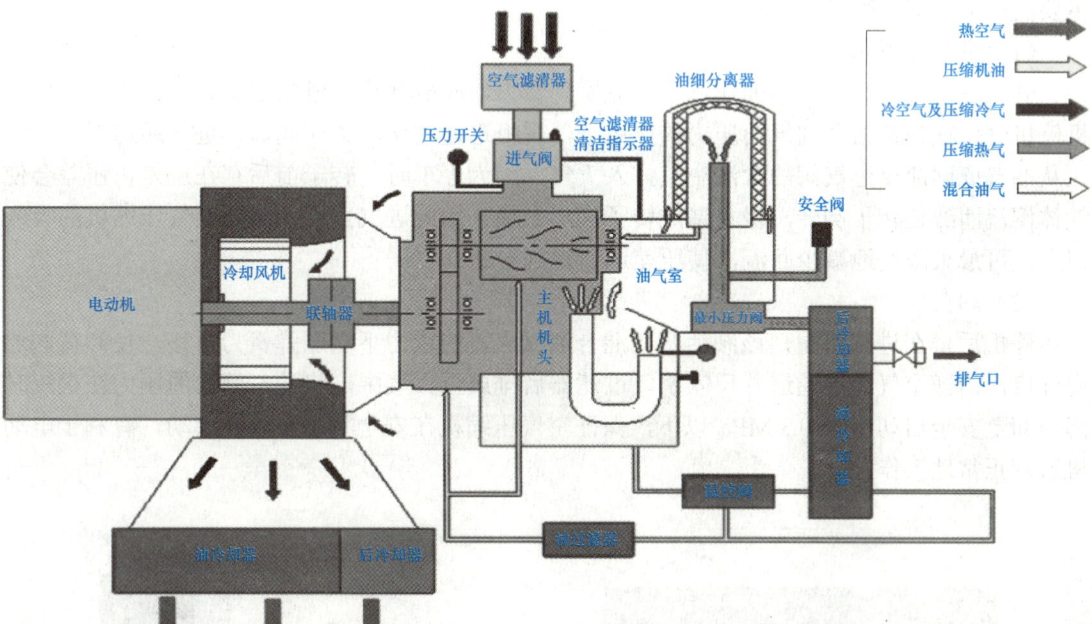

图 3-17　系统流程图

3. 喷油特性

由于螺杆式空气压缩机具有喷油特性，所以其性能得到大大改善，喷油使螺杆式空气压缩机获得下面的优点：

① 降温。螺杆式空气压缩机在压缩过程中不断向压缩室及轴承注入润滑油，油可以吸收大量的热量并将其带出机头，使空气压缩机接近等温压缩，排风温度大大降低。转子与机壳之间不会因热膨胀系数不同而产生摩擦。

② 密封。喷入润滑油后，润滑油可在转子之间、转子端面与端盖之间、转子与机壳之间产生油膜密封，达到螺杆转子间的密封效果，减少压力空气内泄。

③ 润滑。润滑油对螺杆式空气压缩机的零件和运动副均有润滑作用，不但提高了螺杆零部件的使用寿命，而且可达到长期经济运行的目的。

④ 降噪。喷入润滑油后，转子之间被油膜隔开，运转中无金属直接撞击和摩擦，并且润滑油对声波有吸收和阻尼作用。一般喷润滑油后可降低噪声 10～20 dB。

⑤ 冲洗尘埃杂质。一般在没有特殊要求的情况下，螺杆式空气压缩机多为喷油式。在喷油的过程中，可冲洗掉所经过区域的尘埃、杂质，起到净化空气的作用。

4. 气路系统各组件的功能

1）空气滤清器

空气滤清器为干式纸质过滤器，其滤芯如图 3–18 所示。过滤纸细孔度约为 20 μm，过滤后的洁净空气进入空气压缩机。空气过滤器座上装有一清洁指示器，当清洁指示器显示红色时，应清洁或更换滤芯。更换或清洁滤芯后，按下指示器顶端的“复位”按钮复位。

2）进气阀

进气阀也称吸气阀（如图 3–19 所示），专门用于间歇工作的螺杆式空气压缩机。进气阀主要由以下两部分组成：

（1）进气止回阀

开机时，在上下部压力差作用下，克服弹簧力，阀板开启，进气通道打开；当空气压缩机停机时，在弹簧力及油气筒压力的作用下，阀板迅速动作，关闭阀口，进气通道封闭，防止从油气筒回流至进气阀的含油空气排入大气。因为停车时，转子前后存在压差，压差会使气体倒流而致使转子倒转，极易造成转子齿形磨损。因此进气止回阀装在空气压缩机的吸气口上，可最大限度地减少回流，使压差迅速得到平衡。

（2）卸荷阀

停机后，在进气口中，该阀活塞在混合油气回流的压力下克服弹簧力下移，使卸荷阀通道开启，洁净空气经该通道并反吹空气过滤器后排放至大气中，将油气筒内的压力在很短时间内卸至安全启动压力 0.3 MPa 以下，保证空气压缩机在安全状态下再次起动，有利于电动机长期正常地工作。

图 3–18　空气滤清器的滤芯

图 3–19　进气阀

3）温度开关

设定值：105 ℃断开，90 ℃接通。

空气压缩机机头中气油混合物的温度由油气筒的温度开关探头监控，其目的是防止空气压缩机超过它的停机温度。在失油、油量不足、冷却不良等情况下，均可能导致排风温度过高，当排风温度达到温度开关设定值 105 ℃时，则温度开关断开，切断电源。当温度下降至温度开关设定值 90 ℃时，打开温度开关，接通电源，空气压缩机重新起动。

4）油气筒

油气筒上装有指示油位的视油镜，下方装有泄油阀。当油气混合物从排风口进入油气筒时，空间突然增大，筒内挡板折流改变空气流动方向后，使油气的流速减小，方向改变，在碰撞、拦截及重力作用下，绝大部分油滴从空气中分离出来，沉降在油气筒底部，此为第一次油气分离，此阶段能分离出 90% 以上的油。剩余含油雾的压力空气则通至油气筒上部的油细分离器进行再次分离。

5）油细分离器

分离精度：粒径 0.1 μm，气体含油量≤5×10^{-6}。

油细分离器如图 3-20 所示。

图 3-20　油细分离器

油细分离器滤芯是用多层细密玻璃纤维制成的，压力空气经第一次分离后所含雾状油气经过滤芯填充物后被精细地过滤，使油再一次分离，压力空气中雾状油气经过油细分离器第二次分离后，油几乎可被完全滤去，油颗粒大小控制在 0.1 μm 以下，分离效果可使排风含油量不大于 5×10^{-6}。气体流经滤芯的流速为 1～6 m/s 以下。

油细分离器滤下的油存于底座中央的小圆凹槽内，再用一根回油管引至机体进口侧，可避免已被过滤的润滑油再随空气排出。分离后的纯净空气经压力维持阀送至后冷却器。

6）安全阀

设定值：1.1 MPa。

安全阀的作用是：当机车上的总风缸压力开关调节不当或失灵，致使油气筒内排风压力高达 1.1 MPa 时，安全阀内的空气克服弹簧压力顶起阀杆向外界泄压，使压力降至设定的安全排风压力以下。

7）压力维持阀

设定值：开启压力（0.6±0.05）MPa。

压力维持阀安装于油气筒上方的油细分离器出口处，如图 3-21 所示，其主要功能为：

① 润滑。起动时，在短时间内建立起润滑油的循环压力，确保机器的润滑。

② 保护油细分离器。当压力超过 0.6 MPa 之后开启，可降低流过油细分离器的空气流速，除确保油细分离效果之外，还可保护油细分离器，使之避免因压差太大而受损。

③ 逆止功能。当停机后油气筒内压力下降时，防止总风缸内压力空气倒流。

8）压力开关

设定值：0.4 MPa 电路断开，0.3 MPa 电路接通。压力开关如图 3-22 所示。

压力开关由进气阀阀座内的压力控制。当空气压缩机停机后，油气筒内压力立即传至进气阀阀座内，当压力超过 0.4 MPa 时压力开关断开。随着油气筒内的压力被进气卸荷阀快速卸放，进气阀阀座内压力随之降低，当压力降至 0.3 MPa 时，压力开关恢复接通，此时空气压缩机才能再次起动，保证了电机在低负荷下安全起动。空气压缩机再次起动的时间≤14 s，当空气压缩机运行时，进气阀腔内压力低于大气压力，压力开关处于接通状态。

图 3-21　压力维持阀

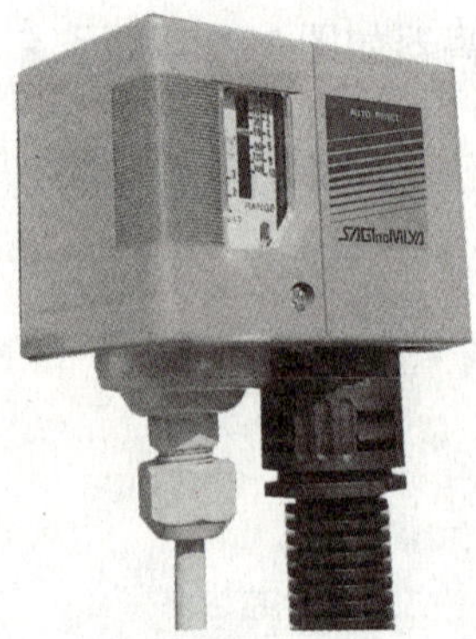

图 3-22　压力开关

9）后冷却器

空气冷却器采用轻便、高效的板翅式冷却器，通过离心风扇抽入冷空气，吹过冷却器的散热翅片，与空气压缩机排出的压力空气进行热交换后冷却，冷却后温度适宜的压力空气进入空气干燥器进行干燥，再送入总风缸储存备用。

5. 油路系统各组件的功能

1）油细分离器

详细内容请参照气路系统组件功能。

2）油冷却器

冷却器分为前后两部分，前部为油冷却器，后部为空气冷却器，即后冷却器，均采用风冷方式。油冷却器采用板翅式铝合金结构，其冷却方式与空气冷却器相同。用同一冷却风扇进行冷却，其功能是降低润滑油的温度，保证机组润滑、可靠、稳定地运转。油经分离后集存于油气筒底部，油温接近排风温度，如此高温的油必须进入油冷却器冷却后才能再次循环使用，这就是设置油冷却器的目的。

螺杆式空气压缩机不但对油温有一定的要求，而且对油的黏度也有要求。若油的黏度偏高，则增加功率损失；若油的黏度偏低，则密封效果变差。因此，必须控制喷油的温度，使之黏度适中。

3）油过滤器

过滤精度：粒径 10 μm。

油过滤器是一种纸质的过滤器（见图 3–23），其功能是除去油中杂质（如金属微粒），保护轴承及转子，减少转子磨损，延长机器使用寿命。是否更换油过滤器滤芯可由其压差指示器来判断，如果压差指示器显示红色，表示油过滤器阻塞，必须更换。更换滤芯后压差指示器自动复位。若不及时更换，则可能导致进油量不足、排风温度偏高、跳机，同时会因油量不足而影响轴承寿命。

图 3–23 油过滤器

4）温控阀

设定值：66 ℃以上冷却通道开启，76 ℃以上时全开。

油冷却器前装有一温控阀，其功能是维持排风温度在压力露点温度以上，避免空气中的水气在油气筒内凝结而导致润滑油乳化。刚开机时，油温低，此时温控阀会自动开启通往机体的油路，润滑油不必经过油冷却器就可以直接进入机体；当油温升高到 66 ℃以上时，温控阀逐渐打开通往油冷却器的通路；当温度升至 76 ℃以上时，关闭润滑油直接通往机体的通路，润滑油全部经过油冷却器冷却降温后再进入机体循环。

6. 安全操作运用

在安装和运行空气压缩机之前，工作人员须先熟悉其使用维护说明书中的内容，并且要遵守操作及安全使用规则。

1）开机前的准备工作

① 检查各零部件的连接是否有因为装卸运输、安装等工序造成的有关部位松动、漏油、漏气等现象，如管路接头、电路和连线接头、各处连接螺栓、两端联轴器紧定螺钉和压盖紧定螺钉等部位。若发现松动或脱落，须及时按要求处理好。

② 按要求接好输气管、电源线及地线（接地保护）。

③ 检查油气筒视油镜中的油位线，当油位处于上下刻线之间时，说明油位正常。若油位处于下刻线之下，则需补油。添加润滑油时，必须加同一牌号的润滑油，不同厂家的润滑油不能混用，同一厂家不同系列不同牌号的润滑油也不能混用。

④ 若空气压缩机库停时间超过六个月（含）才运用，开机前应拆下进气阀橡胶导管，从进气口加入 500 g 同一牌号润滑油后，点动电机后立即停机，确认无问题后再开机。防止空

气压缩机因缺油而在突然起动时被烧坏。此时，切记不可让异物掉入空气压缩机内，以免损坏空气压缩机螺杆。

2）空气压缩机的日常维护检查

① 检查油位是否在视油镜正常位置。

② 开机检查电机旋向，应和旋向标志相符。

③ 检查冷却器的风量和温度是否正常。

④ 检查进气阀开、闭动作和卸荷功能是否正常。

⑤ 检查空气滤清器的真空指示器箭头指示位置是否在正常位置。

⑥ 检查机组是否有异响或振动。

⑦ 检查各油路管接头是否渗油。

⑧ 检查各部位紧固件是否有松动迹象。

活动 3.1.4　认知 704 型调压器

为自动控制空气压缩机的运转，使总风缸的压力保持在规定的压力范围内$\left[(750\pm20)\sim(900\pm20)\,\text{kPa}\right]$，在总风缸输出管路上装设有 704 型调压器（如图 3–24 所示）。当总风缸的压力达到最高值（900 kPa）时，704 型调压器切断空气压缩机电动机电源，使空气压缩机停止运转。当总风缸的压力降到最低值（750 kPa）时，704 型调压器又接通该电源，使空气压缩机恢复运转。

图 3–24　704 型调压器

1. 构造特点

704 型调压器的结构如图 3–25 所示，它由以下几部分组成：

① 高压调整部。由调节手轮、锁紧螺母、调整螺杆、高压调整弹簧、压力指示计及传动板等组成。

② 低压调整部。由下堵、防缓螺母、调整螺栓、低压顶杆、低压调整弹簧、低压调整螺母及上堵等组成。

③ 双断点微动开关。由防缓螺母、调整螺钉、微动开关、下静触头、动触头、上静触头及微动开关弹簧等组成。

④ 空气部。由底座、顶杆、导套及膜板等组成。

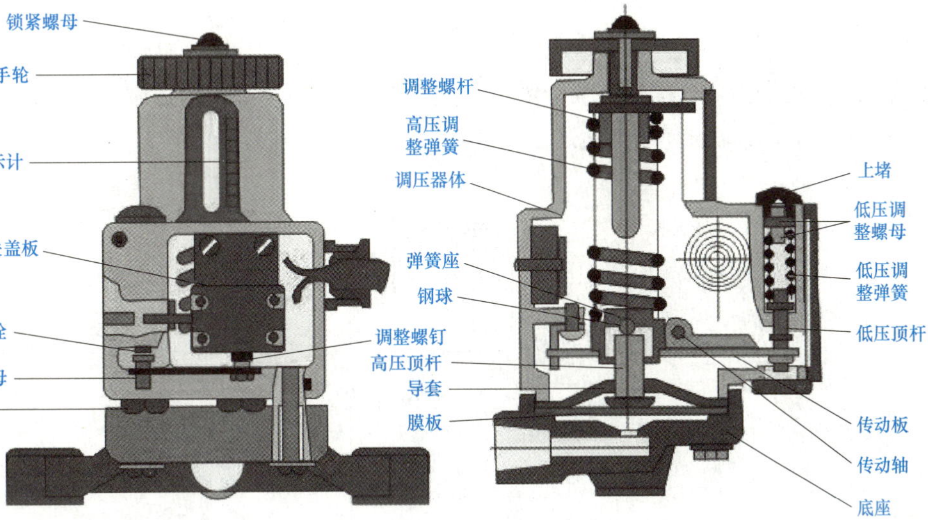

图 3-25　704 型调压器的结构

2. 作用

总风缸高压空气进入膜板下方空腔内，当其压力低于下限值（750 kPa）时，高压调整弹簧伸张，促使传动板右侧向上运动，带动调整螺钉上移，使微动开关常开触头闭合，接通空气压缩机驱动电机的控制电路，空气压缩机投入运转。当总风缸压力上升到足以克服高压调整弹簧力（即达到其上限值 900 kPa）时，膜板向上鼓动，高压顶杆及钢球上移，带动传动板左侧向上、右侧向下运动，调整螺钉随之下移而离开微动开关，微动开关在其弹簧的作用下使常开联锁断开，从而切断空气压缩机驱动电机的控制电路，使空气压缩机停止运转。随着总风缸内压力的变化，空气压缩机将进行间歇性的工作。

3. 调整方法

1）调高压（决定上限值）

松开锁紧螺母，当需要提高总风缸压力时，应顺时针方向旋转调节手轮；当需要降低总风缸压力时，则逆时针方向旋转调节手轮。调整好后，拧紧锁紧螺母。

2）调低压（决定下限值）

松开上堵，当总风缸压力低于规定值时，应逆时针方向旋转低压调整螺母；若总风缸压力高于规定值，则顺时针方向旋转低压调整螺母。调整好后，拧紧上堵。

3）补偿调节

① 若高压调不到所需压力，可将下堵卸下，松开防缓螺母。当总风缸压力达不到上限值时，逆时针方向旋转调整螺栓；当总风缸压力超过上限值时，则顺时针方向旋转调整螺栓。调整好后，拧紧防缓螺母，装好下堵。

② 若低压调不到所需压力，可卸下微动开关下堵；松开防缓螺母。当总风缸压力低于下限值时，应顺时针方向旋转调整螺钉；当总风缸压力高于下限值时，则逆时针方向旋转调整螺钉。调整好后，拧紧防缓螺母，紧固下堵。

活动 3.1.5　认知风源净化系统

1. 概述

风源净化系统由 JKG_1 型空气干燥器、JKF_1 型油水分离器、电磁排污阀及各种其他阀组成，如图 3-26 所示。

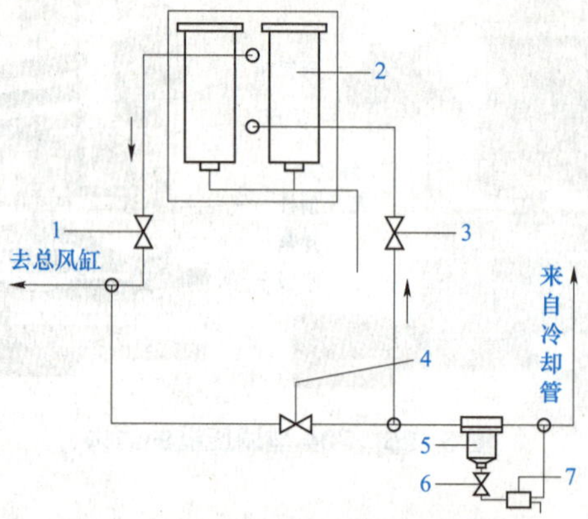

1—排风塞门；2—JKG_1 型空气干燥器；3—进气塞门；4—旁通（故障）塞门；
5—JKF_1 型油水分离器；6—排污塞门；7—电磁排污阀。

图 3-26　风源净化系统的组成

JKG_1 型空气干燥器是一种无热再生双塔式可连续工作的压力空气除湿装置，由干燥塔、进气阀、排风阀、电控器、电空阀等主要部件组成。空气干燥器的工作是与空气压缩机的工况相联系的。当空气压缩机起动时，电控器同时得到通电信号，使一个电空阀处于得电供气状态，另一个电空阀处于失电排风状态。从空气压缩机来的压力空气经散热器冷却后，由油水分离器分离出其中的液态颗粒，然后进入干燥塔。当空气压缩机工作到干燥器转换周期时，在电控器的控制下自动转换为另一个干燥塔工作，如此两塔交替进行空气干燥工作。每次空气压缩机停机时，电磁排污阀能自动将油水分离器中的压力空气及油分和水分排出，从而达到净化机车风源的目的。

JKG_1 型空气干燥器是风源净化系统中重要的净化部件。以该部件为核心，与其他辅助设备，如油水分离器、电磁排污阀等构成机车风源净化装置，用以清除压力空气中的油分、水分、沙尘、飘尘等有害杂质。经其处理后的压力空气，应达到下述净化指标：

① 相对湿度≤35%。

② 含尘埃颗粒度不大于 10 μm。

③ 含油率不超过 10 ppm。

经过净化的空气，可避免机车车辆空气管系产生冷凝水而发生冻结和锈蚀现象，消除压力空气的输送和阀类卡死等故障，亦可防止因空气中的杂质引起制动失灵。因此，采用该装置对保证行车安全、延长制动机检修周期和使用寿命，都有良好的效果。

在工作中，JKG_1 型空气干燥器具有“定时转换”“时间累计”“状态记忆”等多种功能，可适应机车空气压缩机的各种工况。同时，两干燥塔的交替工作过程具有“柔性转换”的特性，可减少气流对干燥剂的冲击和避免粉末进入管系。此装置的结构参数和工作参数选配合理，在机车的各种环境和工况条件下均能输出符合湿度标准的净化干燥空气。

2. 主要技术性能数据

风源净化系统的主要技术参数如表 3-2 所示。

表 3-2　风源净化系统的主要技术参数

参数		参数值
处理空气量/（m^3/min）		5～6
相对湿度/%		≤35
工作压力/kPa		500～1 000
进气温度/℃		5～55
环境温度/℃		-20～40
工作方式		双塔交替，可间歇或连续工作
控制方式		电气、机械联合自动控制
控制电压/V		DC 110
再生方式		无热、常压
再生耗气率		15（1±3%）
干燥剂	材　质	高效耐水硅胶或活性氧化铝
	规　格	ϕ3～7 mm 球形颗粒
	颗粒强度/（N/粒）	≥80
装机质量/（kg/台）		122
外形尺寸[（长/mm）×（宽/mm）×（高/mm）]		930×474×338
整机质量/kg		125

3. JKG_1 型空气干燥器的结构

JKG_1 型空气干燥器将高效油水分离器独立设置。

该干燥器的总体结构如图 3-27 所示，主要由干燥器主体、进气阀、排风阀、排风止回阀、电控器、电空阀等部件组成。

1）干燥器主体

干燥器主体由两个结构完全相同的干燥塔组成，所以称为“双塔式”。

JKG_1 型空气干燥器的干燥塔是干燥器的主体，其结构如图 3-28 所示。干燥塔为一圆筒钢瓶式结构，上部为塔盖，中部为筒体，下部为封头。

干燥塔上设有三个对外通道口，其中：进气法兰口连接空气压缩机，受进气阀控制；排风法兰口通往总风缸，受排风止回阀控制；接头体通大气，受排风阀控制。

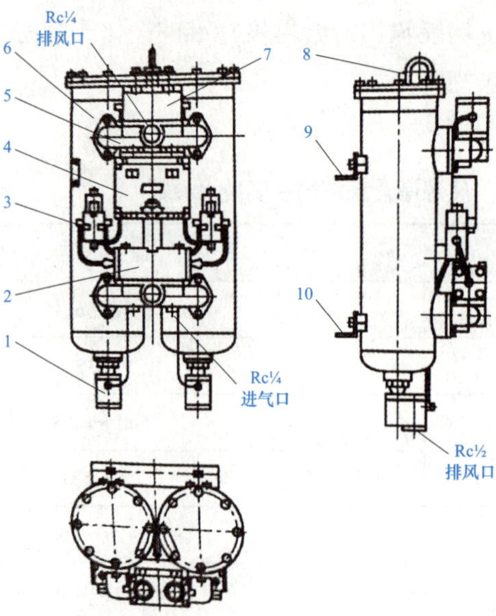

1—排风阀；2—进气阀；3—电空阀；4—电控器；5—连接体；6—干燥器主体；7—排风止回阀；8—吊环；9—安装横梁（上）；10—安装横梁（下）；Rc—半径，后面数字的单位为英寸。

图 3-27　JKG_1 型空气干燥器的总体结构

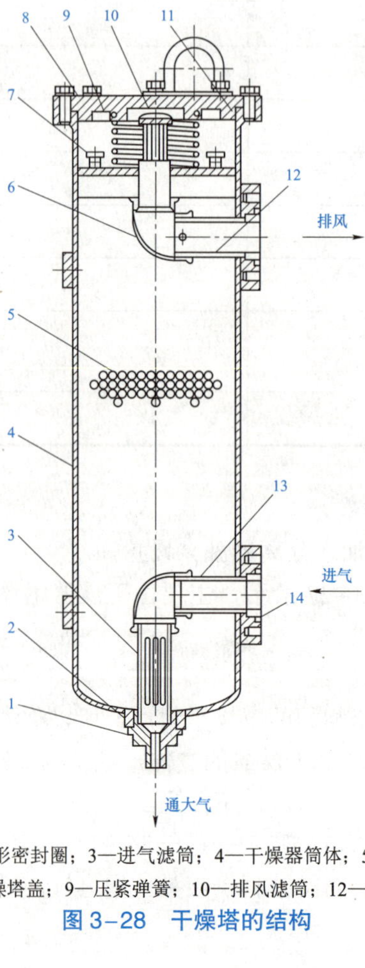

1—接头体；2、14、11—O 形密封圈；3—进气滤筒；4—干燥器筒体；5—干燥剂；6—排风管弯头；7—排风滤网；8—干燥塔盖；9—压紧弹簧；10—排风滤筒；12—排风管；13—进气管。

图 3-28　干燥塔的结构

干燥塔的背面设有安装座，并通过安装横梁将干燥器安装于机车上。干燥塔内部装有干燥剂，用压紧弹簧通过盘状排风滤网将其压实，以防止干燥剂在气流作用下颗粒之间自由摩擦形成粉末。向塔内填装或添加干燥剂时，先打开干燥塔盖，取出压紧弹簧和排风滤网，然后将干燥剂由筒口加入。取出干燥剂时，可从干燥塔下部拆下接头体，抽出进气滤筒，干燥剂颗粒便可自动流出。

干燥塔拆装时应注意：

① 进气滤筒是焊在法兰上的，解体时不可拆卸。

② 接头体与进气滤筒是用黏结剂粘成一体的，装入干燥塔时，应检查确认进气滤筒的头部是否进入弯头口。

2）进气阀

进气阀是控制两干燥塔进气的机构，安装于两干燥塔的进气连接体上，其结构如图 3–29 所示。

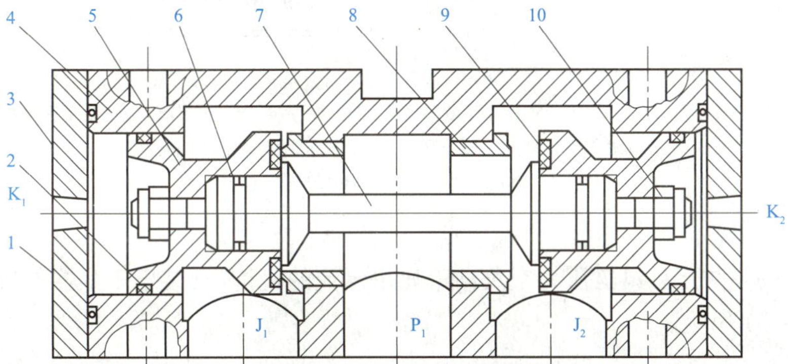

1、2、6—O 形密封圈；3—阀盖；4—阀体；5—阀；7—阀杆；8—阀座；9—活塞阀；10—防松螺母。

图 3–29　进气阀的结构

进气阀阀体的安装面上有三个通道口，与连接体阀座上的三个通道口相吻合。其中 J_1、J_2 通左右干燥塔，P_1 经连接体中部的 Rc1/2 管口与来自空气压缩机的主管连接。

阀体内部装有一个“连动式”活塞阀，控制着这三条通道。

阀体两端部的阀盖上，设有 Rc1/8 管口（K_1、K_2），连接来自电空阀的控制风管。无论控制风从哪端进入阀体，均会推动活塞向另一端移动，并使该端的进气阀口关闭，切断该干燥塔的进气通道。同时，另一端的进气阀口打开，开通进入另一干燥塔的进气通道。由于两干燥塔的进气口受活塞阀联锁控制，故不可能同时进入吸附状态。（注：阀口开启者为吸附状态。）

3）排风阀

排风阀是控制干燥塔“再生”排风的机构，安装于干燥塔底部的接头体上，其结构如图 3–30 所示。

阀体内设有一个受电空阀控制的活塞阀。上盖设有 Rc3/4 管口（T），通过接头体通往干燥塔。管座设有 Rc1/2 管口（P），是排风阀的排泄口，可安装消音器或排风管道。

排风阀的开启与关闭，受来自电空阀的控制风操纵。当电空阀得电供气时，控制风由阀体上的进气口（K）进入活塞的下方，将活塞连同阀抬起，开启排风阀口，使干燥塔通大气并进入再生状态。当电空阀失电时，活塞下方的控制风经电空阀排出，活塞受弹簧的作用下移，关闭排风阀口，切断干燥塔通大气通路，使干燥塔进入吸附状态。

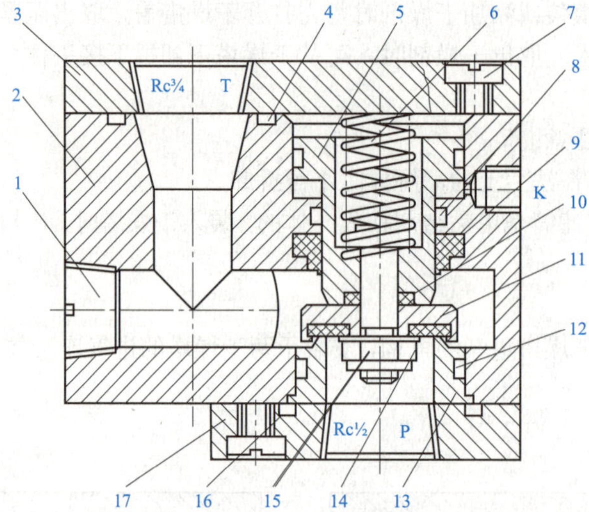

1—螺堵；2—阀体；3—阀盖；5—活塞；6—弹簧；7—螺钉；4、8、10、12、16—O 形密封圈；
9—防尘圈；11—活塞阀；13—阀座；14—阀垫；15—螺母；17—管座。

图 3-30　排风阀的结构

4）排风止回阀

排风止回阀是防止总风缸压力空气向干燥塔倒流的机构，安装于干燥器的排风连接体上，其结构如图 3-31 所示。

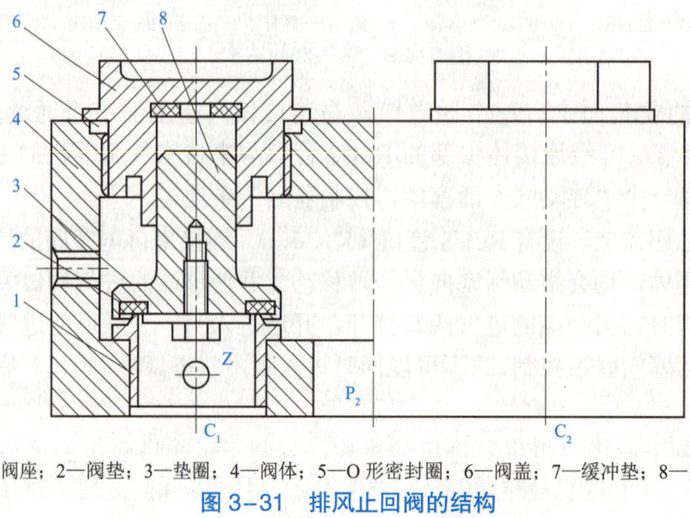

1—阀座；2—阀垫；3—垫圈；4—阀体；5—O 形密封圈；6—阀盖；7—缓冲垫；8—阀。

图 3-31　排风止回阀的结构

在阀体内装有两个结构完全相同的止回阀，分别控制着两干燥塔的排风口（C_1、C_2）。当干燥塔在吸附状态时，塔内压力高于总风缸压力，止回阀被顶起，干燥空气经阀口（P_2）流入总风缸。当干燥塔在再生状态时，因塔内为大气压力，故排风止回阀关闭，阻止空气从总风缸向干燥塔倒流。

在阀体的安装面上，设有一条通气沟槽，沟通两干燥塔的再生孔（Z），构成一条常通的“再生气路”。在工作中，吸附塔的干燥空气一小部分将由此通道流入再生塔，对干燥剂进行再生，再生空气的流量受再生孔（Z）的控制。

5）电控器

电控器又称时间控制器，是控制双塔式空气干燥器双塔交替工作的核心。它根据空气压缩机的工况信号转变控制执行机构动作的“指令”，使两干燥塔按一定的程序交替工作。

（1）结构

电控器由“机芯”和“机盒”组成。机芯由电路板、安装板、面板组成一体，可从框式机盒内整体取出。

电控器的外部结构如图 3–32 所示。面板上设有两个指示灯，分别显示转换电空阀的得电或失电状态。盒体下方设有电源开关、电源插头、熔断器及两组（每组两根）输出线。电源插头外接 DC 110 V 正、负电源线（+V、–V）和控制线（VK）。熔断器内装有 0.5 A 管式保险丝。两组输出线则分别连接干燥器上的两转换电空阀（电空阀Ⅰ、电空阀Ⅱ）。

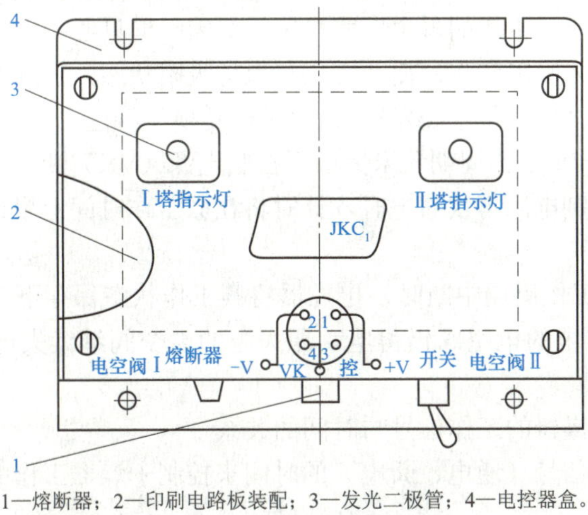

1—熔断器；2—印刷电路板装配；3—发光二极管；4—电控器盒。

图 3–32 电控器的外部结构

（2）功能

空气压缩机的工况是随机变化的，当这些工况以电信号（通电、断电）的形式由控制线（VK）输入电控器后，经过电控器的逻辑处理，将电信号变成有规律的“指令”输出，并通过电空阀来操纵干燥器上的机械阀动作，构成“电气–机械”控制系统，使两干燥塔按一定的程序交替工作，并具有以下几种功能。

① 定时转换。当电控器接通电源而无控制信号输入时，电控器亦无动作指令输出，而是处于“待命”状态。只有当控制线有“通电”信号输入时，电控器才开始计时工作，并按一定的时间周期（T）分别对两电空阀“通电”和“断电”。其中得电的电空阀将控制干燥塔进入“再生”状态，而失电的电空阀则使干燥塔处于“吸附”状态。电控器的工作周期图示如图 3–33 所示。

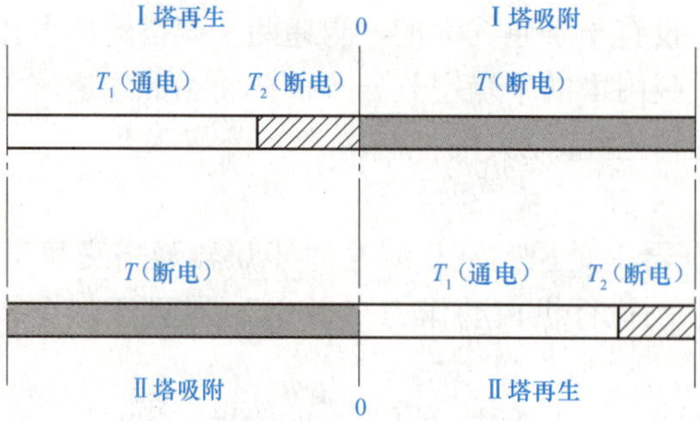

图 3–33　电控器工作周期图示

② 提前失电。电控器在同一工作周期（T）内，两电空阀的“通电”和“断电”是相互制约的，但通、断电时间并不相等，而是保持一个差值（T_2），使两电空阀（DF_1、DF_2）有一个“断电”重叠时间。以图 3–33 左边的工作周期为例，相对于转换点（0）来说，DF_1 在工作周期（T）内分两个阶段，第一阶段通电（T_1），第二阶段断电（T_2），满足 $T_1+T_2=T$。相对于失电的 DF_2 来说，T_2 即为两电空阀的失电重叠时间。

在两电空阀失电重叠时间内，由于两干燥塔受进气阀的联锁控制，不可能同时进入吸附状态。因此虽然 DF_1 停止了Ⅰ塔的再生，即排风阀关闭，但只要 DF_2 不得电，进气阀便不能动作，Ⅰ塔也就不能进入吸附状态，而Ⅱ塔仍将保持吸附状态，直到 DF_2 得电后，两塔才开始转换。电控器的这一功能，使干燥器获得 “柔性转换”特性，故又称“柔性转换功能”。

③ 时间累计。当一个工作周期还未完成而控制电源（VK）断电时，电控器也立即中断工作，停止计时。当控制电源再次通电时，计时将在原工作时间上累计，直至完成这一工作周期才进行转换。

④ 状态记忆。当工作周期中断时，电控器将其工作状态保存下来，待下次工作时，仍按原状态继续。即原得电的电空阀仍得电，原失电的电空阀继续失电，直至这一工作周期完成。

（3）电控器控制干燥器的工作信号与时间的关系

电控器是以输出电信号（通电、断电）的时间来控制干燥器工作的，其电信号与时间的关系见表 3–3。

表 3–3　电控器的电信号与时间的关系

参数	参数值
转换周期（T）/s	90
再生时间（T_1）/s	72
充风时间（T_2）/s	18

6）电空阀

电空阀是电控器的执行机构，电控器以“通电”和“断电”来控制其工作。同时，电空阀又以“充入”或“排出”控制风来操纵各机械阀动作。当电空阀得电时，下阀口开启，控制风进入各机械阀。当电空阀失电时，下阀口关闭，切断控制风源，同时开启上阀口，将已进入各机械阀的控制风释放进大气。

DKF_1 型及 DKF_2 型电空阀是为 JKG_I 型干燥器设计的专用电空阀。其中 DKF_1 型电空阀用于干燥器的转换；DKF_2 型电空阀用于电磁排污阀的控制。这两种电空阀的内部结构及主要技术参数完全相同，只是在接管和安装方式上有所差别。

电空阀的主要技术参数如表 3–4 所示。

表 3–4　电空阀的主要技术参数

参数	参数值
额定电压	DC 100 V（1±10%）
功率/W	14
工作压力/kPa	1 000
接管通径	DN3

4. JKG_1 型空气干燥器的工作原理

JKG_1 型空气干燥器的工作是由空气压缩机的 704 型调压器控制的。因此，空气干燥器的各种功能与工作状态，均与空气压缩机的工况相配合，故空气干燥器对机车的各种工况具有较好的适应性。空气干燥器“电气–机械”控制系统的组成及控制关系如图 3–34 所示。

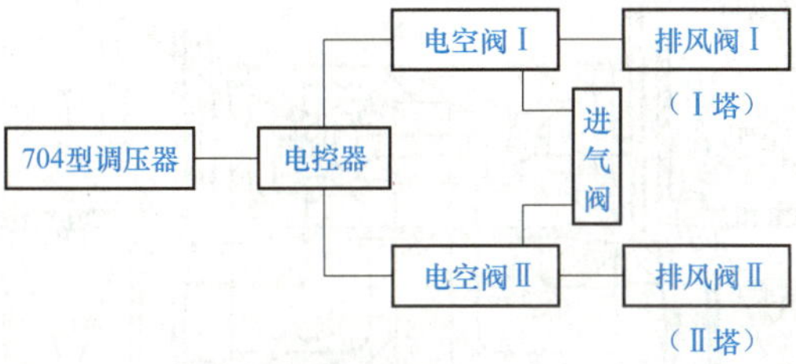

图 3–34　空气干燥器“电气–机械”控制系统的组成及控制关系

704 型调压器是将总风缸压力转变为电控信号的装置。当总风缸压力低于（750±20）kPa 时，704 型调压器发出“通电”信号；当总风缸压力上升至（900±20）kPa 时，704 型调压器发出“断电”信号。704 型调压器的这两种信号，一方面通过机车上的电控系统来控制空气压缩机的起动与停止，另一方面通过空气干燥器的“电气–机械”控制系统来操纵干燥器的工作。

电控器接到 704 型调压器的信号后，转而输出控制电空阀的电信号，并通过电空阀来操纵各机械阀（进气阀、排风阀）的动作。干燥塔根据其进气阀和排风阀所处的位置，将形成以下几种状态：

① 停机状态：排风阀关，排风阀在随机位。

② 吸附状态：排风阀关，进气阀开。

③ 再生状态：排风阀开，进气阀关。

④ 充风状态：排风阀关，进气阀关。

在 704 型调压器的控制下，JKG_1 干燥器的工作过程如图 3–35 所示，具体如下：

在电机驱动风泵起动时，电控器同时得到“通电”信号。电控器使一个电空阀处于得电供气状态，另一个电空阀处于失电排风状态，并以此操纵各自的进气阀、排风阀动作。如图 3–35 所示，当电空阀Ⅰ处于得电供气状态时，电空阀Ⅱ处于失电排风状态，此时进气阀的控制活塞右移，进气阀口 A_j 关闭，B_j 开启；排风阀口 A_p 开启，B_p 关闭。

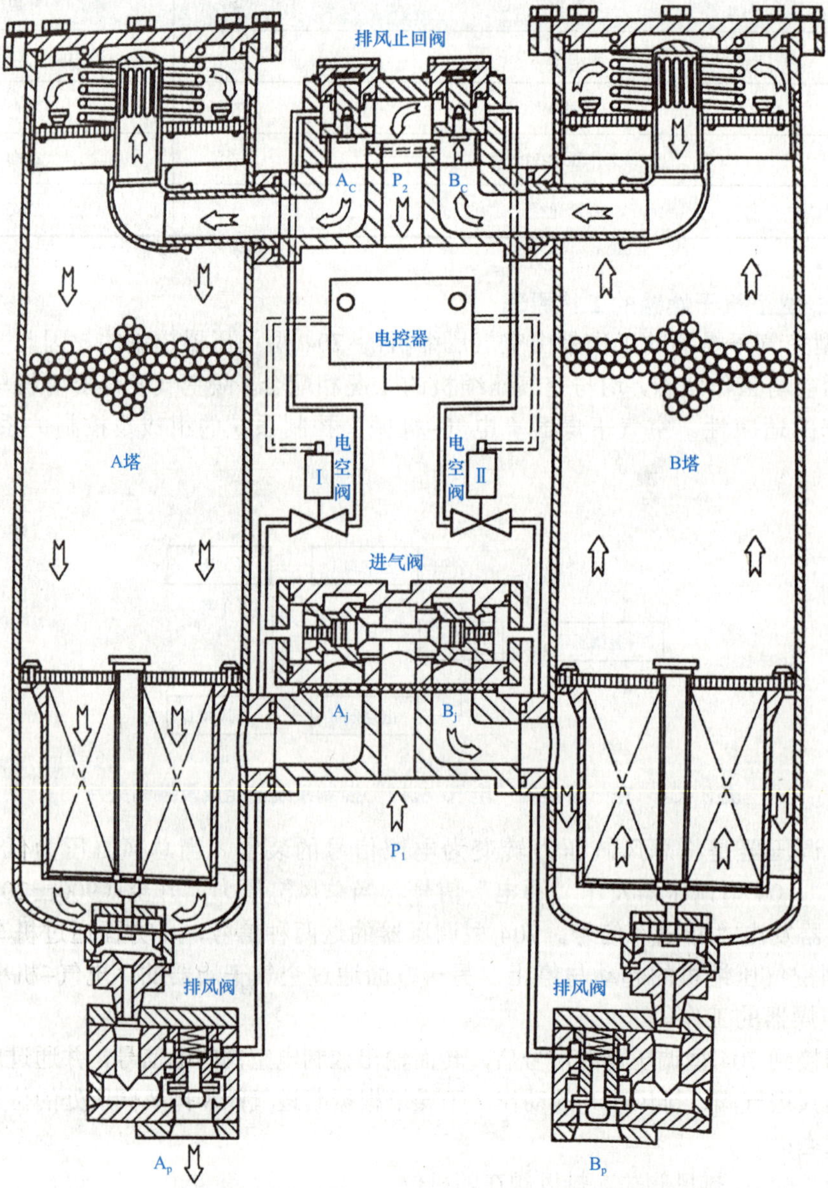

P_1—进气管（来自空气压缩机）；P_2—排风管（到总风缸去）；A_j、B_j—进气阀口；

A_C、B_C—止回阀口；A_p、B_p—排风阀口（排大气）。

图 3–35　JKG_1 型空气干燥器的工作过程

此时，A 塔进入再生状态，B 塔进入吸附状态。来自空气压缩机的高温、高湿度的压力空气，经冷却和油水分离器分离油水粒子后，由进气阀口 B_j 进入 B 塔。当气流通过干燥剂床时，空气中的水分子被干燥剂吸附而降低了相对湿度，成为“干燥空气”。干燥空气由 B 塔出来后，受排风止回阀的控制分为两路，其中大部分经止回阀口 B_C 进入总风缸；一小部分（约占 15%）经阀体上的再生气路进入 A 塔，在 A 塔内膨胀为极干的低压“再生空气”。然后在流经干燥剂床时，将干燥剂吸附的水分子脱附，并携带水分子由排风阀口 A_p 排到大气。这样，B 塔在吸附的同时，还担负着 A 塔的再生任务。如果 B 塔没有压力空气通过，A 塔亦无再生空气排出。所以，B 塔的吸附与 A 塔的再生是同时进行的。

当 A 塔再生到设定的时间 T_1 时，电控器停止对电空阀Ⅰ供电。这样，两电空阀（Ⅰ、Ⅱ）均处于失电关闭状态，使两排风阀亦处于关闭状态。但进气阀仍保持原作用位，故 B 塔继续吸附而 A 塔却停止了再生。虽然 B 塔的干燥空气仍源源不断地充入 A 塔，因 A 塔无再生空气排出，致使压力逐渐上升，直至接近 B 塔，A 塔在这段时间内处于“充风状态”。

当 A 塔充风的时间达到设定值 T_2 时，电控器开始向电空阀Ⅱ供电。电空阀Ⅱ得电后，开启阀口，将控制风充入进气阀、排风阀。一方面推动进气阀控制活塞左移，开启 A 塔进气阀口 A_j，关闭 B 塔进气阀口 B_j，同时将 B 塔的排风阀口 B_p 开启。这时，A 塔进入吸附状态，B 塔进入再生状态，干燥器完成了一个工作周期 T，且 $T=T_1+T_2$。这里还需要说明的是：在 A 塔转入吸附状态的瞬间，由于 A 塔在充风时段已充满了压力空气，致使在进气阀口 A_j 开启时，其内外压差很小，进气流速缓慢，大大地减少了进气气流对干燥剂的冲击，故称为“柔性转换”。柔性转换彻底消除了产生粉末的根源。

在 A 塔转入吸附状态的同时，由于 B 塔的进气阀口关闭，排风阀口开启，B 塔即转入再生状态。首先，将塔内的压力空气排空。然后由 A 塔出来的干燥空气经再生气路进入 B 塔，对干燥剂进行脱附，并经排风阀口 B_p 排向大气。

当空气压缩机停止工作时，电控器亦停止对两电空阀供电，使电空阀Ⅰ、Ⅱ均处于失电状态。排风阀口 A_p、B_p 及止回阀口 A_C、B_C 均关闭，空气干燥器的吸附和再生作用都停止。同时，电控器将工作时间记下来，进气阀将其状态保持下来。当空气干燥器再次工作时，仍将按原状态并在原时间的基础上继续，一直到下一个转换周期。空气干燥器的这一工作特性，称为“时间累计”和“状态记忆”。

5. 辅助装置与附件

1）JKF_1 型油水分离器

JKF_1 型油水分离器的结构如图 3-36 所示。这是与 JKG_1 型空气干燥器配套使用的辅助装置，装在进入空气干燥器前的主管路上，用于清除压力空气中的液态（油、水）粒子，以减轻干燥剂的吸附负荷及油粒子对干燥剂的污染。

其滤芯由一种特制的高效滤网卷制而成。当压力空气以一定的流速通过滤芯时，其中的液态粒子与滤网撞击而被黏附。当积累到一定数量时，就形成液滴，滴落到筒体底部，或用气流反吹将其清除。滤网是由不锈钢丝编织而成的，须定期进行清洗，可反复使用。

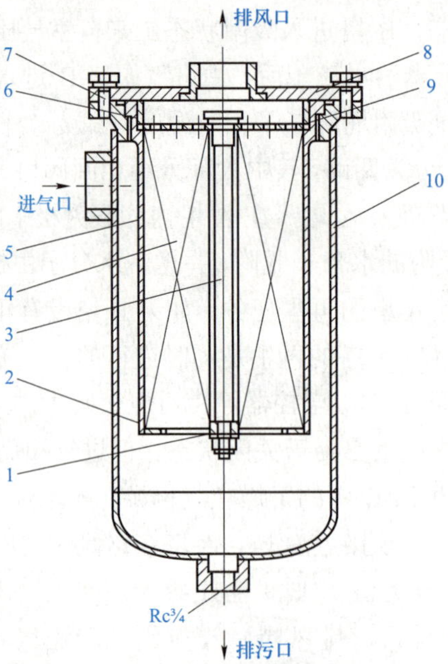

1—轴套；2—下挡板；3—芯轴组成；4—滤芯组成；5—滤芯筒；
6—挡圈；7—O 形密封圈；8—上盖组成；9—上挡板；10—筒体组成。

图 3-36　JKF_1 型油水分离器的结构

2）DPW 型电磁排污阀

该排污阀是与 JKF_1 型油水分离器配合使用的辅助装置，设置在油水分离器的排污管路上，用以自动排除油水分离器中聚积的油、水和污物。

DPW 型电磁排污阀的结构如图 3-37 所示，主要由 DKF_2 型电空阀和排污阀组合而成，

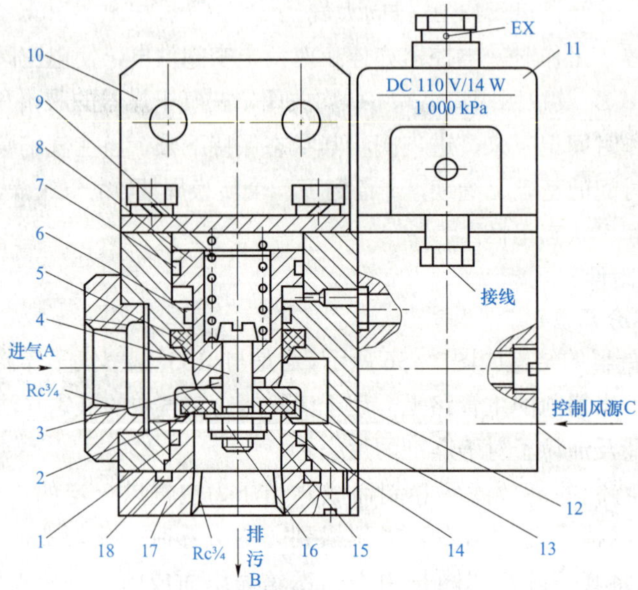

1、3、6、7、18—O 形密封圈；2—阀垫；4—螺杆；5—防尘圈；8—活塞；9—弹簧；10—安装座；
11—DKF_2 型电空阀；12—排污阀；13—阀；14—阀座；15—垫圈；16—防松螺母；17—排污管座。

图 3-37　DPW 型电磁排污阀的结构

电空阀为控制机构，排污阀为执行机构。排污阀的工作与空气压缩机的工作密切配合，当空气压缩机工作时，排污阀处于关闭状态；当空气压缩机停止工作时，排污阀处于开启状态。因此，电空阀的控制电源，必须纳入机车风泵的电控系统中，只有这样才能与空气压缩机同步工作。电空阀一般接在空气压缩机的起动接触器或中间继电器的“常闭”辅助触头上，排污阀的结构和工作原理与排风阀基本相同。

3）排风消声器

排风消声器的结构如图3-38所示。该器件是JKG_1型空气干燥器的附件，与空气干燥器上的排风阀配套使用，以降低干燥塔再生排风的噪声。

单位：mm

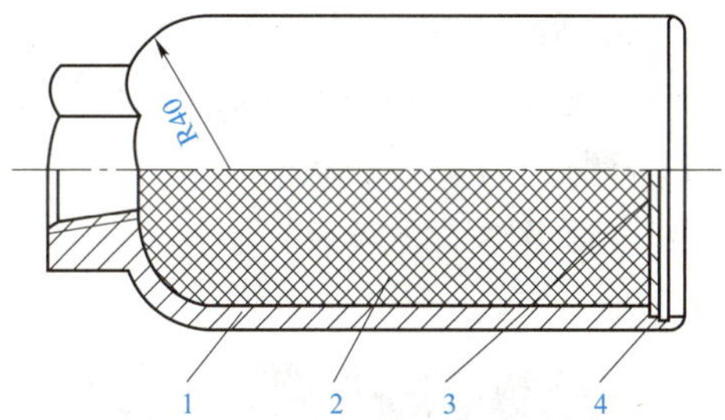

1—外壳；2—填料；3—穿孔板；4—挡圈。

图3-38　排风消声器的结构

排风消声器通过专用接头直接安装在排风阀的排风口上，可以竖装或横装。横装时应注意排风方向，不要影响乘检人员的工作。

任务3.2　认知SS_4改型电力机车风源系统

任务引入

前面学习了DF_4型内燃机车的风源系统，那么SS_4改型电力机车的风源系统安装在机车的哪个部位？与内燃机车的风源系统有何不同？图3-39中标识了SS_4改型电力机车风源系统主要部件的位置，在学习中可结合真实车体确认其位置及外形。

单位：mm

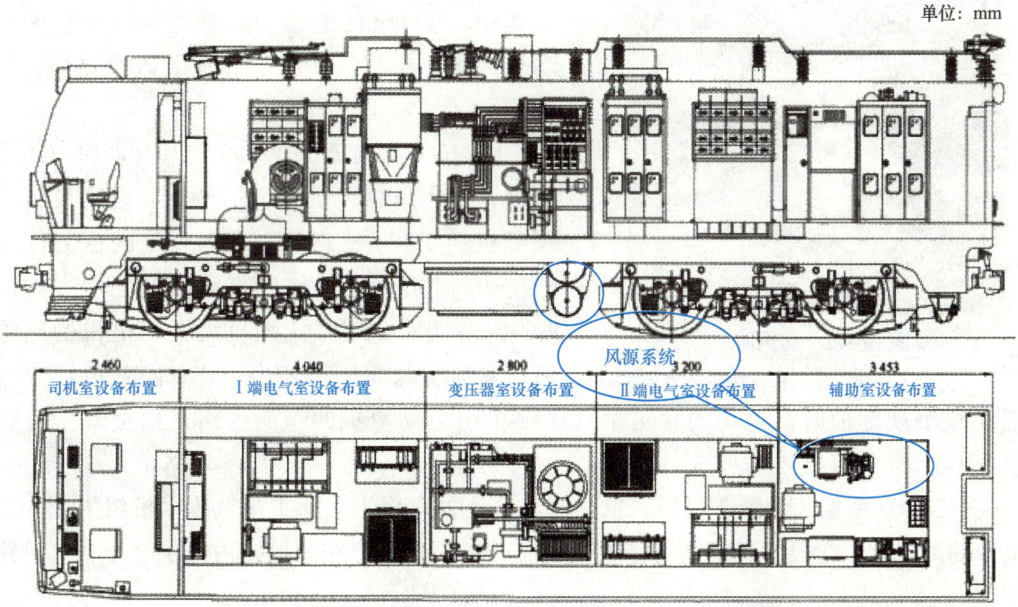

图3-39　SS_4改型电力机车风源系统主要部件的位置

活动 3.2.1　了解 SS_4 改型电力机车风源系统的组成及作用

SS 系列电力机车风源系统由主空气压缩机组、总风缸、压力控制器、空气干燥器、止回阀、安全阀、塞门及连接管等组成。其中：

① 主空气压缩机组。简称主压缩机组，包括主压缩机及其驱动电机，用于生产具有较高压力的压力空气，供全车空气管路系统使用。空气压缩机分活塞式和螺杆式两种，如图 3-40、图 3-41 所示。

图 3-40　活塞式空气压缩机

3-41　螺杆式空气压缩机

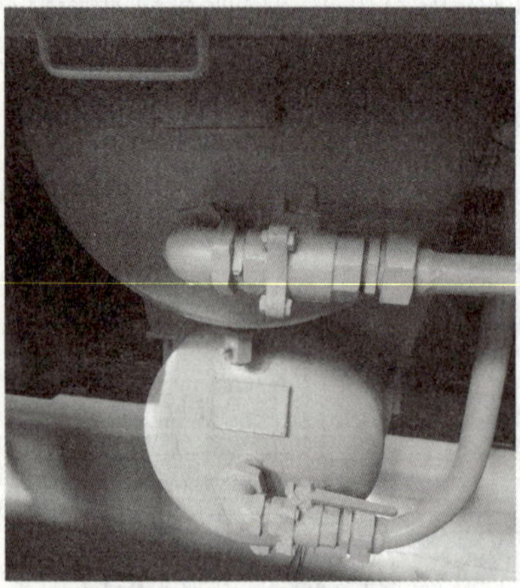

图 3-42　总风缸

② 总风缸（见图 3-42）。又称主风缸，用来贮存压力空气。为保证压力稳定的压力空气的充分供应，机车上必须配备容量足够大的总风缸。工作中，总风缸内的压力空气经总风缸管送至制动机系统、控制气路系统和辅助气路系统，供其使用。

③ 压力控制器（见图 3-43）。即空气压力调节器，它利用总风缸压力的变化，自动控制空气压缩机的工作，使总风缸压力空气的压力保持在一定范围内。当总风缸空气压力达到最大规定值时，自动切断主空气压缩机组驱动电机的电源电路，主空气压缩机组停止工作；当总风缸空气压力低于最小规定值时，自动闭合主空气压缩机组驱动电机的电源电路，主空气压缩机组恢复打风。

④ 空气干燥器（见图 3-44）。也称油水分离器，用于去除主空气压缩机组生产的压力空气中的油、水、尘及机械杂质等杂物，将干洁的空气贮存在总风缸内，供全车空气管路系统使用。

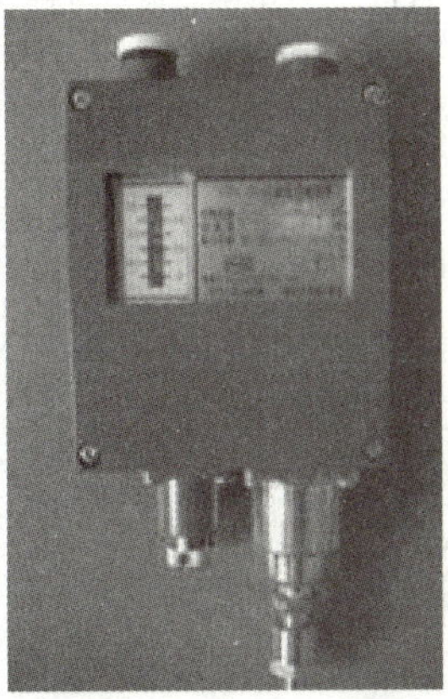

图 3-43　压力控制器

图 3-44　空气干燥器

⑤ 止回阀（见图 3-45）。也称逆流止回阀，用于限制压力空气的流动方向，以防止压力空气向主空气压缩机组气缸内逆流，或防止压力空气逆流到无负荷启动电空阀排入大气。

⑥ 安全阀（见图 3-46）。为确保管路系统的安全，必须严格控制压力空气的最大压力。因此在所有的压力空气管路系统中设置了安全阀，以便在正常的压力控制装置失效后自动降低压力及报警，起到安全保护作用。

图 3-45　止回阀

图 3-46　安全阀

活动 3.2.2　认知 SS_4 改型电力机车风源系统工作过程

1. SS_4 改型电力机车风源系统管路

SS_4 改型电力机车风源系统的管路原理如图 3-47 所示，在风源系统正常工作时，其气路如下：

主空气压缩机组→安全阀［调整动作压力为（950±20）kPa］
主空气压缩机组→止回阀→冷却管→空气干燥器→塞门111→第一总风缸→塞门112
冷却管→塞门110（关闭）→塞门111

塞门112→塞门139→压力控制器517KF［开断压力为（900±20）kPa，闭合压力为（750±20）kPa］
塞门112→逆流止回阀→第二总风缸→塞门113→总风管→制动机、气动器械
塞门112→总风联管→总风折角塞门（63或64）→总风软管连接器（65或66）→重联机车风源系统

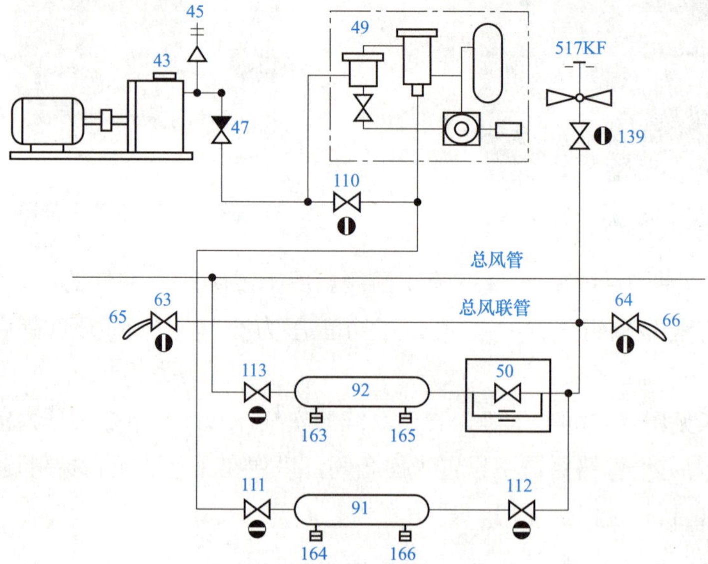

43—主空气压缩机组；45—安全阀；47—止回阀；49—空气干燥器；50—逆流止回阀；63、64—总风折角塞门；65、66—总风软管连接器；91—第一总风缸；92—第二总风缸；110、111～113、139—塞门；163～166—排水阀；517KF—压力控制器。

图 3-47 SS_4改型电力机车风源系统的管路原理

2. 风源系统的工作环节

SS_4 改型电力机车由两节完全相同的机车组成，每节机车上均设置一套完整的空气管路系统，可以单独运用，并且可通过空气管路系统的重联环节实现两节或多节 SS_4 改型电力机车空气管路系统的重联运用。

SS_4 改型电力机车风源系统的工作可分为 5 个环节。

① 压力空气的生产。每单节 SS_4 改型电力机车的主压力空气由一台螺杆式空气压缩机完成生产。其额定排风压力为 900 kPa。在运行中，如果空气压缩机组出现故障，可利用另一节机车上的空气压缩机组继续维持运行。

② 压力空气的压力控制。压力由压力控制器 517KF 来调整。该压力控制器性能稳定，调整方便，它根据总风缸压力的变化，自动闭合或切断主空气压缩机驱动电机的电源，从而控制主空气压缩机组的运转或停止，使总风缸内压力空气的压力保持在规定的压力范围内（750～900 kPa）。

③ 压力空气的净化。压力空气的净化处理由空气干燥器完成。空气压缩机组生产的压力空气先经过一段较长的冷却管冷却后进入空气干燥器，在空气干燥器的滤清筒、干燥筒内进行干燥净化处理后，送入总风缸内贮存。

④ 压力空气的贮存。经过干燥净化处理后的压力空气，进入两个串联的总风缸内贮存。

在使用中还应定期打开总风缸排水阀，检查和排除总风缸内的积水。

⑤ 总风的重联。为适应铁路运输的高速和重载要求，SS_4 改型电力机车设置了重联功能，经过干燥、净化处理后的压力空气进入第一总风缸后，一路经逆流止回阀进入第二总风缸提供给本节机车使用；另一路经总风联管、总风折角塞门、总风软管连接器等总风重联装置进入另一节重联机车，使得所有重联机车的总风缸相通。当一节机车的空气压缩机组出现故障后，可由另一节机车通过总风重联装置提供压力空气。

当重联在一起的两节机车或其他重联机车之间断钩分离后，第一总风缸内的压力空气将很快随拉断的总风软管连接器排入大气，第二总风缸内的压力空气由于逆流止回阀的单向作用将缓慢沿逆流小孔排入大气，以保证分离出来的机车制动所需的压力空气。同时逆流止回阀又能保证所有重联在一起的机车总风缸内空气压力一致，而不会由于各机车用风量不同造成总风缸内空气压力不一致。

活动 3.2.3　认知 SS_4 改型电力机车风源系统组成部件

SS_4 改型电力机车早期采用的 VF-3/9 型空气压缩机是四缸、V 形排列、两级压缩活塞式空气压缩机（排风量为 3.0 m^3/min）。随着新技术的发展应用，现采用 TSA-230AD 型螺杆式空气压缩机。两者均由 YYD-280S-6 型三相异步电动机独立驱动，通过联轴器与空气压缩机连接，使空气压缩机按顺时针方向转动（从电动机端看）。

1. VF-3/9 型活塞式空气压缩机

1）构造特点

VF-3/9 型活塞式空气压缩机包括运动机构、空气压缩系统、润滑系统及冷却系统几部分，其结构如图 3-48 所示。

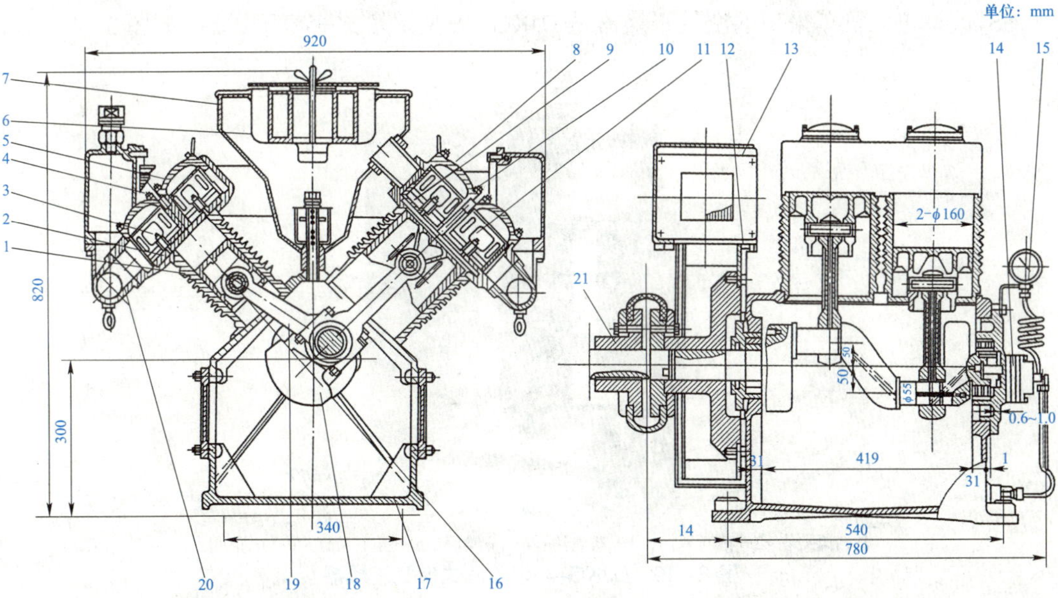

1—二级气缸；2—二级活塞；3—二级气阀；4—中间冷却器；5—二级气缸盖；6—空气滤清器；7—消声器；8—一级气缸盖；9—一级气缸；10—一级活塞；11—一级气阀；12—轴承；13—导风罩；14—油泵；15—油压表；16—铜套；17—机体；18—曲轴；19—连杆；20—气管；21—联轴器。

图 3-48　VF-3/9 型活塞式空气压缩机的结构

① 运动机构。运动机构主要包括曲轴、连杆及活塞等。

② 空气压缩系统。空气压缩系统主要包括气阀、气缸、空气滤清器等。气阀分为进气阀与排风阀两种。

③ 润滑系统。活塞式空气压缩机的曲轴、连杆及活塞等主要部件均采用压力式润滑。油泵供给的压力油从曲轴拐颈油孔溢出，润滑曲拐和连杆瓦后，从连杆体油孔一路到小头衬套，润滑活塞销和小头衬套。气缸壁和活塞环等部件采用飞溅式润滑。油泵采用齿轮泵，安装在轴承座外侧，润滑油从机体底部经滤油器吸入油泵，并在油泵出油管道上装有油压表和调压阀。

④ 冷却系统。冷却系统包括一、二级压缩之间的空气冷却装置和机体、气缸、缸头等受热体的冷却装置，前者采用铝制管翅式中间冷却器，跨接在高（二级）、低（一级）气缸间离心扇上方；后者采用装在轴上的离心式风扇，冷风经导风罩充分冷却机体、气缸、缸头等受热体。

2）工作过程

当低压气缸活塞向下运动时，气缸容积增大，压力减小，进气阀在大气压力作用下被打开，空气经消声器和进气阀进入气缸；当活塞向上运动时，气缸容积缩小，压力升高，进气阀自动关闭不再吸气，随着活塞继续往上运动，气缸内空气压力不断升高，当压力高于排风阀弹簧力和排风管道中压力空气所产生的背压的合力时，排风阀开启，经一级压缩的空气排入集气箱；经过冷却的压力空气进入高压气缸，进行二级压缩，其工作过程同上，然后排入机车总风缸。如此周而复始，外界大气不断被吸进空气压缩机高低压气缸，又不断被压缩，源源不断地送入总风缸，使机车总风缸的空气压力满足机车运行要求。

2. 空气干燥器

SS_4 改型电力机车采用的空气干燥器是 DJKG-A 型单塔式空气干燥器，如图 3-49 所示。

1—排泄阀；2—截断塞门；3—滤清筒；4—干燥筒；5—再生风缸；6—电空阀。

图 3-49　DJKG-A 型单塔式空气干燥器

1）构造特点

DJKG-A 型空气干燥器由滤清筒、干燥筒、再生风缸、电动排泄阀、截断塞门、消声器，以及电动排泄阀防冻装置和连接钢管等组成，而电动排泄阀由排泄阀与电空阀组成。除消声器外，所有部件均安装在一个钢架上，构成了一个完善的“空气处理中心”，其工作原理如图 3–50 所示。

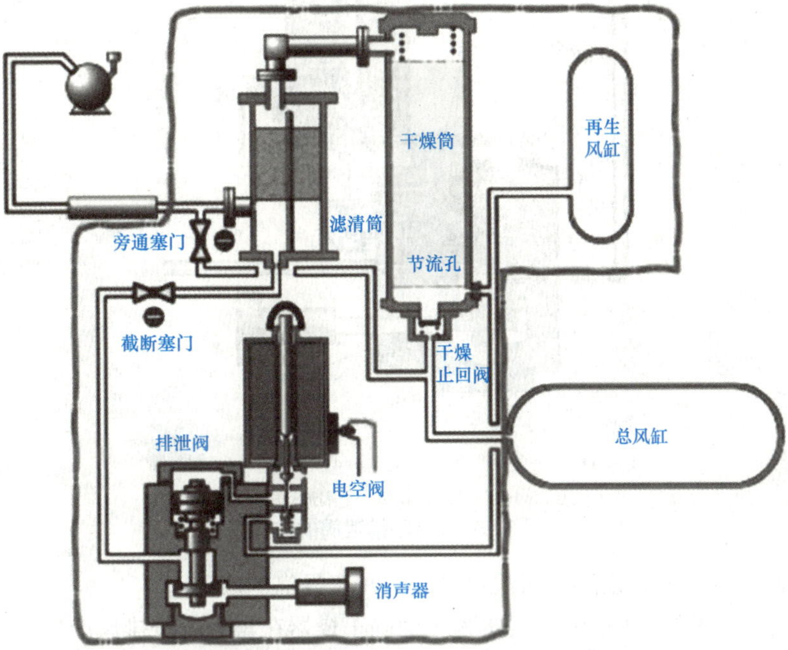

图 3–50 DJKG–A 型空气干燥器的工作原理

① 干燥筒。干燥筒是盛装吸附剂的桶状容器，它由筒体、筒盖、连接卡箍、压紧弹簧、橡胶 O 形密封圈、上滤网、支架、吸附剂、干燥止回阀、大橡胶垫、小橡胶垫、连接法兰盘等组成。

② 滤清筒。滤清筒是安装高效气液过滤网的筒状容器，它由筒体、筒盖、连接卡箍、网孔板、过滤芯、过滤芯托架等组成。

③ 电动排泄阀（见图 3–51）。电动排泄阀由一个电空阀（排泄电空阀）和一个柱塞式排泄阀组成。柱塞式排泄阀由阀体、活塞、活塞杆、活塞复原弹簧、上端盖、下阀盖、排风阀、橡胶 O 形密封圈等组成，其结构如图 3–52 所示。

图 3–51 电动排泄阀

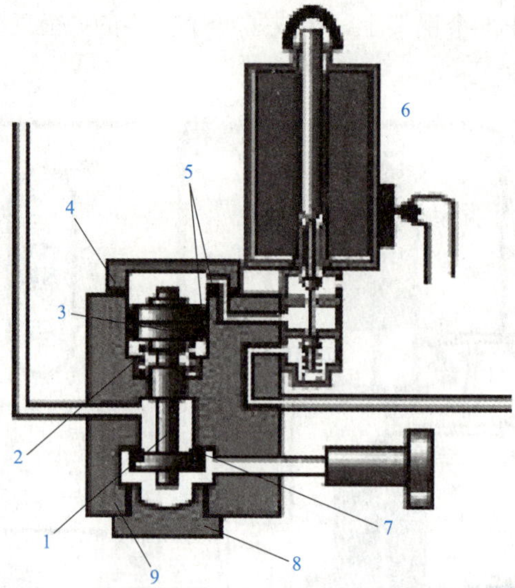

1—活塞杆；2—复原弹簧；3—活塞；4—上端盖；5—密封圈；
6—电空阀；7—排风阀；8—下端盖；9—阀体。

图 3-52　电动排泄阀的结构

④ 干燥止回阀。干燥止回阀用法兰盘固定在干燥筒的底部。

⑤ 消声器（见图 3-53）。消声器是为了消除干燥器在再生阶段排风产生的尖锐刺耳的噪声而设计的。消声器内的填料为 6 层间隔放置的穿孔板。

⑥ 截断塞门。在滤清筒至电动排泄阀之间设置有一个截断塞门，平时处于“常开”位。在机车运行途中若发生因排泄阀关闭不严而排风不止现象，可关闭此塞门以防止压力空气泄漏，待处理正常后再开放。

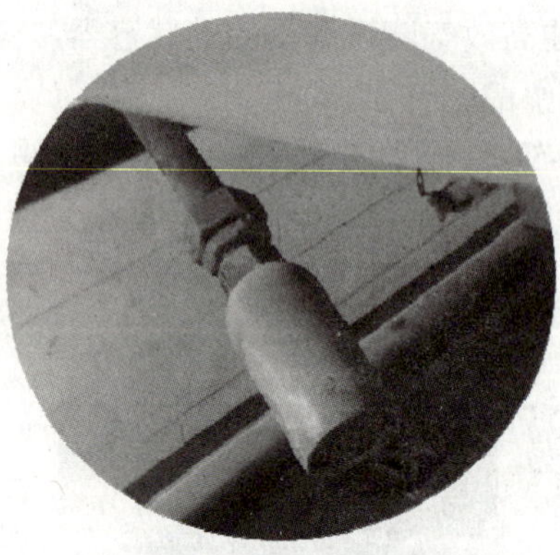

图 3-53　消声器

2）工作原理

（1）吸附（干燥）过程

当空气压缩机运转时，电空阀失电，排泄阀口关闭，饱和湿空气由空气压缩机排风口经过冷却管冷却后进入滤清筒，压力空气中的油雾、水分和尘埃、机械杂质被高效气液过滤网拦截捕获，随后除去凝结水、油雾、水分和尘埃、机械杂质的饱和湿空气进入干燥桶内，通过吸附剂的吸附作用吸附掉压力空气中的水蒸气，获得洁净、干燥的压力空气。这些洁净、干燥的压力空气经过干燥筒向机车总风缸输送，同时还经节流孔向再生风缸输送。当空气压缩机停止运转时，该吸附干燥过程结束。在此过程中电空阀失电，排泄阀口关闭。吸附干燥过程如图 3–54 所示。

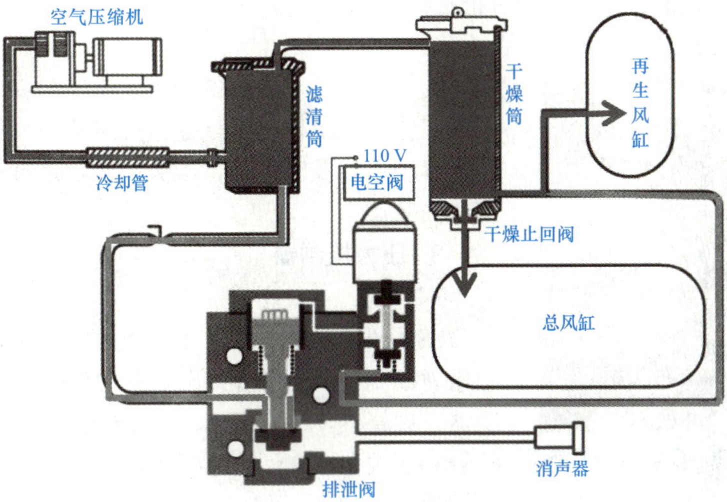

图 3–54　吸附干燥过程

（2）再生过程

当空气压缩机停止运转时，控制电路使电空阀得电，再生风缸内压力空气进入排泄阀活塞上部，克服活塞弹簧阻力，推动活塞及活塞杆下移，打开排泄阀口。这时，滤清筒、干燥筒及空气压缩机排风口至干燥筒管道内的压力空气连同油、水分和尘埃、机械杂质经开放的排泄阀口，再经消声器排入大气。同时，再生风缸内的干燥压力空气通过干燥器底部的节流孔膨胀成为接近大气压力的超干燥空气，并朝着与吸附干燥过程相反的流向通过吸附剂，将吸附剂吸附的水蒸气分子几乎全部带出，经排泄阀口、消声器排入大气，使吸附剂重新恢复干燥状态。当再生风缸内压力空气的压力降至约 30 kPa 时，排泄阀内的活塞弹簧推动活塞杆上移，关闭排泄阀口，再生过程结束。再生过程如图 3–55 所示。

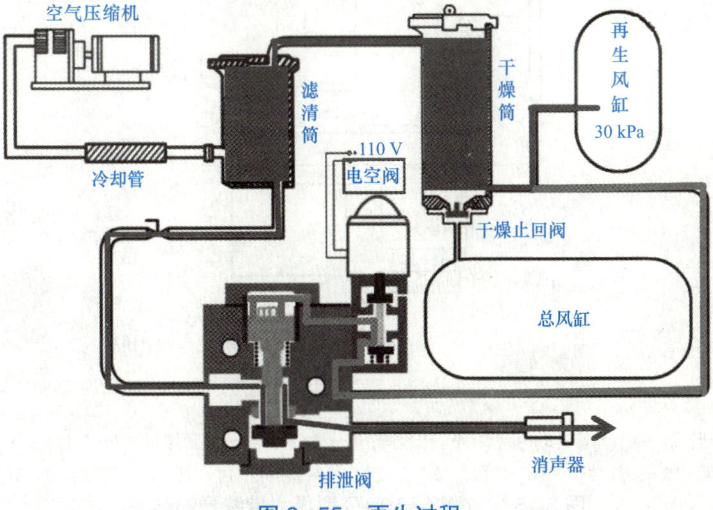

图 3–55　再生过程

3）检查维护

① 打开总风缸排水塞门，检查总风缸内是否出现凝结水。

② 观察电空器上指示灯的显示规律是否正常。

③ 检查排风阀的再生排风是否正常。

④ 检查排污阀排污的工作是否正常。

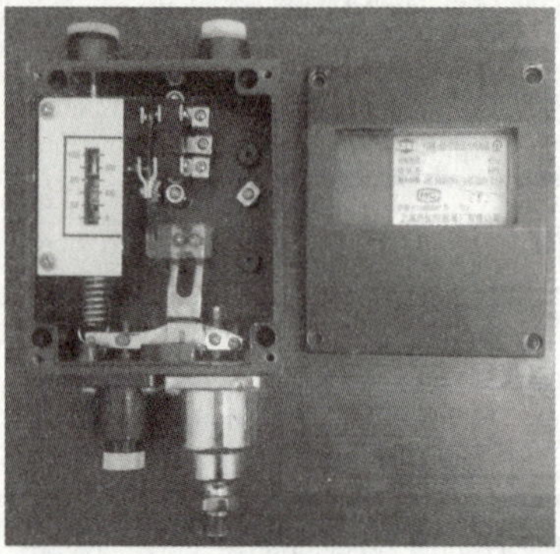

图 3-56 YWK-50-C 型压力控制器

通过对这四个部位的检查，基本可以判断装置是否在正常工作。若出现异常现象，应尽快检修处理，使之恢复正常。若不能及时处理，应关闭装置进行保护，使吸附器不致失效。

3. 压力控制器

1）构造

SS系列电力机车上使用的压力控制器为YWK- 50-C型压力控制器（见图 3-56），其为铸铝壳体防水型压力控制器，规格为 0～1 MPa。该压力控制器采用压力传感波纹管和大开距单断点微动开关，具有敏感性高、寿命长、动作可靠、故障率低的特点，其结构如图 3-57 所示。

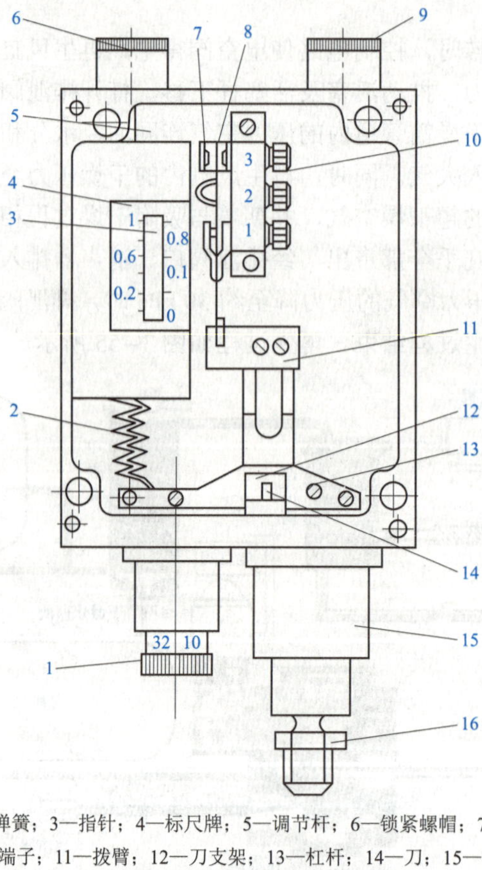

1—差动旋钮；2—调节弹簧；3—指针；4—标尺牌；5—调节杆；6—锁紧螺帽；7—静触头；8—动触头；9—出线套；10—接线端子；11—拨臂；12—刀支架；13—杠杆；14—刀；15—波纹管室；16—接头。

图 3-57 YWK-50-C 型压力控制器的结构

2）工作原理

YWK－50－C 型压力控制器是一个由杠杆、波纹管、调节弹簧及差动旋钮内的弹簧组成的杠杆体系，它充分利用由动触头和静触头组成的单断点、大开距微动开关具有瞬动开闭的特点，因而是一种结构简单的压力调节控制装置。当被控压力空气的压力上升或者下降时，波纹管伸长或缩短，通过杠杆与拨臂，拨开微动开关，使触头闭合或断开，从而达到控制空气压力的目的。

3）安装、调整与日常检查

（1）安装与调整方法

① 打开表盖，将压力控制器垂直安装在安装板上，严禁用手拨动或用工具碰撞拨臂，以防改变性能。

② 旋下接头，将外径为 6 mm 的金属导压管的一端锡焊于接头体上，然后旋紧接头，使连接管密封，将被控压力空气经金属导压管通入波纹管室。

③ 将导线连接在接线端子上。当被控压力空气的压力需下降至下限设定值时，电路切换连通，应接通 1 点和 3 点；否则应接通 1 点和 2 点。机车上使用的压力控制器，导线应接通 1 点和 3 点。

④ 复查安装是否妥当，无问题后装好表盖，接通电源。

⑤ 取下锁紧螺帽，用一字螺丝刀旋动调节杆，使指针指在所需控制的下限设定值，然后拧紧锁紧螺帽。

⑥ 用手旋动差动旋钮以获得所需要的切换差，即被控压力空气的压力上限设定值。

（2）调整注意事项

① 差动旋钮上的数字及调节杆和指针在标示牌上的数值仅表示上下限设定切换值的大小，而非实际值，实际值由司机室内总风压力表读取。

② 若需控制压力空气不超过某一给定的压力范围，应先调下限设定值（调整调节杆指针至该压力值上），后调上限设定值（调整差动旋钮，使压力上升至该压力值）。

③ 根据压力控制器的使用情况，进行定期校对调整。

（3）日常检查

① 检查调节弹簧及差动旋钮弹簧的外观，不得有锈蚀、裂纹。

② 检查调节杆、调节弹簧座、差动旋钮弹簧座的外观，不许有裂纹，螺纹应良好。

③ 检查刻度板、铭牌，应字迹清楚，刻度线完整。

④ 进行外观检查：杠杆不许变形，各调整螺钉漆封应完好无损。

⑤ 检查微动开关及连线，微动开关应动作良好，连线不许有老化、过热、破损现象，否则应更新。

4. 止回阀

1）分类及结构

止回阀分为压差止回阀和无压差止回阀两种。前者为金属结构，适用于高温管路，一般空气压缩机排风管路上均安装该类型止回阀；后者为橡胶结构，适用于常温气路。二者的结构如图 3－58 所示。

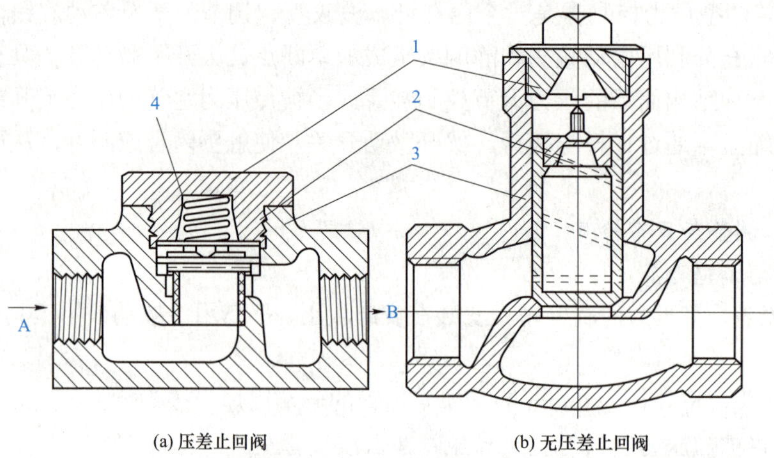

1—盖；2—止阀；3—阀体；4—弹簧。

图 3-58　止回阀的结构

2）工作原理

当压力空气由 A 进入，在初始阶段时，B 侧管路压力较低，则 A、B 间的压力差足以克服阀芯重力作用而将其抬起，阀口开放，空气经 B 处流出。当 B 侧压力（或 B 侧压力加弹簧反力）接近 A 侧时，阀芯下落关闭阀口。当弱压力空气经 B 侧流入时，则阀芯在压力作用下与阀座更加密贴，无法向 A 侧输送。故只能实现单向流动，即从 A 流到 B。

5. 逆流止回阀

1）结构

逆流止回阀与止回阀的区别在于止回阀的盖为六方体，而逆流止回阀的盖为四方体。逆流止回阀的阀芯与止回阀的阀芯相似，差别在于逆流止回阀在阀芯底部中央一处及圆柱面靠近底部位置两处，各钻出一个直径为 6 mm 的圆孔，称作逆流小孔。逆流止回阀的结构如图 3-59 所示。

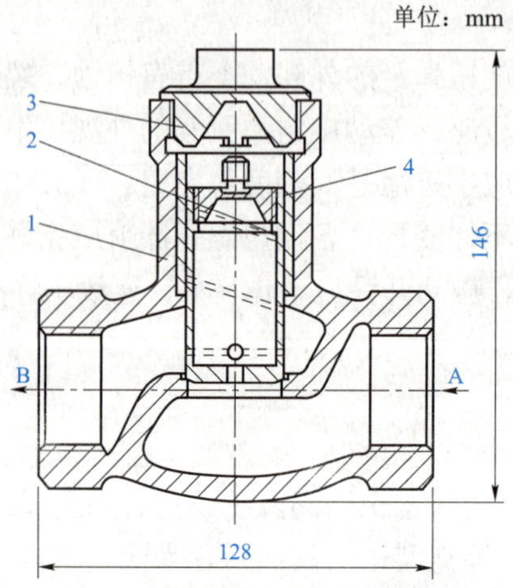

1—盖；2—阀芯；3—阀体；4—铜套。

图 3-59　逆流止回阀的结构

2）工作原理

当 B 侧管路压力较 A 侧低时，A、B 侧的压差克服阀芯重力将其抬起，A 侧压力空气经开放阀口的大通道进入 B 侧。当两侧压力接近时，阀芯下落，关闭阀口，但两侧压力空气仍能经逆流小孔沟通。当 B 侧管路压力高于 A 侧时，阀芯在空气压力及其重力的作用下，与阀体上的阀座更加密贴，关闭阀口，但 B 侧压力空气仍能经逆流小孔进入 A 侧，保持两侧管路压力相等。

6. 安全阀

1）构造

安全阀主要由弹簧盒、阀杆、弹簧、阀、止挡环、锁紧螺母、阀座等组成，其结构如图 3-60 所示。

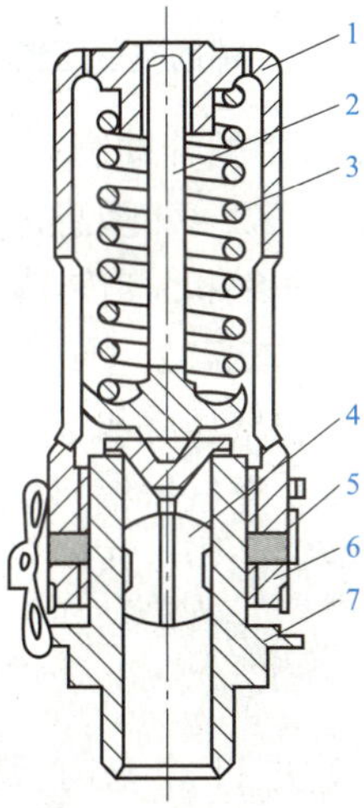

1—弹簧盒；2—阀杆；3—弹簧；4—阀；5—止挡环；6—锁紧螺母；7—阀座。

图 3-60　安全阀的结构

2）工作原理

当连接管路的压力值大于弹簧的整定值时，阀上移，开放通往大气的阀口，因阀口面积远大于管路截面，使管路压力下降，当管路压力降至低于弹簧的反力后，阀被压回阀座，关闭阀口，不再排风，因此安全阀又称高压安全阀。安全阀排风时，会产生一定的响声，并发出警报声，提醒司机注意。

7. 辅助空气压缩机组

SS 系列电力机车设有辅助空气压缩机组（见图 3-61），作为备用风源使用。辅助空气压缩机组由辅助空气压缩机、直流电动机（DC 110 V）及其安装底座等组成。其设置目的在于解决长期停放机车及机车总风缸或控制风缸压力较低时升起受电弓和闭合主断路器的用风问题。

主空气压缩机组的供电电源为三相交流电（AC 380 V），而电力机车上的三相交流电是通过受电弓、主断路器从供电接触网引入，并经主变压器降压、劈相机分相后得到的，而且受电弓和主断路器的工作风压不低于 450 kPa。因此，对于长期停放的机车，由于空气管路系统的漏泄问题，难免造成风压不足，使机车无法升受电弓和合主断路器，导致机车不能正常工作。在这种情况下，可通过机车蓄电池直流供电系统启动辅助空气压缩机组，为受电弓、主断路器提供压力空气，以确保机车投入正常工作。

图 3-61　辅助空气压缩机组

SS_4 改型电力机车采用 CA-10/Z2-22 型辅助空气压缩机组。CA-10/Z2-22 型辅助空气压缩机组主要由 CA-10 型空气压缩机和 Z2-22 型直流电动机组成。其中，CA-10 型空气压缩机为直立、双缸、一级压缩活塞式空气压缩机，当转速为 1 350 r/min 时排风量大于 42 L/min，工作气压为 700 kPa，轴功率为 1.1 kW。Z2-22 型直流电动机从机车蓄电池获取 110 V 直流电能，通过联轴器直接驱动 CA-10 型空气压缩机。该辅助空气压缩机组只做辅助性短时运转，采用附加油杯注油润滑。为保证辅助空气压缩机组正常运用，应定期从连接进油接头的附加油杯注入足够的压缩机油，以便于辅助空气压缩机组运转时利用曲轴转动形成飞溅油滴对其进行润滑。

8. 塞门

SS_4 改型电力机车风源系统共有 7 类 11 个塞门，这些塞门在不同工况下的开闭情况如表 3-5 所示。

表 3-5　不同工况下各塞门开闭情况

机车工况	塞门所处状态							备注
	110	111	112	113	63、64	163、164 165、166	139	
正常运行	×	√	√	√	×	×	√	机车运行时，打开机车与机车或机车与车辆相连的一个对应的供风折角塞门
无火回送	×	√	×	√	×	×	√	
库停	×	×	√	×	×	×	√	

注：“√”为开启状态，“×”为关闭状态

各塞门的作用如下：

① 163、164、165、166 塞门。用于总风缸排水，在需定期排出总风缸积水时打开。

② 110 塞门。当空气干燥器故障时开启，使空气压缩机产生的压力空气不经净化直接进入总风缸，使机车维持运行。

③ 139 塞门。当压力控制器故障时，关闭 139 塞门，切除压力控制器，这时司机可利用“强泵风”按钮操作空气压缩机组。

④ 111、113 塞门。常开状态，机车入库后可将其关闭，使总风缸内可保留一定量的压力空气。

⑤ 112 塞门。平时处于常开状态，仅在机车无火回送时将其关闭，目的是切除第一总风缸，缩短列车的充风时间。

⑥ 63、64 塞门。当机车重联时，根据重联机车连挂位置，开通相应塞门，使所有重联在一起的机车总风缸内的空气压力一致。

项目小结

风源系统的作用是生产、储备、调节控制压力空气，并向全车各气路系统提供所需的高质量、洁净、稳定的压力空气。

DF_4 型内燃机车风源系统的核心部件是空气压缩机和调压器。

SS_4 改型电力机车风源系统由主空气压缩机组、总风缸、压力控制器、空气干燥器、止回阀、安全阀、塞门及连接管等组成。

空气压缩机分活塞式空气压缩机及螺杆式空气压缩机。

复习思考题

1. 说明 DF 系列内燃机车风源系统的组成。
2. 画出 SS_4 改型电力机车风源系统管路原理图，并写出风源系统工作通路。
3. 简述活塞式空气压缩机的工作原理。
4. 简述螺杆式空气压缩机的工作原理。
5. 简述空气干燥器的工作原理。
6. 简述压力控制器的调压方法及如何设置压力限定值。
7. 简述止回阀和逆流止回阀的异同。
8. 简述安全阀的作用及如何设置压力限定值。
9. 简述设置辅助空气压缩机组的目的。
10. 简述 SS_4 改型电力机车各工况下（正常运行、无火回送、库停）各塞门的开闭状态，并说明原因。

项目 4
认知 JZ-7 型空气制动机

（扫描二维码，获取本项目视频资源，共 64 个）

项目描述

JZ-7 型空气制动机广泛应用于国产东风系列内燃机车上，它以压力空气作为动力源和控制指令，其工作过程为“列车管充风—制动机缓解，列车管排风—制动机制动”。本项目着重学习 JZ-7 型空气制动机的组成、工作原理、各部件的构造及拆装、检修方法，以及 JZ-7 型空气制动机的性能、综合作用原理及其检查、试验方法。

任务 4.1　认知 JZ-7 型空气制动机的特点、组成及阀间控制关系

任务引入

JZ-7 型空气制动机主要由风源部、控制部、中继部及执行部组成，具有客货机车兼用、自动保压等特点，通过凸轮实现各种作用，通过本任务中的学习，对 JZ-7 型空气制动机建立一个总体认识。

1. JZ-7 型空气制动机的主要特点

① 客货机车兼用。客车位和货车位的差别在于客车位能阶段缓解，货车位无阶段缓解功能，而只能施行一次缓解。因此，客货位转换是根据被牵引的车辆制动机是否具有阶段缓解功能来确定的。具体操作时，只要按一下客货车转换阀的按钮就能达到要求。

② 自动保压。将自动制动阀手柄移置需要的减压量位置上，待列车管减压到与手柄位置相对应的某一确定压力时，即自动保压。当列车管充风至定压后，如果列车管产生泄漏，能对其补风。

③ 自动制动阀设有过量减压位。该位置比常用制动区有更大的减压量，这就解决了当列车运行在长大下坡道地区时，即使列车管及副风缸充风不足，仍能有效地进行制动的问题。

④ 结构上采用橡胶膜板、柱塞阀、O 形密封圈、止阀等零部件。不仅可以延长检修期限，而且使制造、运用和维修工作更方便。

⑤ 采用二、三压力混合机构的分配阀。既具有一次缓解作用，又具有阶段缓解作用。

⑥ 设有过充位。在长大货物列车上，此位置可以缩短向列车管、副风缸初充风和再充风的时间，且无过量供给之患，由于增大了列车管充风和排风通路的有效面积，故具有充风快和排风快的特点。

⑦ 自动制动阀采用凸轮结构。手柄操纵时轻快、方便，不受气温高低的影响。

2. JZ–7 型空气制动机的组成

JZ–7 型空气制动机主要由风源部、控制部、中继部及执行部组成，各组成部分的作用如下：

① 风源部。其作用是提供高质量的并经常保持一定压力范围的压力空气，由空气压缩机、总风缸、油水分离器、空气干燥器、调压器等组成。

② 控制部。司机操纵部件，包括自动制动阀、单独制动阀及紧急制动阀。

③ 中继部。控制指令的传递部件，包括中继阀、分配阀、变向阀、作用阀等部件。

④ 执行部。制动力的形成部件，包括制动缸、闸瓦及闸瓦间隙自动调整器。

另外，JZ–7 型空气制动机还设有均衡风缸、过充风缸、降压风缸、工作风缸、紧急风缸、作用风缸及无火回送装置、管道滤尘器、双针压力表、各种塞门和手制动机、撒砂装置等部件。

3. JZ–7 型空气制动机各阀间的控制关系

JZ–7 型空气制动机管路系统如图 4–1 所示，各阀间的控制关系如下：

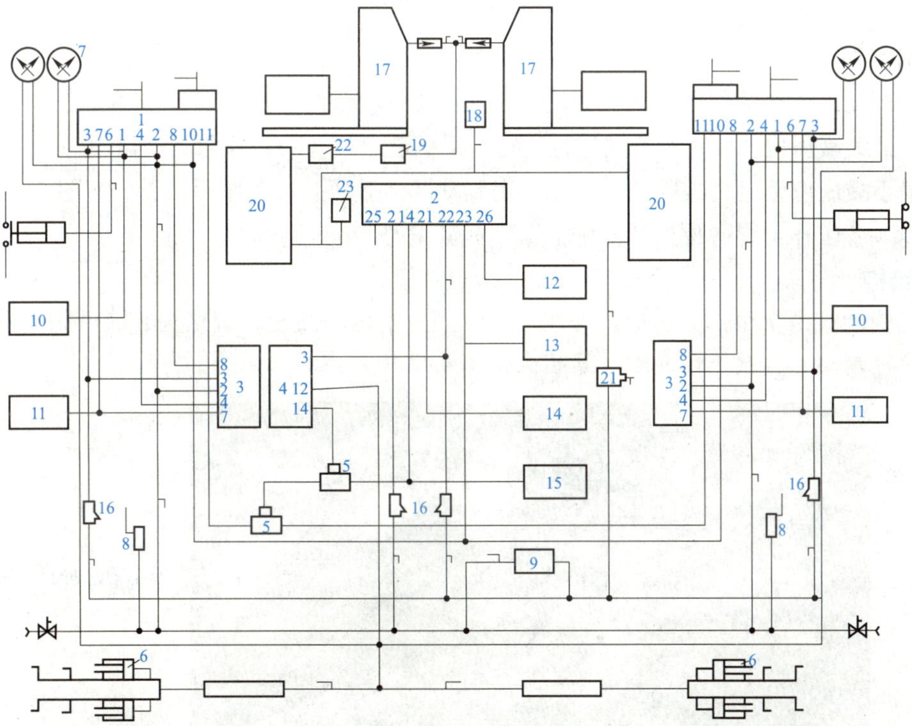

1—自动制动阀；2—分配阀；3—中继阀；4—作用阀；5—变向阀；6—制动缸；7—压力表；8—紧急制动阀；9—无火回送装置；10—均衡风缸；11—过充风缸；12—降压风缸；13—工作风缸；14—紧急风缸；15—作用风缸；16—管道滤尘器；17—空气压缩机；18—调压器；19—油水分离器；20—总风缸；21—远心集尘器；22—空气干燥器；23—安全阀。

管路号：1—均衡风缸管；2—列车管；3—总风缸管；4—中均管；6—撒砂管；7—过充管；8—总风遮断阀管；10—单独缓解管；11—单独作用管；12—制动缸管；14—作用风缸管；21—紧急风缸管；22—分配阀总风管；23—工作风缸管；25—通大气；26—降压风缸管。

图 4–1　JZ–7 型空气制动机管路系统

① 自动制动阀→均衡风缸→中继阀→列车管压力空气变化→{车辆制动机。
机车分配阀→作用阀→制动缸。}

② 单独制动阀→{作用阀→制动缸（机车单制）。
分配阀→作用阀→制动缸（机车单缓）。}

任务 4.2 认知自动制动阀

任务引入

自动制动阀（简称自阀，俗称大闸）是制动装置中的控制部分，乘务员通过对其手柄的操纵，可实现列车的制动、保压或缓解作用，并能实现制动机的各种作用。自动制动阀由哪些部件组成？各部件的工作原理是什么？如何实现自动制动阀的作用？

活动 4.2.1 认知自动制动阀的作用位置及结构

1. 作用位置

自动制动阀为自动保压式阀［见图 4-2（a）］，设有过充位（1）、运转位（2）、最小减压位（3）、最大减压位（4）、过量减压位（5）、手柄取出位（6）、紧急制动位（7）等七个作用位置，最小减压位至最大减压位之间为常用制动区，手柄的七个作用位置，如图 4-2（b）所示。注意，各工作位置名称后括号中的数字为其编号。

2. 结构

自动制动阀由 7 个部分组成，即阀体与管座、手柄与凸轮、调整阀、放风阀、重联柱塞阀、缓解柱塞阀、客货车转换阀，其结构如图 4-3 所示。

(a) 外形

图 4-2 自动制动阀

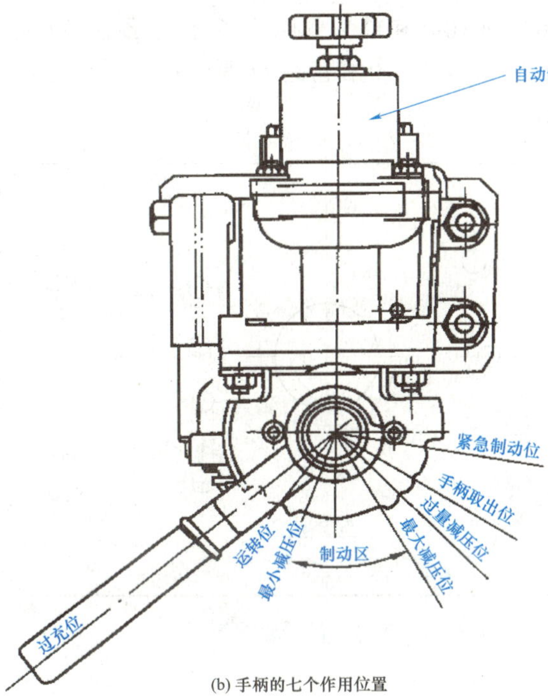

(b) 手柄的七个作用位置

图 4-2　自动制动阀（续）

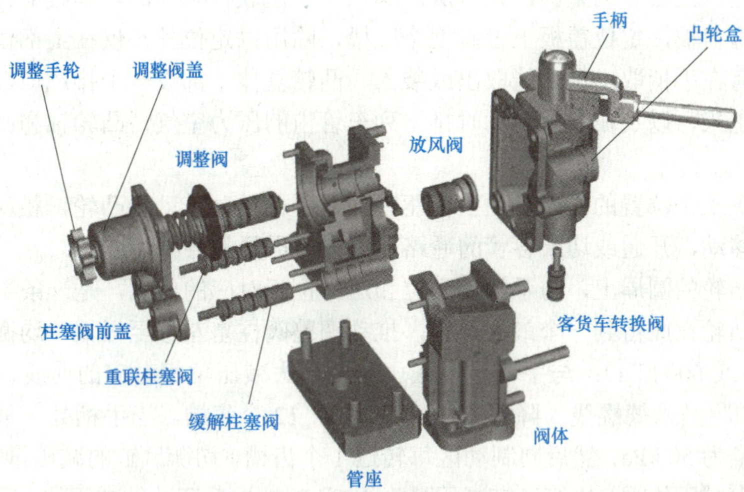

图 4-3　自动制动阀的结构

活动 4.2.2　认知阀体与管座、手柄与凸轮

1. 阀体与管座

自动制动阀的阀体为连接各部件的主体，其上连接自动制动阀的凸轮盒、调整阀盖、单独制动阀及柱塞阀前盖等。

管座为自动制动阀的安装座，亦为管路的连接座，管座上设有九根管路，并设有管号，即总风缸管（3）、过充管（7）、撒砂管（6）、均衡风缸管（1）、中均管（4）、列车管（2）、总风遮断阀管（8）、单独缓解管（10）和单独作用管（11）。各管路在管座上的布置，如图 4–4 所示。其中，数字为管路号，管路 10 和管路 11 是经自动制动阀阀体通往单独制动阀的，与自动制动阀不发生关系。

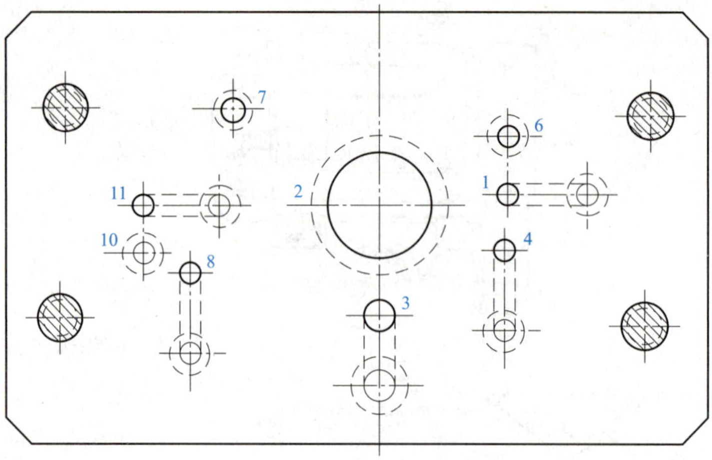

图 4–4　管座上的管路布置

2. 手柄与凸轮

手柄与凸轮是自动制动阀的操纵机构。手柄通过设在盖板上的缺口（手柄取出位）套在凸轮轴上。凸轮轴上装有调整阀凸轮、放风阀凸轮、重联柱塞阀凸轮和缓解柱塞阀凸轮。凸轮盒上设有定位盖板，定位盖板上设有七个凹槽，除用以定位外，仅在上部留有一个缺口，以限定手柄只有在手柄取出位才能取出或装入。凸轮盒体下部设一个排风口，以排出漏入凸轮盒内的压力空气，以及在紧急制动时排出列车管内的压力空气，凸轮轴和凸轮均装在一个凸轮盒内。

自动制动阀七个位置的作用是由手柄驱动的，手柄转动带动各凸轮，相应地推动各阀柱塞按需要左右移动，开通或切断各管的通路，完成所需要的各种作用。

在调整阀凸轮的圆周上，与手柄过充位和运转位相对应的曲线，是一条半径为 36.6 mm 的圆弧线，使凸轮在此得到一个最大升程，推动调整阀柱塞左移至极端，均衡风缸得到规定压力（500 kPa 或 600 kPa）；与手柄最小减压位至最大减压位相对应的曲线，是一条半径为 34.3～36 mm 的阿基米德螺线（降压曲线），其上有 12 个齿槽。当手柄处于最小减压位时，均衡风缸减压量为 50 kPa，然后向制动区每转过 1 个齿槽，均衡风缸的减压量增加约 10 kPa，当手柄处于最大减压位时，均衡风缸减压量为 170 kPa；与手柄过量减压位、手柄取出位和紧急制动位相对应的曲线，是一条半径为 33.28 mm 的圆弧线，调整阀凸轮在此得到最大降程，调整阀柱塞在均衡风缸压力作用下右移至极端，均衡风缸减压量为 240～260 kPa。

活动 4.2.3　认知调整阀

调整阀是列车制动、缓解的控制机构，用于控制机车均衡风缸的压力变化，并通过中继阀控制列车管的充风和排风，从而实现机车、车辆的制动或缓解。

1. 结构

调整阀在结构上采用了橡胶膜板密封和柱塞双向止阀结构，其结构如图 4–5 所示。

调整阀由调整手轮、调整阀弹簧、排风阀、供气阀、调整阀座、调整阀膜板、调整阀柱塞及阀套等组成。调整阀有三条通路：

① 供气阀右侧空间通总风缸管。

② 供气阀左侧空间通均衡风缸管，并经缩口风堵通膜板右侧空间。

③ 排风阀左侧经调整阀盖下方排风口通大气。

图 4-5　调整阀的结构

2. 工作状态

1）充风状态

当自阀手柄由过量减压位或常用制动区移至运转位及过充位时，调整阀凸轮得到不同的升程，推动调整阀柱塞左移，压缩供气阀弹簧（这是因为供气阀弹簧比调整阀弹簧的作用力小得多），使调整阀膜板、调整阀座和排风阀保持不动，供气阀因被排风阀阻挡，也不能左移，所以仅有调整阀柱塞左移而开放供气阀口。在供气阀口右侧总风缸管内的总风压力空气由供气阀口进入调整阀座和调整阀柱塞之间的空腔，并经均衡风缸管向均衡风缸充风，同时经缩口向调整阀膜板右侧充风，如图 4-6 所示。

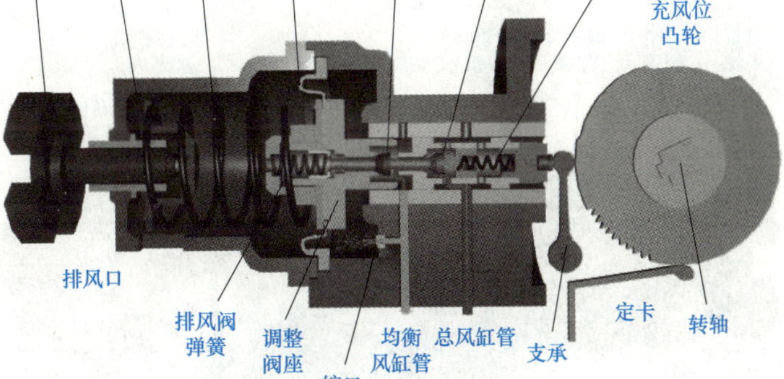

图 4-6　充风状态

2）充风后的保压状态

在均衡风缸增压的同时，均衡风缸压力空气也经缩口使调整阀膜板右侧增压，调整阀弹簧被逐渐压缩，调整阀膜板和调整阀座相继左移，排风阀和供气阀受供气阀弹簧的作用也左移，故排风阀口不会打开，供气阀口开度逐渐减小。移动过程中，排风阀口不会开启。当供气阀、排风阀及调整阀座左移的距离等于调整阀凸轮推动调整阀柱塞左移的距离（升程量）时，供气阀口关闭，切断了总风缸向均衡风缸充风的通路，均衡风缸内空气压力不再继续增加，如图 4–7 所示。

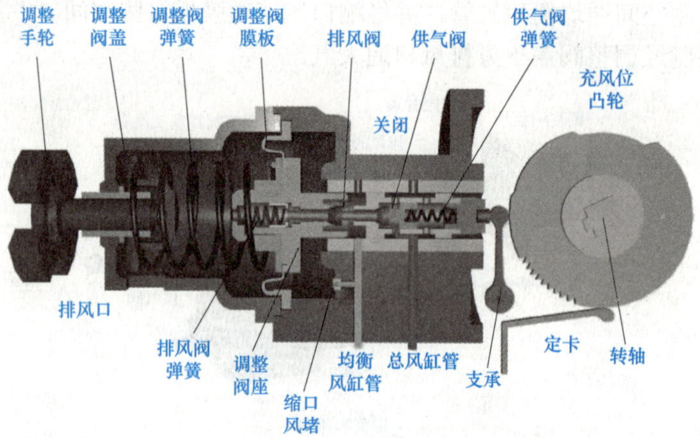

图 4–7　充风后的保压状态（均衡风缸充风至定压后不再充风）

由充风状态向充风后保压状态的转换，是在调整阀内自动完成的。当调整阀凸轮得到一个升程时，初充风时调整阀呈充风状态，均衡风缸增压；当均衡风缸压力增至与调整阀凸轮升程所需要的增压量相适应时，调整阀自动处于充风后保压状态，均衡风缸停止增压。

3）制动状态

当自阀手柄由过充位或运转位移至常用制动区或过量减压位时，调整阀凸轮得到不同的降程，调整阀柱塞和供气阀在其左侧均衡风缸的空气压力作用下，追随凸轮的降程向右侧移动，故供气阀口不会开启。初减压瞬间，因调整阀膜板两侧压力平衡，所以调整阀座不动，仅有排风阀在其弹簧力作用下追随供气阀右移，使排风阀口开启。均衡风缸及膜板右侧压力空气经排风阀口、调整阀压板螺母上的ϕ1.3 mm 小孔，由调整阀盖下方缺口排向大气，均衡风缸内空气压力下降，如图 4–8 所示。

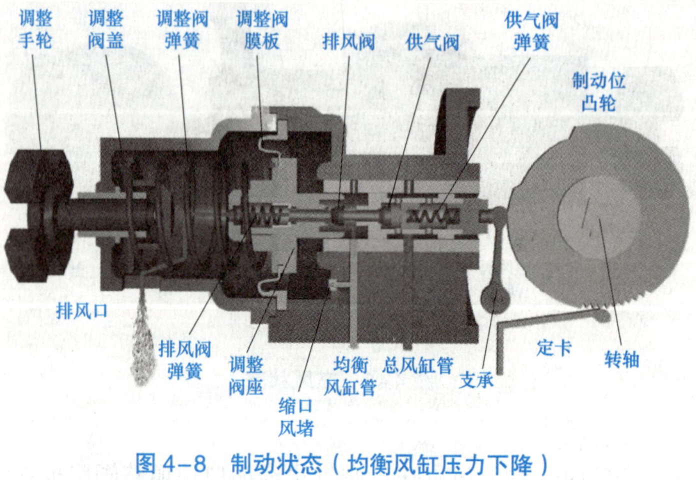

图 4–8　制动状态（均衡风缸压力下降）

4）制动后的保压状态

在均衡风缸降压的同时，调整阀膜板右侧压力空气也经缩口排出而降压，调整阀膜板两侧产生压力差，调整阀膜板和调整阀座在调整阀弹簧力的作用下逐渐右移，排风阀口开度逐渐减小。当调整阀膜板和调整阀座向右移动的距离等于调整阀柱塞追随调整阀凸轮降程右移的距离时，排风阀口关闭，而供气阀口也未打开，切断均衡风缸排风的通路，均衡风缸内的空气压力不再继续下降，如图 4-9 所示。

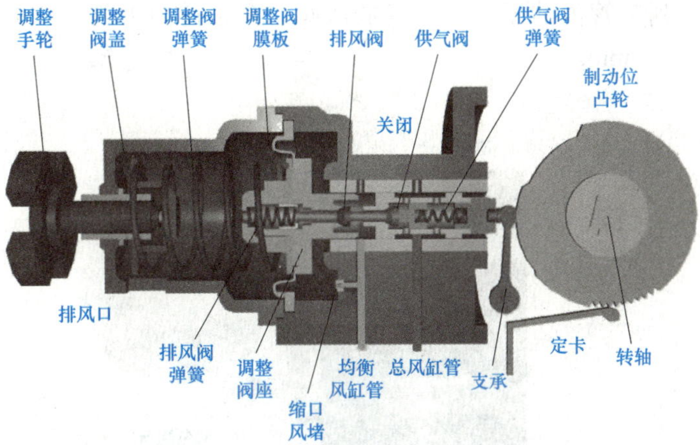

图 4-9　制动后的保压状态（均衡风缸减压至定值后不再减压）

由制动状态向制动后保压状态的转换，在调整阀内是自动完成的。当调整阀凸轮得到一个降程时，初减压时调整阀处于制动状态，均衡风缸降压；当均衡风缸压力降至与调整阀凸轮降程所需要的减压量相适应时，调整阀自动处于制动后保压状态，均衡风缸不再降压。

任务 4.2.4　认知放风阀、重联柱塞阀、缓解柱塞阀、客货车转换阀

1. 放风阀

1）作用

放风阀是专为列车施行紧急制动设置的，它直接把列车管内压力空气迅速排到大气中去，达到快速制动的目的。

2）结构

放风阀由放风阀座、放风阀杆、放风阀体、放风阀弹簧及放风阀杠杆等部件组成，如图 4-10 所示。

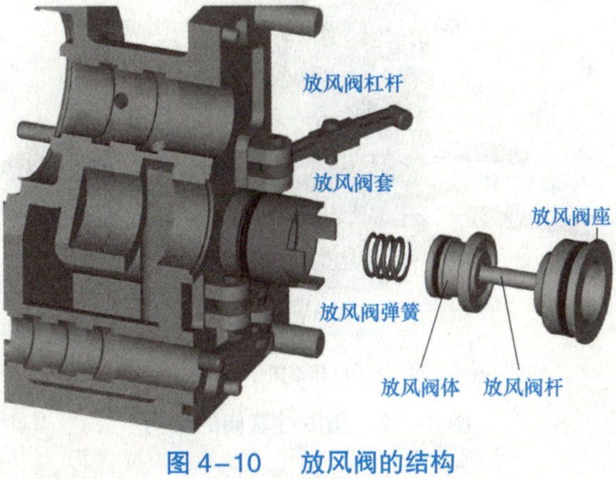

图 4-10　放风阀的结构

3）作用原理

自阀手柄在前六位移动时，放风阀凸轮既无升程，也无降程。此时，放风阀在其弹簧力的作用下，使放风阀口可靠关闭，防止影响制动机的正常作用。只有当自阀手柄处于紧急制动位时，如图 4–11 所示，放风阀凸轮得到一个固定的升程，通过放风阀杠杆推动放风阀杆，使放风阀口开启，列车管内的压力空气经放风阀口直接排向大气。该阀有效作用面积为 3.7 cm^2，全开行程为 5 mm。

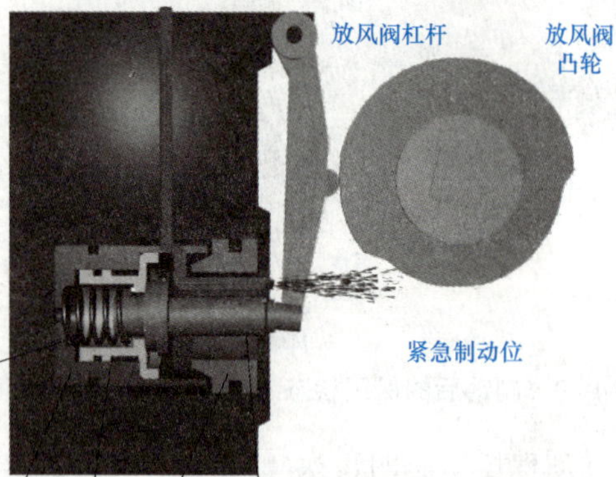

图 4–11　放风阀工作原理（自阀手柄处于紧急制动位）

2. 重联柱塞阀

1）作用

重联柱塞阀的作用：① 连通或切断均衡风缸管与中继阀的联系；② 自阀手柄在紧急制动位时，使总风缸管与撒砂管连通，实现自动撒砂。

2）结构

重联柱塞阀由重联柱塞阀柱塞、柱塞套、柱塞弹簧、O 形密封圈等组成，如图 4–12 所示。

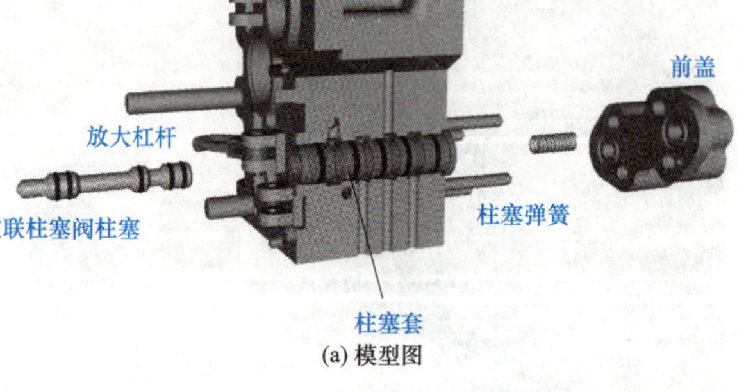

(a) 模型图

图 4–12　重联柱塞阀的结构

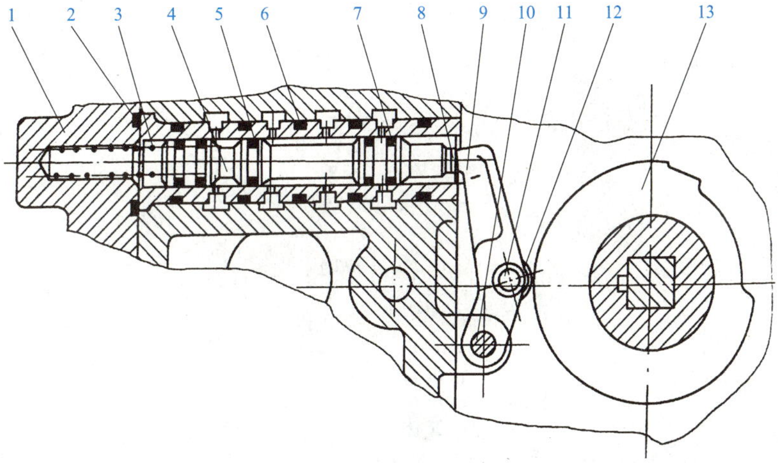

(b) 剖面图

1—前盖；3—柱塞弹簧；4—重联柱塞阀柱塞；5—柱塞套；2、6、7—O 形密封圈；
8—柱塞头；9—放大杠杆；10—转销；11—滚轮销；12—滚轮；13—凸轮。

图 4-12　重联柱塞阀的结构（续）

3）作用原理

重联柱塞阀有三个作用位置，其各位置的通路如图 4-13 所示。

① 自阀手柄在 1～5 位。当自阀手柄在 1～5 位时，重联柱塞阀的凸轮得到最大升程，推动柱塞处于最左端，柱塞凹槽连通均衡风缸管（1）和中均管（4）的通路，用均衡风缸的压力变化来控制中继阀的动作。而列车管（2）及撒砂管（6）的通路均被柱塞关闭，如图 4-13（a）所示。

② 自阀手柄在 6 位（手柄取出位）。当自阀手柄移置手柄取出位时，重联柱塞阀凸轮得到一个降程，柱塞在弹簧力和总风缸压力的作用下向右侧移动，柱塞凹槽连通列车管（2）和中均管（4）的通路，同时切断均衡风缸管（1）和中均管（4）的通路，这样，即使均衡风缸有压力变化，也不能控制中继阀的动作，况且由于列车管（2）和中均管（4）的通路被沟通，使中继阀膜板两侧压力相等，产生自锁作用。此时，均衡风缸管（1）及撒砂管（6）的通路均被关闭，如图 4-13（b）所示。

③ 自阀手柄在 7 位（紧急制动位）。当自阀手柄移置紧急制动位时，重联柱塞阀凸轮又得到一个更大降程，该阀柱塞在弹簧力和总风缸压力的作用下移至最右端，柱塞凹槽仍将列车管（2）与中均管（4）连通，使中继阀仍处于自锁状态，同时，柱塞尾部使总风缸管（3）与撒砂管（6）连通，可实现紧急制动时机车的自动撒砂，如图 4-13（c）所示。

3. 缓解柱塞阀

1）作用

缓解柱塞阀的作用：① 控制过充风缸的充风或排风；② 控制总风遮断阀管通路（8a）的充风、排风。

2）结构

缓解柱塞阀主要由缓解柱塞阀柱塞、柱塞套、柱塞弹簧、放大杠杆等组成，如图 4-14 所示。

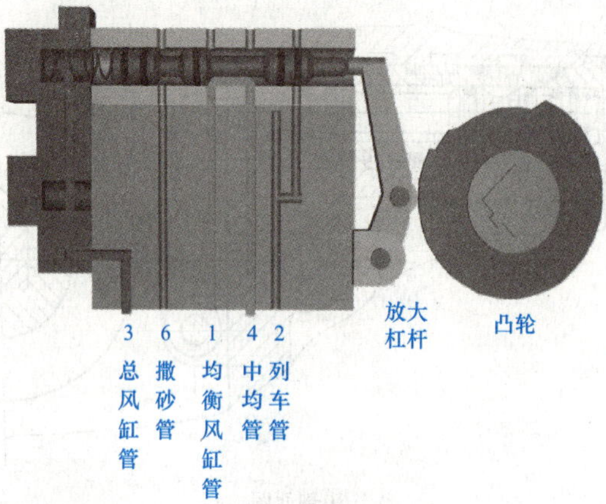

(a) 自阀手柄在1~5位

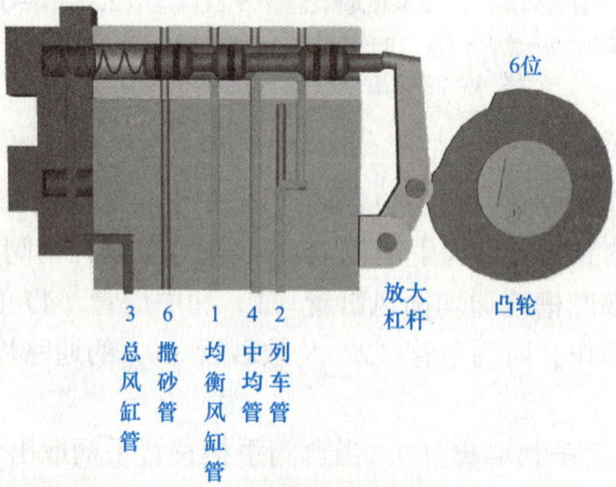

(b) 自阀手柄在6位

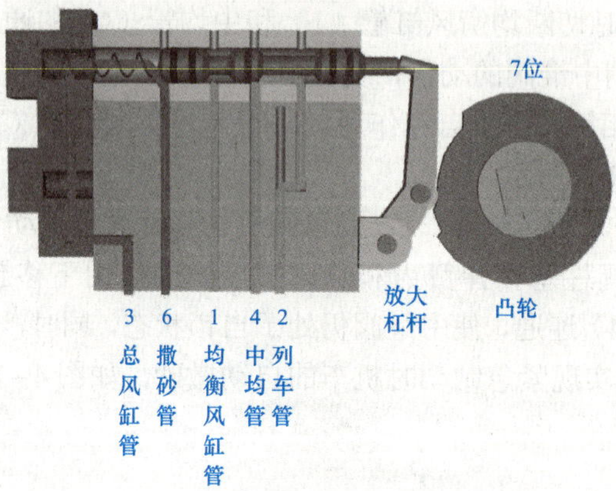

(c) 自阀手柄在7位

图 4–13　重联柱塞阀的通路

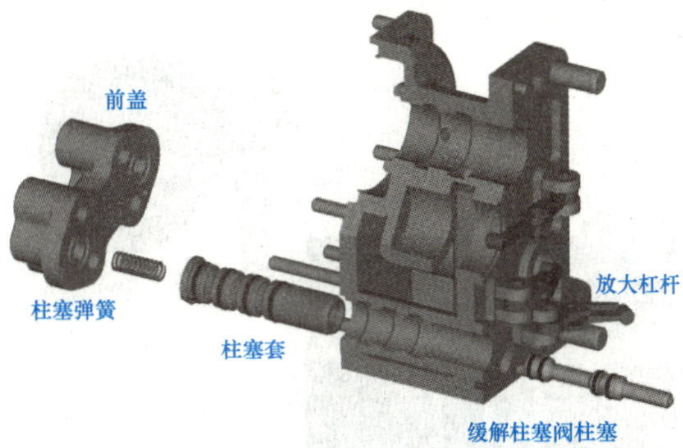

图 4-14　缓解柱塞阀的结构

3）作用原理

缓解柱塞阀有三个作用位置，其各位置的通路如图 4-15 所示。

① 自阀手柄在 1 位（过充位）。当自阀手柄在 1 位时，缓解柱塞阀的凸轮得到一个最大降程，柱塞在弹簧力和总风缸的压力作用下移至最右端。此时，柱塞尾端连通总风缸管（3）与过充管（7）的通路，则总风经过充管（7）到过充风缸及中继阀过充柱塞，使列车管得到比原规定压力高 30～40 kPa 的过充压力。同时，柱塞凹槽将通路 8a 与大气沟通，使中继阀的总风遮断阀处于开启状态，如图 4-15（a）所示。

② 自阀手柄在 2 位（运转位）。当自阀手柄由第 1 位移置第 2 位时，缓解柱塞阀的凸轮得到一个升程，推动柱塞左移，使过充管（7）与总风缸的连通通路被柱塞切断，同时，柱塞继续保持通路 8a 与大气连通。过充风缸内的空气压力由过充风缸自身的小孔（ϕ0.5 mm）缓慢地排向大气，所以使列车管的过充压力经中继阀的排风阀口逐渐消除，列车管保持原规定的压力，如图 4-15（b）所示。

③ 自阀手柄在后 5 位（过量减压位）。自阀手柄在后 5 位时，缓解柱塞阀凸轮又得到一个升程，推动柱塞移至最左端，此时，总风经柱塞中心孔、侧孔流入遮断阀管通路 8a。若客货车转换阀处于货车位，则总风经通路 8 至通路 8a，使总风遮断阀处于关闭状态。若客货车转换阀处于客车位，由于通路 8a 与通路 8 切断，故使总风遮断阀处于开启状态。同时，柱塞凹槽使过充管（7）与大气连通，以便把过充风缸内的压力空气更快地排入大气，如图 4-15（c）所示。

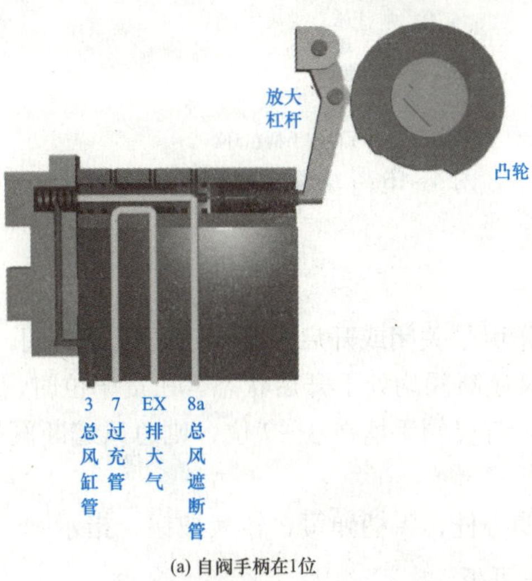

(a) 自阀手柄在1位

图 4-15　缓解柱塞阀的通路

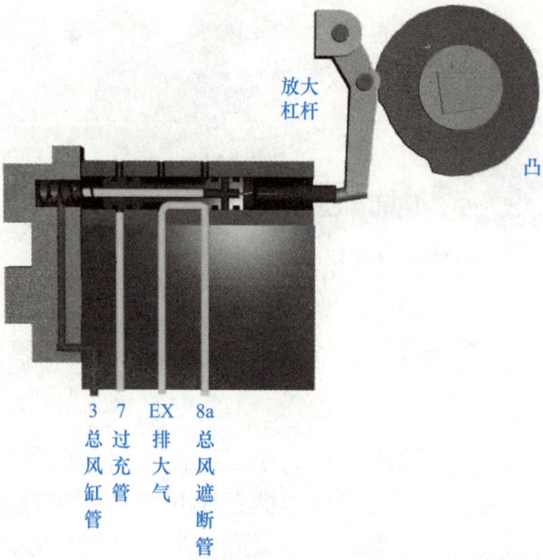

(b) 自阀手柄在2位

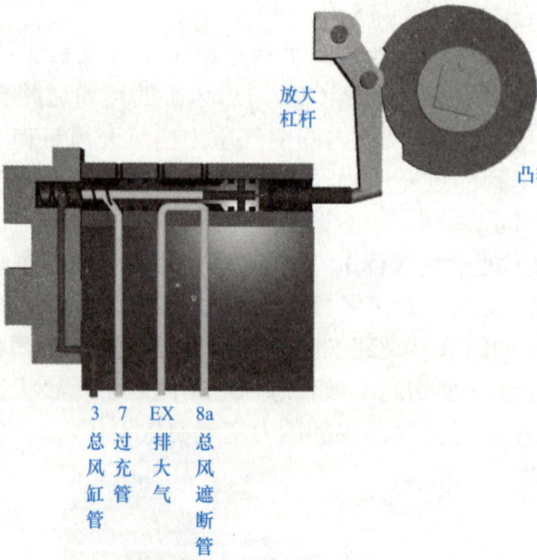

(c) 自阀手柄在5位

图 4-15　缓解柱塞阀的通路（续）

4. 客货车转换阀

1）作用

客货车转换阀的主要作用是关闭或开启中继阀的总风遮断阀。在客车位时，不论自阀手柄在哪一个工作位置，总风遮断阀均处于开启状态。在货车位时，若自阀手柄在 1～2 位，则总风遮断阀处于开启状态；若自阀手柄在 3～7 位，则总风遮断阀处于关闭状态。

2）结构

客货车转换阀主要由偏心杆、手柄弹簧、转换按钮、指示牌、二位阀柱塞、阀套、O 形密封圈等组成，如图 4-16 所示。

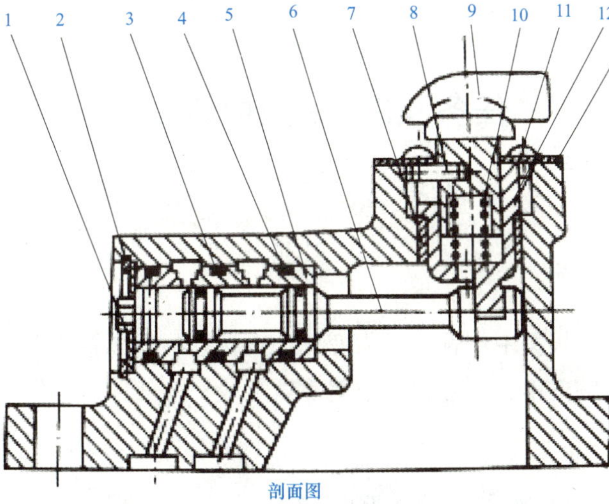

剖面图

1—挡盖；2—弹性挡圈；3、4—O 形密封圈；5—阀套；6—二位阀柱塞；7—手柄套；8—销；9—转换按钮；10—手柄弹簧；11—半沉头螺钉；12—偏心杆；13—指示牌。

图 4-16　客货车转换阀的结构

3）作用原理

客货车转换阀有两个作用位置，其各位置的通路如图 4-17 所示。

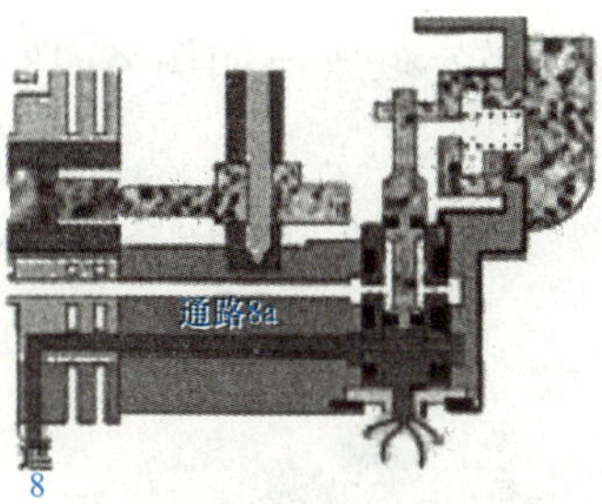

8—总风遮断阀管

（a）客车位

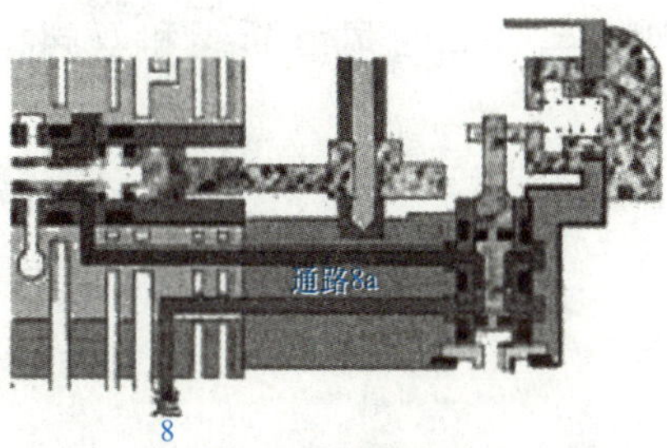

8—总风遮断阀管

（b）货车位

图 4-17　客货车转换阀的作用位置

① 客车位。当转换按钮置于客车位时，二位阀柱塞处于上端位置。此时，二位阀柱塞尾端将总风遮断阀管（8）与大气连通。因此，不论自阀手柄在哪一个位置，总风遮断阀始终处于开启状态。

② 货车位。当转换按钮置于货车位时，二位阀柱塞处于下端位置。此时，二位阀柱塞凹槽将通路 8 与通路 8a 连通，使中继阀的总风遮断阀受通路 8a 的控制。因通路 8a 内压力变化由自阀手柄位置来控制。所以总风遮断阀的工作状态取决于客货车转换阀的作用位和自阀手柄的位置。

任务 4.3　认知中继阀

任务引入

中继阀的主要作用是根据中均管内压力变化，直接控制列车管的充风或排风，从而使列车产生制动、保压或缓解作用。中继阀由哪些部件组成？各部件的工作原理是什么？如何实现中继阀的功能？

活动 4.3.1　认知中继阀的特点、组成及管路

1. 中继阀的特点

当自阀手柄处于过充位时，可使列车管压力得到超过规定压力 30～40 kPa 的过充压力，从而缩短列车初充风和再充风时间。而当自阀手柄由过充位移置运转位后，列车管的过充压力能自动缓慢地消除，且不会引起机车、车辆的自然制动。

2. 中继阀的组成及管路

中继阀由管座、总风遮断阀和双阀口式中继阀三部分组成，如图 4-18 和图 4-19 所示。

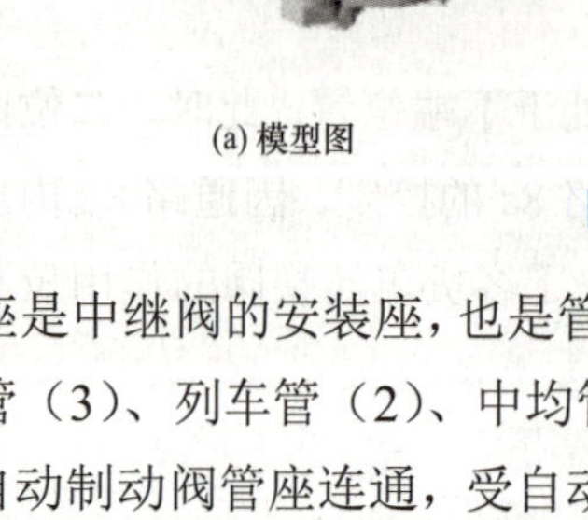

(a) 模型图

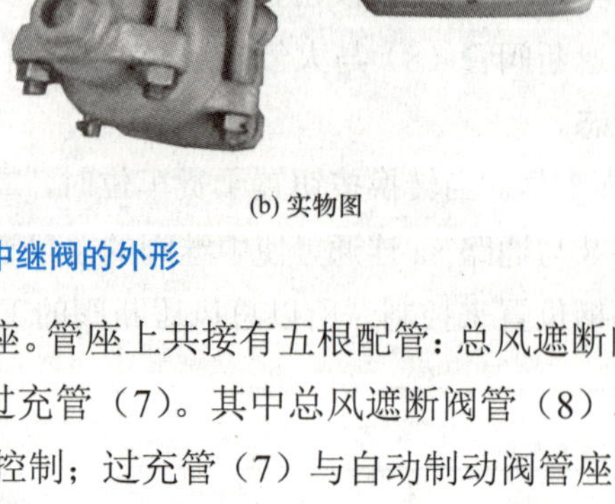

(b) 实物图

图 4-18　中继阀的外形

管座是中继阀的安装座，也是管路的连接座。管座上共接有五根配管：总风遮断阀管（8）、总风缸管（3）、列车管（2）、中均管（4）和过充管（7）。其中总风遮断阀管（8）和中均管（4）与自动制动阀管座连通，受自动制动阀的控制；过充管（7）与自动制动阀管座和过充风缸连通，同时受自动制动阀和过充风缸的控制。

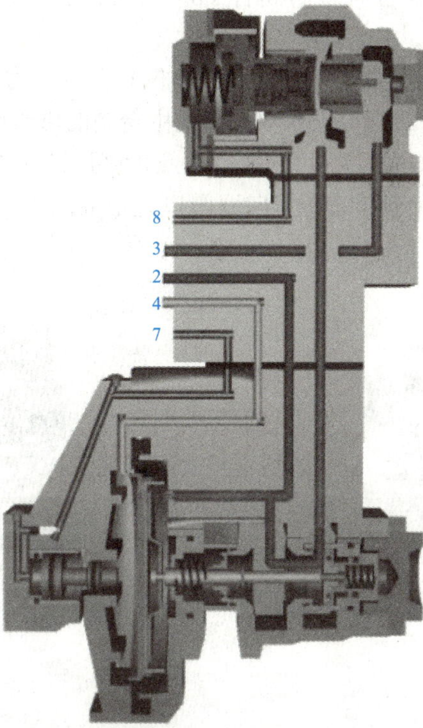

管路号：2—列车管；3—总风缸管；4—中均管；7—过充管；8—总风遮断阀管。

图 4–19　中继阀的管路

活动 4.3.2　认知总风遮断阀

1. 总风遮断阀的组成

总风遮断阀安装在中继阀的管座上，由阀体、遮断阀、阀套、阀盖及遮断阀弹簧等组成，其结构如图 4–20 所示。

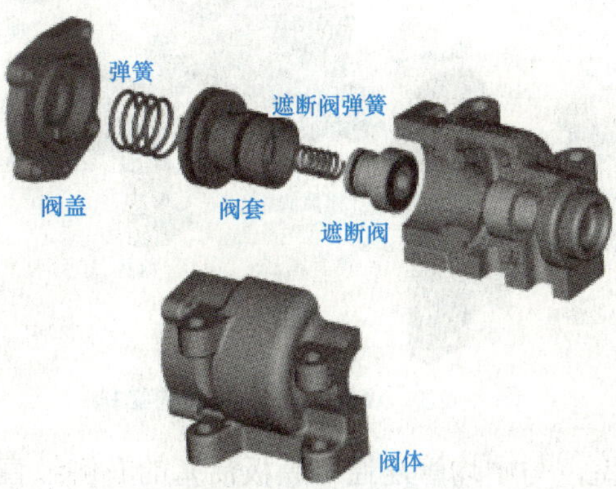

图 4–20　总风遮断阀的结构

2. 总风遮继阀的作用

总风遮断阀的作用是根据总风遮断阀管（8）的压力变化，来控制遮断阀口的开启或关闭。

当总风遮断阀管（8）通大气时，遮断阀在其右侧总风缸压力作用下左移，遮断阀呈开启状态，总风缸的压力空气经遮断阀口进入双阀口式中继阀的供气阀室，如图 4–21 所示。

当总风缸压力空气进入总风遮断阀管（8）时，遮断阀在其左侧总风缸压力和弹簧力的作用下右移，遮断阀处于关闭状态，遮断了向双阀口式中继阀供气室供气的通路，如图 4–22 所示。

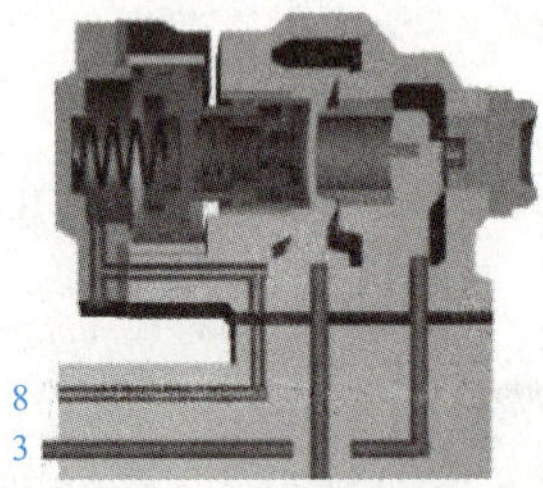

3—总风缸管；8—总风遮断阀管。

图 4–21　总风遮断阀阀口开启

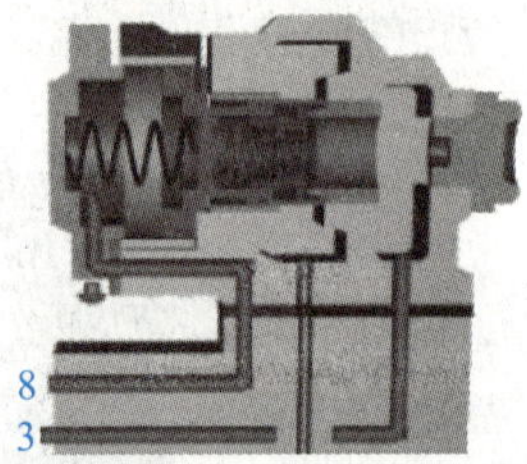

3—总风缸管；8—总风遮断阀管。

图 4–22　总风遮断阀阀口关闭

活动 4.3.3　认知双阀口式中继阀

双阀口式中继阀的使用是：根据均衡风缸的压力变化来控制列车管的压力变化，以实现列车的制动、缓解与保压作用。

1. 结构

双阀口式中继阀由排风阀、供气阀、管座、阀体、阀盖、过充盖、膜板等组成，如图 4–23 所示。

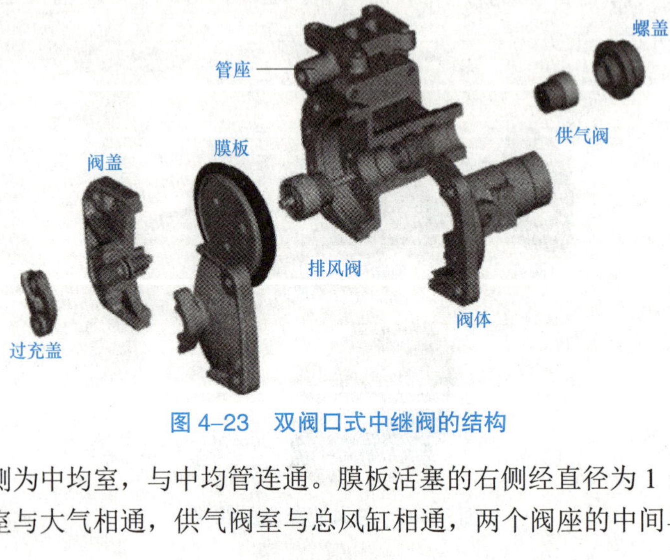

图 4–23　双阀口式中继阀的结构

膜板活塞左侧为中均室，与中均管连通。膜板活塞的右侧经直径为 1 mm 的缩孔与列车管相通。排风阀室与大气相通，供气阀室与总风缸相通，两个阀座的中间与列车管相通。膜板活塞通过顶杆与排风阀或供气阀联动。在过充盖内有一个过充柱塞，它的左侧与过充管和过充风缸相连，右侧为中均室，与中均管相通，中间有与大气相通的释压小孔。

2. 作用原理

双阀口式中继阀有五个作用位置。

1）缓解充风位

当自阀手柄处于运转位时，总风缸的压力空气经调整阀调为规定压力后充入均衡风缸，并经中均管进入膜板活塞左侧的中均室。在中均室的压力空气作用下，膜板活塞带动顶杆右移，顶杆顶开供气阀，总风缸压力空气经供气阀口向列车管充风，同时经缩口向膜板活塞右侧充风，如图 4–24 所示。

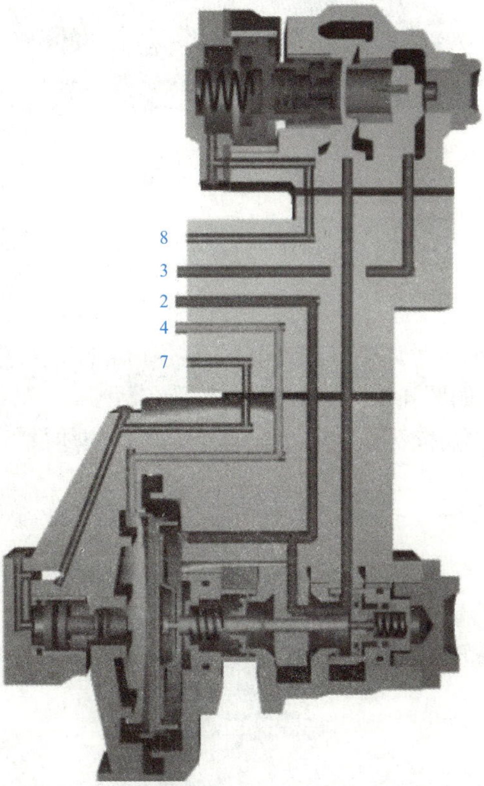

管路号：2—列车管；3—总风缸管；4—中均管；7—过充管；8—总风遮断阀管。

图 4–24　缓解充风位（自阀手柄处于运转位）

当自阀手柄处于过充位时，过充柱塞左侧充风，使过充柱塞右移，其端部顶在膜板活塞上，相当于中均室压力增加了 30～40 kPa，因此延长了供气阀口的开启时间。这样，列车管就得到比规定压力高 30～40 kPa 的过充压力，实现向列车管的快速充风，如图 4–25 所示。

过充压力的消除：当自阀手柄由过充位移置运转位时，过充风缸内的压力经其上的 ϕ0.5 mm 的小孔缓慢排向大气，使过充柱塞作用于膜板活塞上的附加力逐渐消失，列车管内的过充压力经排风阀逐渐排除，并且不会引起机车、车辆的自然制动。

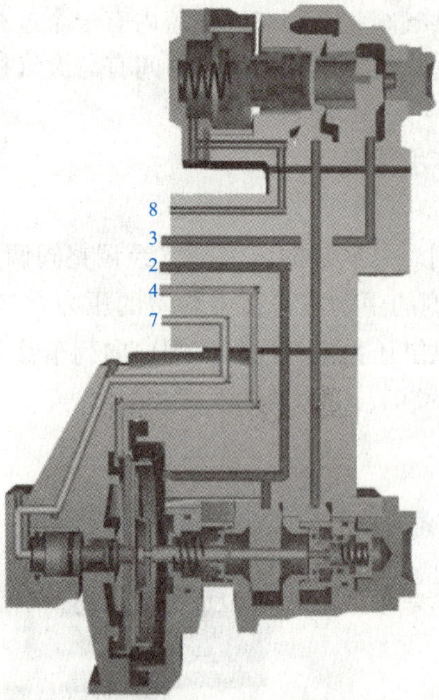

管路号：2—列车管；3—总风缸管；4—中均管；7—过充管；8—总风遮断阀管。

图 4–25　缓解充风位（自阀手柄处于过充位，列车管压力高于定压 30 kPa）

2）缓解后保压位

当膜板活塞两侧压力平衡时，供气阀在其弹簧的作用下，关闭供气阀口，列车管停止增压，形成缓解后的保压位，如图 4–26 所示。当列车管有漏泄时，膜板活塞两侧压力失去平衡，活塞右移，重新开启供气阀，向列车管补风，直至定压后关闭供气阀再保压。

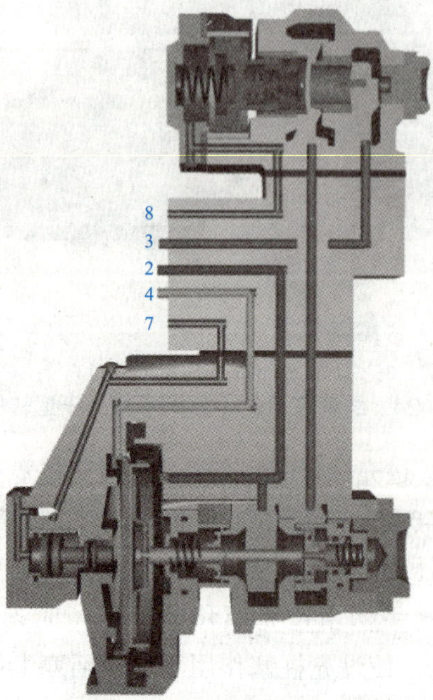

管路号：2—列车管；3—总风缸管；4—中均管；7—过充管；8—总风遮断阀管。

图 4–26　缓解后保压位（列车管压力达到定压）

3）制动位

当膜板活塞左侧中均室压力降低时，右侧列车管压力推动活塞左移，使顶杆带动排风阀离开阀座，此时列车管的压力空气经排风阀口排向大气，同时膜板活塞右侧压力空气也经缩口随同列车管一起降压，如图 4–27 所示。

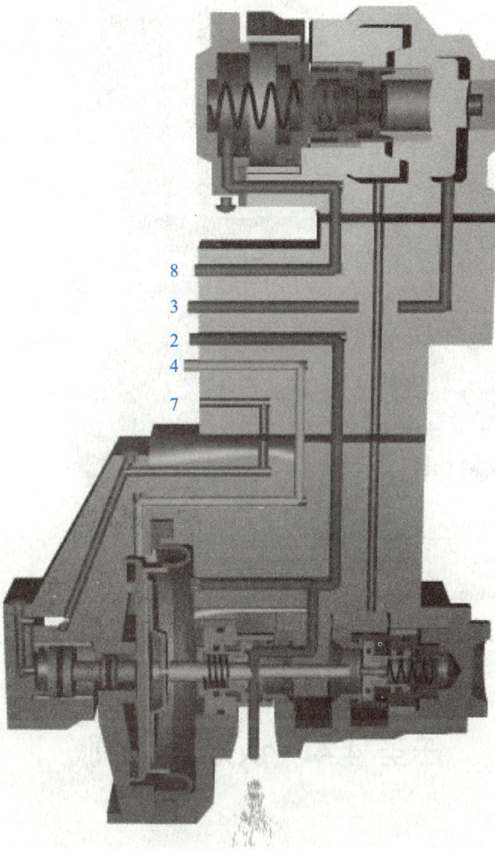

管路号：2—列车管；3—总风缸管；4—中均管；7—过充管；8—总风遮断阀管。

图 4–27 制动位

4）制动后保压位

当膜板活塞两侧压力平衡时，排风阀口关闭，列车管停止减压，形成制动后的保压状态，如图 4–28 所示。当膜板活塞左侧压力再降低时，则排风阀口重新开启，列车管再排风，待膜板活塞两侧压力平衡时，仍恢复到保压状态。

5）自锁位

当重联柱塞阀连通列车管与均衡风缸管时，相当于膜板两侧相通，因而模板两侧不能产生压力差。此时供气阀、排风阀在各自弹簧力作用下均关闭，这种状态称为自锁。

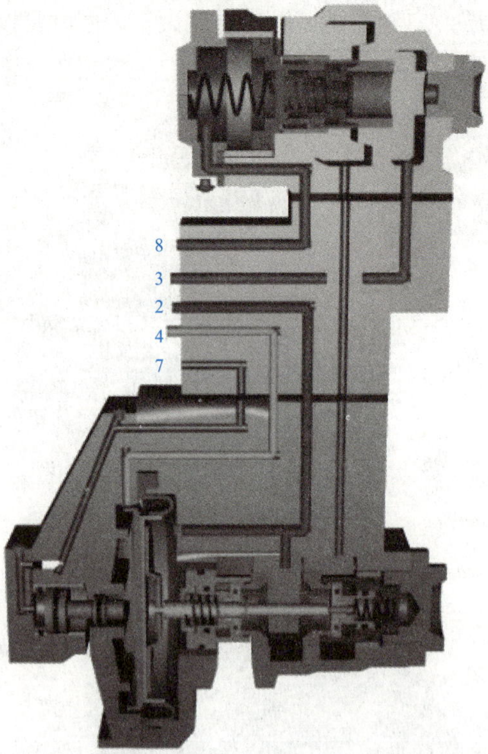

管路号：2—列车管；3—总风缸管；4—中均管；7—过充管；8—总风遮断阀管。

图 4–28 制动后保压位（列车管减至定压）

任务 4.4 认知分配阀

任务引入

分配阀是机车空气制动机的重要部件，它根据列车管内的压力变化来控制作用风缸的充风和排风，并通过变向阀、作用阀的作用来实现机车的制动、保压或缓解。分配阀由哪些部件组成？各部件的作用原理是什么？如何实现分配阀的功能？

活动 4.4.1 分配阀的分类及结构

1. 分类

分配阀的种类和形式，按其基本原理可分为二压力机构、三压力机构及二、三压力混合机构这三种形式。JZ–7 型空气制动机的分配阀属于二、三压力混合机构，它能根据不同的需要进行阶段缓解或一次缓解，这种分配阀是目前性能比较完善的一种分配阀，但其结构比较复杂，其外形如图 4–29 所示。

图 4–29　分配阀的外形

2. 结构

分配阀由主阀部、副阀部、紧急部（即紧急放风阀）和管座（中间体）几大主要部分组成，如图 4–30 所示。另外还附设有四个风缸，其中，工作风缸用来控制主阀的动作；降压风缸用来控制副阀的动作；紧急风缸用来控制紧急放风阀的动作；作用风缸用来控制主阀和作用阀的动作。

1—工作风缸充风止回阀；2—管座；3—副阀部；4—紧急部；
5—主阀部；6—紧急限压阀；7—常用限压阀。

图 4–30　分配阀的结构

活动 4.4.2　认知管座

管座是主阀部、副阀部、紧急部及各管路的连接体，因此又称中间体。在管座内设有两个空腔，一个空腔为列车管局减室，其容积为 1.2 L；另外一个空腔为装有滤尘网的滤尘室，与列车管直接相通。在管座的底部和背面，共设有通往各阀的七根管路。它们是：通大气（25）；通列车管（2）；通作用风缸管（14）；通紧急风缸管（21）；通分配阀总风管（22）；通工作风缸管（23）；通降压风缸管（26）。

分配阀管座上的管孔及通入各阀的气孔布置如图 4–31、图 4–32 所示，其中的数字为管路号。

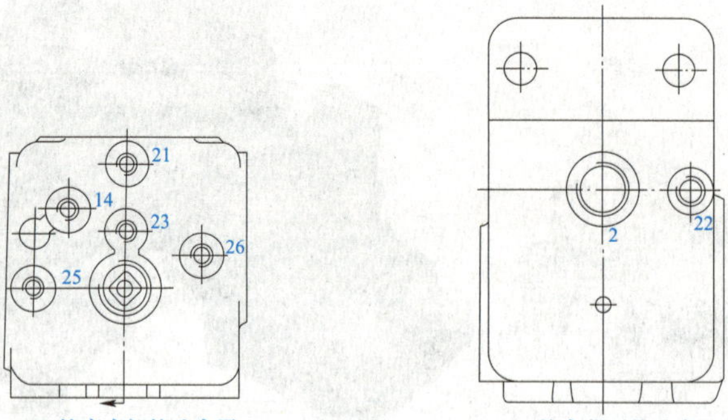

(a) 管座底部管孔布置　　(b) 管座背面管孔布置

图 4–31　管座底部、背面的管孔布置

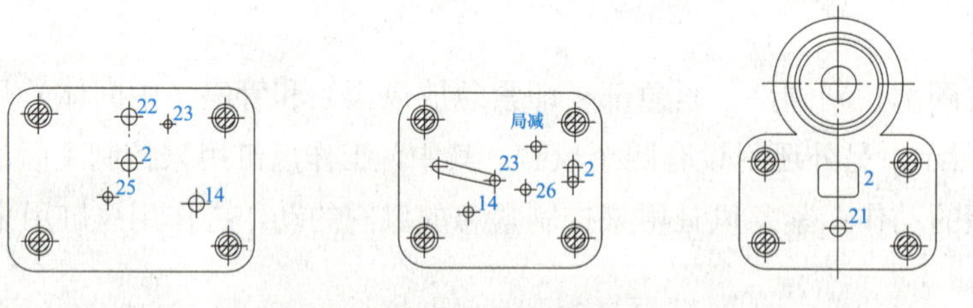

(a) 管座主阀面气孔布置　　(b) 管座副阀面气孔布置　　(c) 管座紧急部面气孔布置

图 4–32　分配阀管座通入各阀的气孔布置

活动 4.4.3　认知主阀部

主阀部是分配阀的基本组成部分，分配阀的功能主要靠主阀部实现。主阀部由主阀、工作风缸充风止回阀、常用限压阀和紧急限压阀组成。

1. 主阀

主阀用于机车本身的制动、保压与缓解作用，主要由大膜板活塞、小膜板活塞、缓解弹簧、空心阀杆及供气阀等部件组成，如图 4–33 所示。

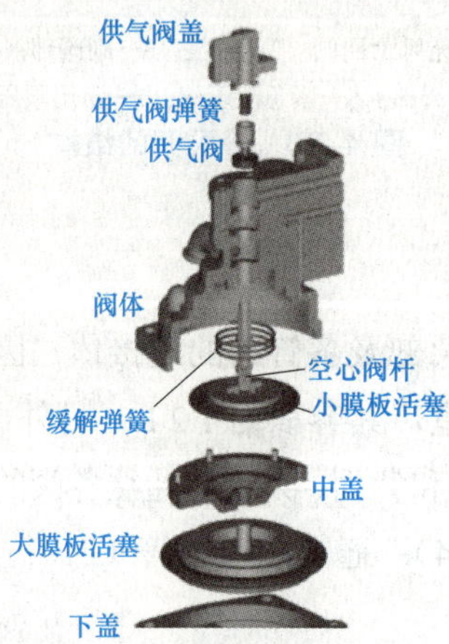

图 4–33　分配阀主阀的结构

主阀属于三压力机构阀，大膜板活塞上方是列车管压力，下方是工作风缸压力；小膜板活塞上方是作用风缸压力，下方通大气。主阀各运动部件是受三者压力差的控制而产生联动的。总风通供气阀室，在制动时向作用风缸充风。两个膜板活塞的有效面积比是 2.7∶1。

根据列车管的压力变化，主阀有三个作用位置，如图 4–34～图 4–36 所示。

1）缓解位

当列车管增压时，大膜板活塞上侧压力增高而促使大膜板向下移动，小膜板活塞在作用风缸压力及缓解弹簧的作用下带动空心阀杆一起下移，使空心阀杆脱离供气阀，开启排风口。作用风缸的压力空气经限压阀通路至空心阀杆排风口排向大气，形成缓解作用。若列车管阶段增压，作用风缸则可阶段排风降压。当列车管压力增至规定压力，即与工作风缸压力相等时，大膜板活塞上下受力平衡，小膜板活塞在作用风缸及缓解弹簧的作用下处于下极端位置，排风口始终开放，作用风缸压力可降至零，如图 4–34 所示。

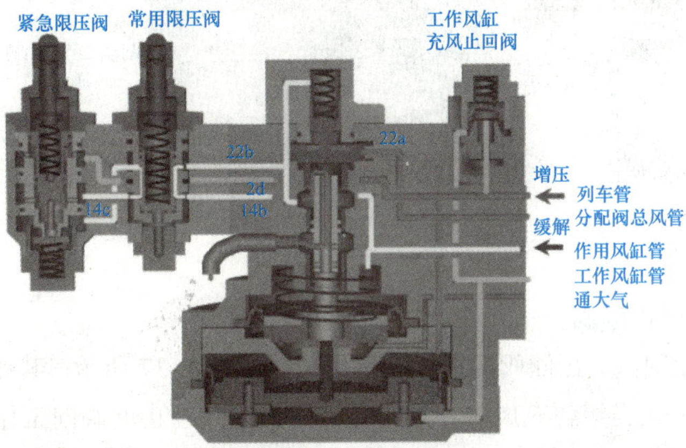

图 4–34　缓解位

2）制动位

当列车管减压时，大膜板活塞两侧压力失去平衡，在工作风缸压力空气的作用下，大膜板活塞推动顶杆、小膜板活塞及空心阀杆上移，空心阀杆先接触供气阀，关闭排风口，继而克服供气阀弹簧阻力，顶开供气阀，总风经供气阀口、限压阀通路向作用风缸充风，并经缩口风堵向小膜板活塞上侧充风；另一路经暗道进入平衡室，形成制动作用，如图 4–35 所示。

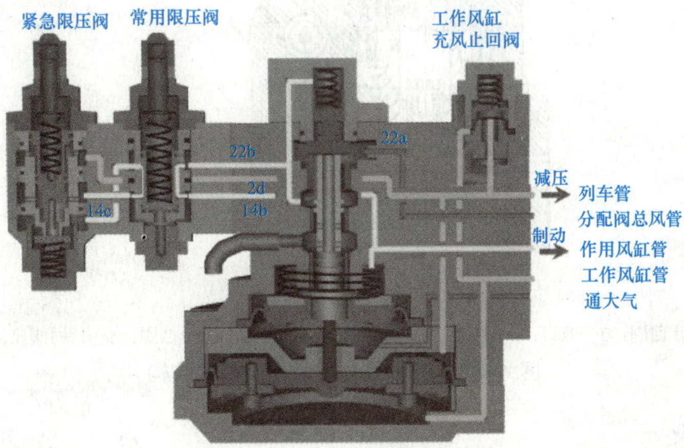

图 4–35　制动位

3）保压位

在作用风缸增压的同时，小膜板活塞上方也同时增压。当作用风缸压力增至与列车管减压量相适应时，即大膜板活塞上方压力及小膜板活塞上方压力共同作用使大膜板活塞向下的力，与大膜板活塞下方使其向上的力平衡时，供气阀在其弹簧作用下，使空心阀杆及膜板活塞下移，关闭供气阀口，而空心阀杆仍与供气阀接触，即排风口仍关闭，呈制动后保压状态。

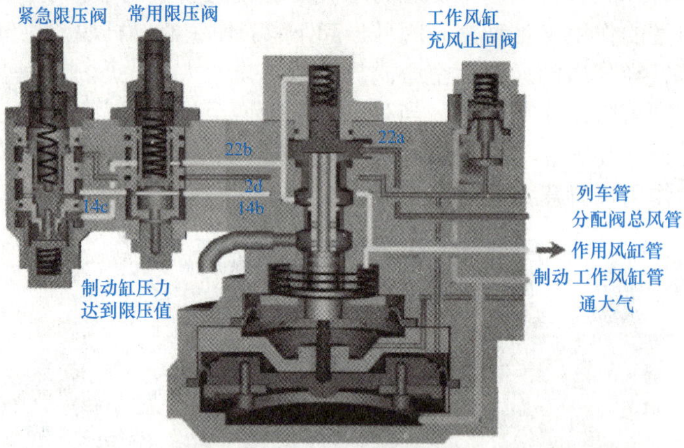

图 4–36 保压位

2. 工作风缸充风止回阀

该阀由弹簧、止回阀、止回阀座及风堵等组成，如图 4–37 所示。其作用是：控制列车管向工作风缸单向充风。当缓解充风时，列车管内压力空气经止回阀向工作风缸充风；当列车管减压时，能防止工作风缸内压力空气向列车管逆流，以避免产生不制动或制动力不成比例的现象。

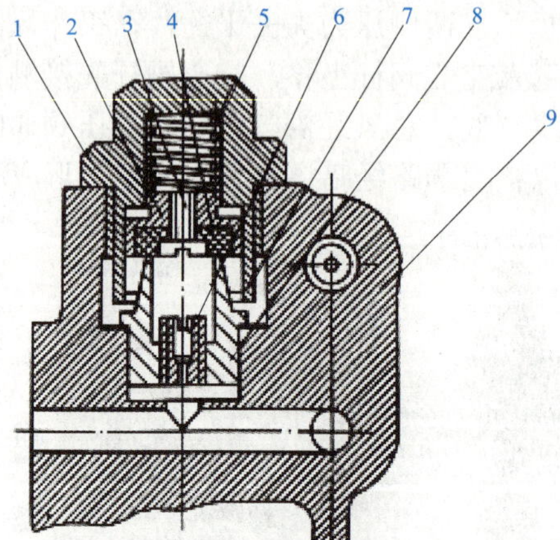

1—螺盖；2—止回阀；3—螺钉；4—胶垫；5—弹簧；6—风堵；7—弹簧挡圈；8—止回阀座；9—主阀体。

图 4–37 工作风缸充风止回阀的结构

3. 常用限压阀

常用限压阀的作用是：在全制动时，限制作用风缸压力在 340～360 kPa（列车管定压为 500 kPa 时）或 420～450 kPa（列车管定压为 600 kPa 时），以达到限制机车制动缸压力的目的。

常用限压阀的结构如图 4–38 所示，它由调整螺钉、限压弹簧、柱塞式限压阀、限压阀套等组成。

图 4–38　常用限压阀的结构

当全制动时，来自主阀供气阀口的总风，通过柱塞式限压阀凹槽，进入作用风缸和限压阀下部，此时常用限压阀呈正常状态，如图 4–39（a）所示；当作用风缸的空气压力上升到限压弹簧所设定的压力值时，限压阀上移，遮断总风通往作用风缸的通路，作用风缸压力停止上升，常用限压阀呈限压状态，如图 4–39（b）所示。限制的压力值可通过调整螺钉调节。

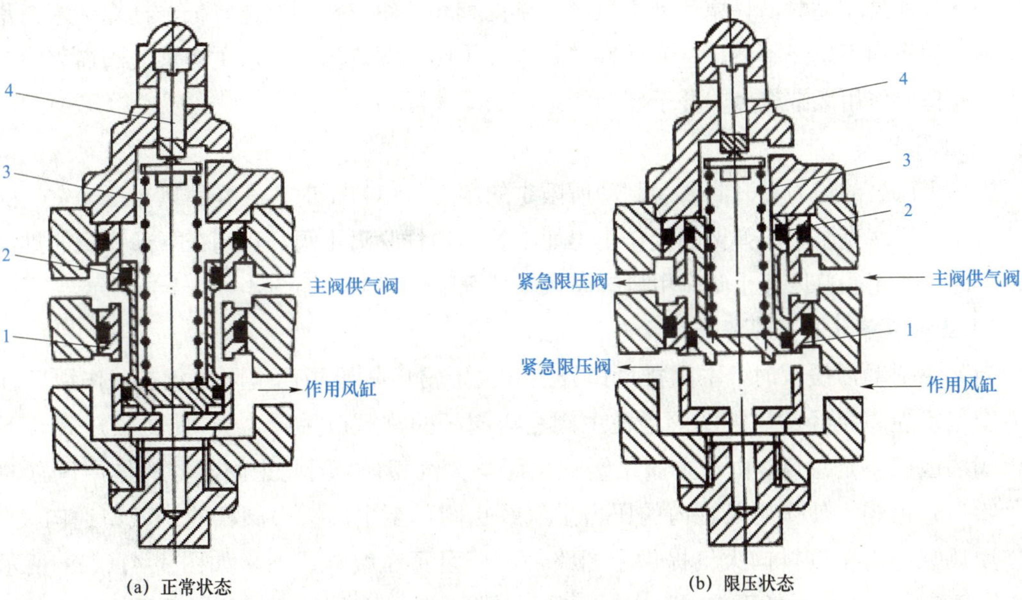

(a) 正常状态　　(b) 限压状态

1—限压阀套；2—柱塞式限压阀；3—常用限压弹簧；4—调整螺钉。

图 4–39　常用限压阀的结构

4. 紧急限压阀

紧急限压阀的作用有两个：一是在紧急制动时，限制作用风缸压力不超过 450 kPa；二是在主阀形成缓解位时，首先提供一条使作用风缸排风的通路，以保证常用限压阀由限压状态自动转换为正常状态，使作用风缸的缓解得以实现。

紧急限压阀主要由调整螺钉、紧急限压弹簧、柱塞活塞、止阀等组成，结构如图 4–40 所示。柱塞活塞大直径下部通列车管，小直径下部通作用风缸，限压阀套下端及止阀周围通主阀供气阀上侧、下侧或主阀排风口。

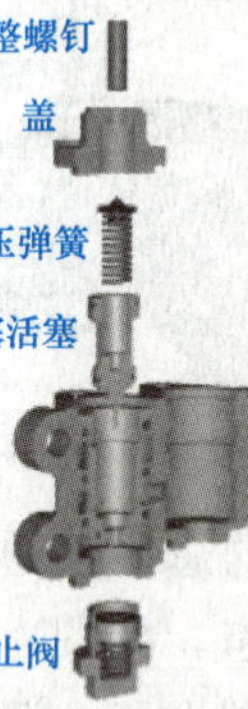

图 4–40 紧急限压阀的结构

紧急限压阀有 4 种作用状态。

1）制动状态

当施行紧急制动时，柱塞活塞大直径下部的列车管空气压力迅速降低，柱塞活塞在紧急限压弹簧的作用下迅速下移，柱塞活塞顶杆顶开止阀，开启阀口。从主阀供气阀口来的总风经由止阀口向作用风缸充风，处于制动状态，如图 4–41（a）所示。

2）限压状态

当作用风缸的压力上升到紧急制动所限定的压力 450 kPa 时，在作用风缸压力空气的作用下，柱塞活塞克服限压弹簧的反作用力而上移，顶杆脱离止阀，止阀在下部弹簧的推动下上移，阀口关闭，总风停止向作用风缸充风，处于限压状态，如图 4–41（b）所示。

3）正在缓解状态（缓解进行状态）

当紧急制动后缓解时，主阀排风口开启。由于常用限压阀已呈限压状态，作用风缸的压力空气不能直接经常用限压阀通往主阀空心阀杆的排风口排向大气，此时限压阀套下端及止阀周围已不是总风，由于主阀呈缓解位而与大气相通，因此止阀上方的作用风缸的空气“吹”开止阀，使作用风缸内的压力空气经止阀口至主阀空心阀杆的排风口通向大气，为作用风缸压力空气排向大气提供了通路，因而呈正在缓解状态，如图 4–41（c）所示。当作用风缸压力下降至低于常用限压阀所限制的压力时，常用限压阀便由限压状态自动转换为正常状态，作用风缸的压力空气可通过常用限压阀柱塞凹槽由主阀空心阀杆的排风口排向大气。

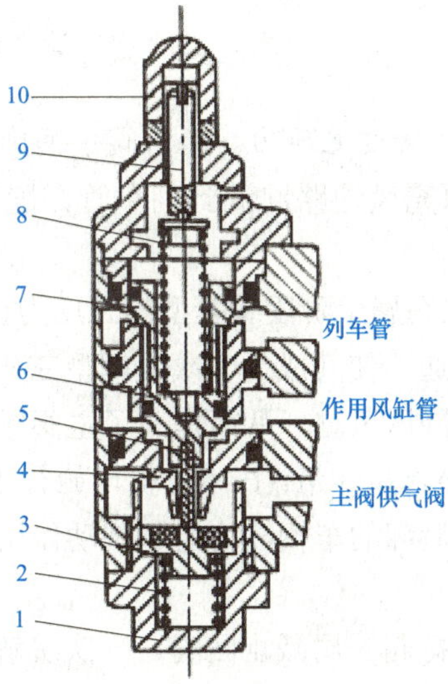

(a) 制动状态

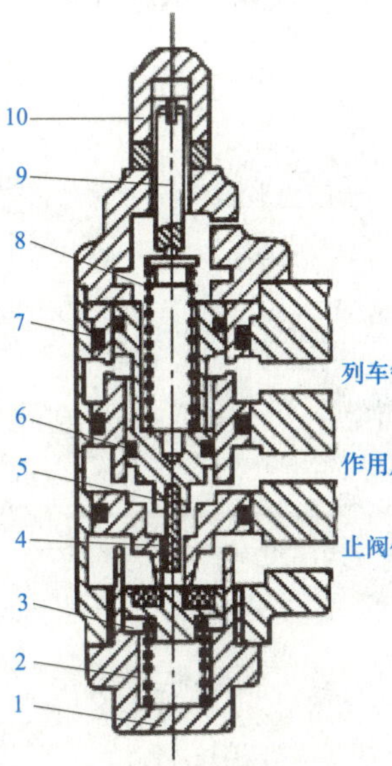

(b) 限压状态（缓解状态）

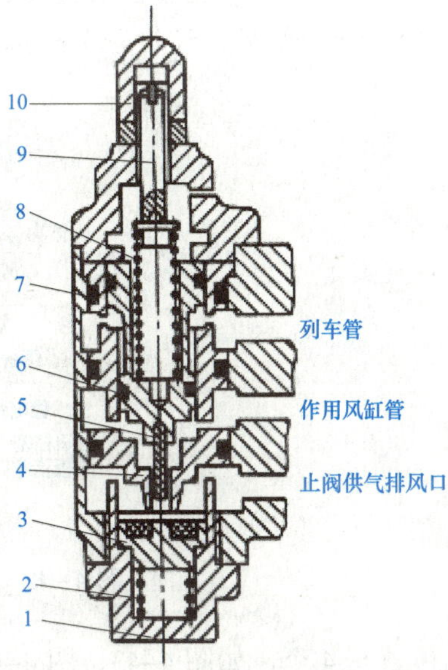

(c) 正在缓解状态

1—下盖；2—止阀弹簧；3—止阀；4—紧急限压阀套；5—柱塞活塞顶杆；6—柱塞活塞（小直径）；7—柱塞活塞（大直径）；8—紧急限压弹簧；9—调整螺钉；10—螺帽。

图 4-41　紧急限压阀工作状态

4）缓解状态

当作用风缸压力降至低于止阀弹簧作用力时，止阀口关闭，呈缓解状态。作用风缸内剩余压力空气只能通过常用限压阀柱塞凹槽由主阀的空心阀杆的排风口排向大气。

活动 4.4.4 认知副阀部

1. 作用

① 消除工作风缸及降压风缸的过充压力。当自阀手柄由过充位移回运转位后，使工作风缸及降压风缸的过充压力由原充风通路回流到列车管，随列车管过充压力一起缓慢自动消除。

② 加快主阀缓解速度。因主阀属于阶段缓解型的三压力机构，要使机车完全缓解，通过副阀部使主阀大膜板上下两侧连通，使其成为一次缓解型三压力机构。当阶段缓解时，使工作风缸中的部分压力空气分流到降压风缸，从而提高了主阀缓解的灵敏度。

③ 初制动时使列车管起局部减压作用。在本务机车施行小量减压时，无论是对连挂于列车尾部无火回送的机车，还是对后部的车辆，均能起制动作用。

2. 结构

副阀部由副阀、供气阀、保持阀、局减止回阀、一次缓解逆流止回阀及转换盖板等部件组成。

1）副阀

副阀属于二压力机构阀，由膜板活塞、副阀柱塞、稳定弹簧、缓解弹簧、阀体、阀盖等组成，如图 4–42 所示。另外，还设一个降压风缸。

图 4–42 副阀的结构

副阀作用位置有 4 个，如图 4–43、图 4–44 所示。

（1）缓解充风位

当列车管增压时，膜板活塞连同柱塞右移至极端位置，柱塞尾端凹槽和柱塞尾端，将 23a、23b、23e、26b 这几条通路互相连通，如图 4–43 所示。列车管压力空气经供气阀柱塞凹槽（在一次缓解位时还通过转换盖板）、副阀柱塞尾部凹槽向工作风缸充风，同时又经 26b 向降压风缸充风，使工作风缸、降压风缸得到与列车管相同的过充压力。若自阀手柄由过充位移回运转位，工作风缸与降压风缸的过充压力空气，经充风原路逆流至列车管，过充压力由中继阀缓慢自动消除。

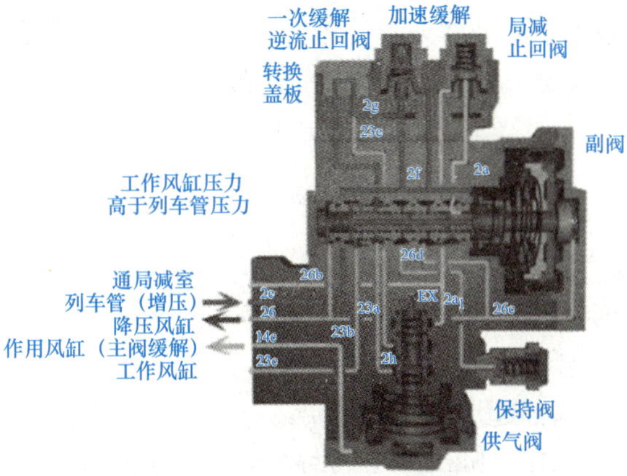

图 4–43 副阀作用位置——充风缓解位

（2）局部减压位

当列车管开始减压或施行小减压量时，膜板活塞左侧压力降低，降压风缸的压力空气推动活塞左移，副阀柱塞将列车管 2e 与局减室 2a 的通路连通。列车管部分压力空气经 2a →局减止回阀→$2a_1$→局减室，并经供气阀柱塞尾端排向大气。同时柱塞尾端将 23a、23b 及 26b 的通路切断，列车管不再与工作风缸和降压风缸连通。

（3）制动位

列车管减压后，由于降压风缸压力并未下降，所以膜板活塞带动柱塞继续左移至极端位置。此时，除保留局减通路外，柱塞中心孔及侧孔又开通了 26c 与 26d 的通路，压力空气经降压风缸→26→26c→柱塞中心孔→26d→保持阀排向大气，使降压风缸压力空气通过保持阀排向大气，如图 4–44 所示。

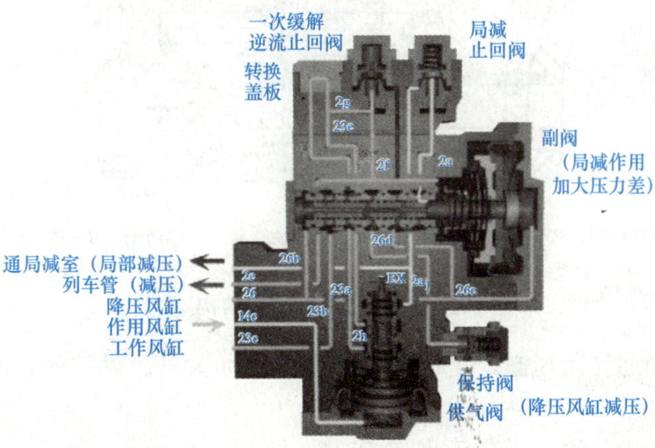

2a—通局减止回阀；2e—通列车管；23a—由供气阀来的列车管压力空气；

23b—通工作风缸；23e—通转换盖板；26a、26b、26c—通降压风缸；26d—通保持阀。

图 4–44 副阀作用位置——制动位

（4）保压位

当降压风缸的空气压力下降到与列车管压力相平衡时，在弹簧的作用下膜板活塞带动柱塞略向右移，降压风缸排风通路被柱塞遮断，停止降压。此时，除 2e→2a 外，其余通路均被遮断。

2）供气阀

（1）供气阀的作用及结构

供气阀有三个作用：

① 在缓解充风时，使工作风缸及降压风缸获得过充压力空气，并能逆向流至列车管，使过充压力自动缓慢地加以消除。

② 初制动时，可使副阀部起局部减压作用。

③ 阶段缓解时，防止工作风缸压力空气向列车管逆流。

供气阀由柱塞、膜板、充风阀套、缓解弹簧（$P_{作}$=24 kPa）、胶垫、挡圈等组成，如图 4–45 所示。

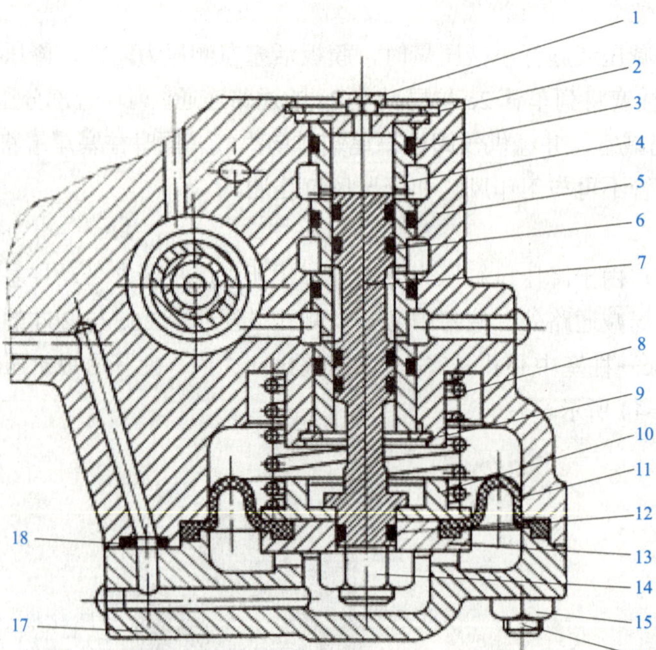

1—挡板；2、9—挡圈；3、6、12—O 形密封圈；4—充风阀套；5—副阀体；7—柱塞；8—缓解弹簧；10—压板；11—膜板；13—膜板托；14、15—螺母；16—螺柱；17—充风阀盖；18—胶垫。

图 4–45　供气阀的结构

供气阀膜板下侧通作用风缸，上侧为弹簧室，并通大气。供气阀有两个作用位置，即缓解位与作用位。

（2）供气阀的作用位置

① 缓解位。当作用风缸压力低于 24 kPa 时，柱塞下移至最下端位置，供气阀柱塞凹槽使 2h 与 23a 连通，柱塞尾端将 $2a_1$ 与大气连通，如图 4–46（a）所示。列车管可向工作风缸及降压风缸充风。若工作风缸和降压风缸有过充压力需消除时，还可经此通路向列车管逆流。此时，局减室内压力空气经通路 $2a_1$ 由供气阀柱塞尾端排大气。

② 作用位。当作用风缸压力大于 24 kPa 时，柱塞上移至最上端位置形成作用位，2h 与 23a 的通路以及局减室与大气的通路均被遮断，如图 4-46（b）所示。因此，在阶段缓解时，副阀虽在某一瞬时处于缓解充风位，而供气阀只有作用风缸压力低于 24 kPa 时才处于缓解位，所以，可防止工作风缸和降压风缸的压力空气向列车管逆流而破坏阶段缓解作用。

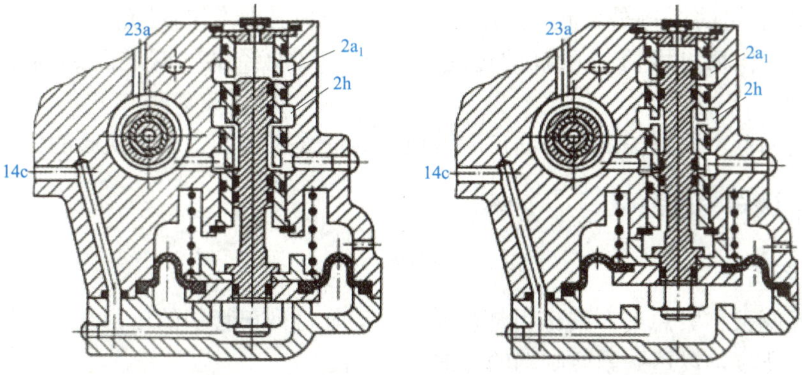

(a) 缓解位　　(b) 作用位

$2a_1$—通局减室；2h—通列车管；23a—通工作风缸；14c—通作用风缸。

图 4-46　供气阀的作用位置

3）保持阀

保持阀的作用是：当施行常用全制动、过量减压或紧急制动时，能使降压风缸空气压力保持在 280～340 kPa，使其与后部车辆制动机的副风缸在全制动位后的压力大致保持一致，提高机车与车辆缓解再充风时的一致性。

保持阀由阀体、柱塞、弹簧、挡盖及 O 形密封圈等组成，如图 4-47 所示。

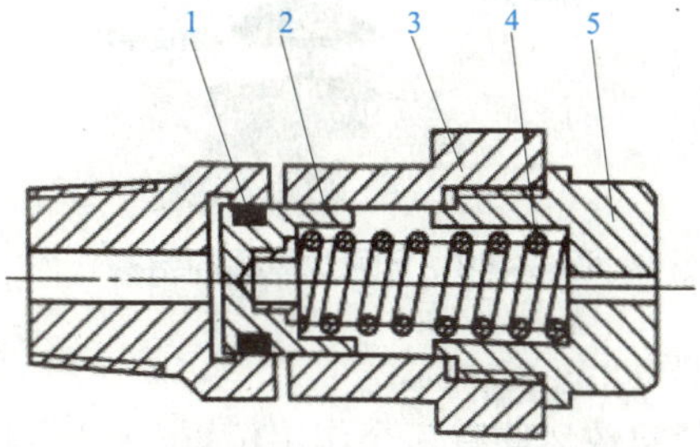

1—O 形密封圈；2—柱塞；3—阀体；4—弹簧；5—挡盖。

图 4-47　保持阀的结构

4）局减止回阀

局减止回阀与工作风缸充风止回阀相同，其结构参见图 4-37，其作用是：再制动时，可防止局减室压力空气向列车管逆流，以避免引起副阀的自然缓解。

5）一次缓解逆流止回阀

一次缓解逆流止回阀的结构，除取消了弹簧外，其余均与局减止回阀相同。其作用是在常用制动后缓解时，若转换盖板处于一次缓解位，则工作风缸压力空气除向降压风缸充风外，还可经转换盖板通路、一次缓解逆流止回阀缩孔逆流至列车管。同时，因其压力高于止回阀上方列车管压力而将止回阀顶开，经较大的通路向列车管逆流，从而加快主阀的一次缓解作用。若转换盖板处于阶段缓解位，则常用制动后缓解时，工作风缸的压力空气只能向降压风缸部分充风，而不能直接向列车管逆流，所以提高了主阀缓解的灵敏度。

6）转换盖板

转换盖板主要用来连通或遮断工作风缸向列车管逆流的通路。在一次缓解位（直位）时，除能加快主阀的缓解外，还能消除工作风缸及降压风缸的过充压力；在阶段缓解位（阶位）时，工作风缸及降压风缸的过充压力空气只能经供气阀逆流到列车管，经中继阀消除。

转换盖板的两个位置需要人为固定和转换，其位置应与客货车转换阀的位置相适应。

活动 4.4.5 认知紧急放风阀

1. 作用与结构

紧急放风阀又称紧急部，其作用是在紧急制动时将列车管中的压力空气迅速排向大气，提高紧急制动速度，以达到紧急制动的目的。

紧急放风阀由膜板活塞、柱塞杆、排风阀、复原弹簧、排风阀弹簧、充风限制堵、排风限制堵等部件组成，如图 4–48 所示。

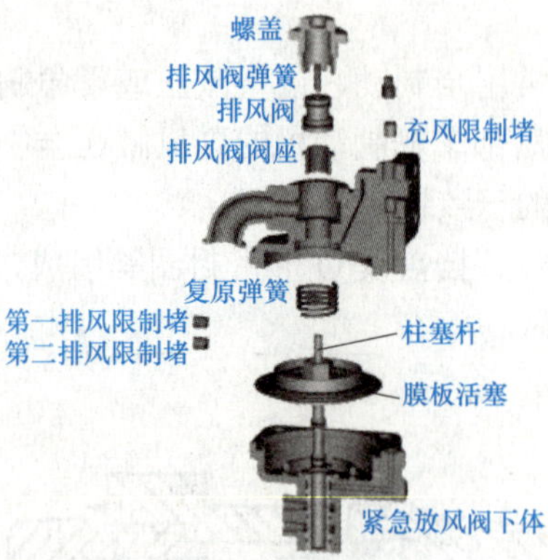

图 4–48 紧急放风阀的结构

2. 作用位置

根据列车管压力变化，紧急放风阀有三个作用位置。

1）充风缓解位

列车管压力空气充入膜板活塞上侧，并通过充风限制堵到紧急风缸和膜板活塞下侧，这时膜板活塞处于下端位置，没有通路。

2）常用制动位

常用制动减压时，膜板活塞两侧形成一定的压力差，使膜板活塞及柱塞杆一起上移，压缩复原弹簧至柱塞杆顶部触头与放风阀接触时为止，放风阀仍处于关闭状态。此时紧急风缸压力空气一方面由充风限制堵向列车管逆流，另一方面则经柱塞杆凹槽至第一排风限制堵排向大气，如图 4–49 所示。由于这两个风堵的限制，使紧急风缸降压速度与列车管常用减压速度几乎相等，故活塞处于相对安定状态。

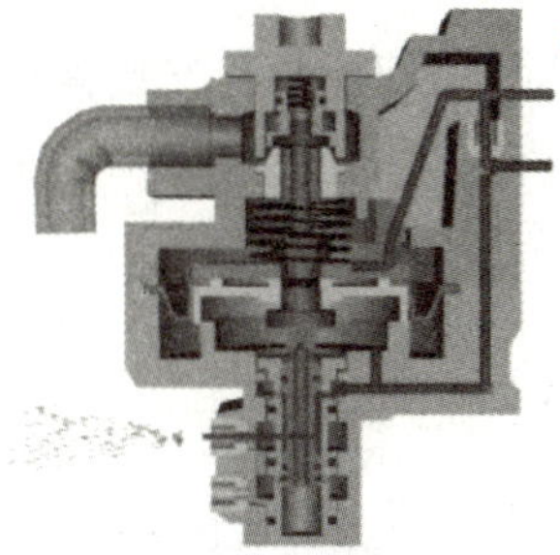

图 4-49　紧急放风阀作用位置——常用制动位

3）紧急制动位

紧急制动时，由于列车管压力空气经自动制动阀的放风阀迅速排向大气，使膜板活塞上侧列车管压力急剧下降，造成膜板活塞上下两侧压差较大，使膜板活塞及柱塞杆迅速上移而顶开放风阀，列车管内的压力空气又经此放风阀迅速排向大气，提高了紧急制动速度，达到了紧急制动的目的。紧急风缸的压力空气，除经充风限制堵向列车管逆流外，还经第一排风限制堵和第二排风限制堵排向大气，如图 4-50 所示。当紧急风缸压力降至小于放风阀弹簧作用力时，紧急放风阀恢复到常用制动位。由于其压力继续下降，借助复原弹簧作用力，膜板活塞及柱塞杆也下移到极端位置，遮断紧急风缸经两个排风限制堵排向大气的通路，紧急放风阀恢复到充风缓解位状态。

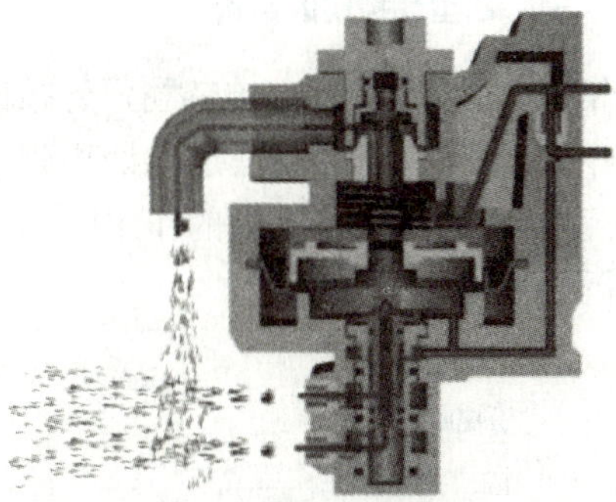

图 4-50　紧急放风阀作用位置——紧急制动位

由于紧急制动时紧急放风阀从开启至关闭需经过一段时间，所以在其关闭前急于向列车管充风是不起作用的。由试验得知，紧急风缸空气压力在常用全制动时降压 170 kPa 的时间约为 9 s；紧急风缸空气压力自 500 kPa 降至小于紧急放风阀弹簧力的时间约为 9.2 s。

三个限制堵的孔径：充风限制堵的孔径为 1.5 mm，第一排风限制堵的孔径为 1.2 mm，第二排风限制堵的孔径为 0.9 mm。

活动 4.4.6　认知切控阀

1. 作用

列车在常用制动时，制动作用沿列车长度方向由前向后逐次发生，由于列车前端先制动，加上机车制动率较大，机车和车辆因不同步制动会产生较强的列车纵向冲动。为平稳操纵旅客列车，在客运机车上加装了平稳操纵装置——B 型切控阀，下面以该阀为例对切控阀进行介绍。

2. 结构

B 型切控阀的结构如图 4–51 所示，它由切控阀和安装座两部分组成，安装于 JZ–7 型机车制动机分配阀附近。

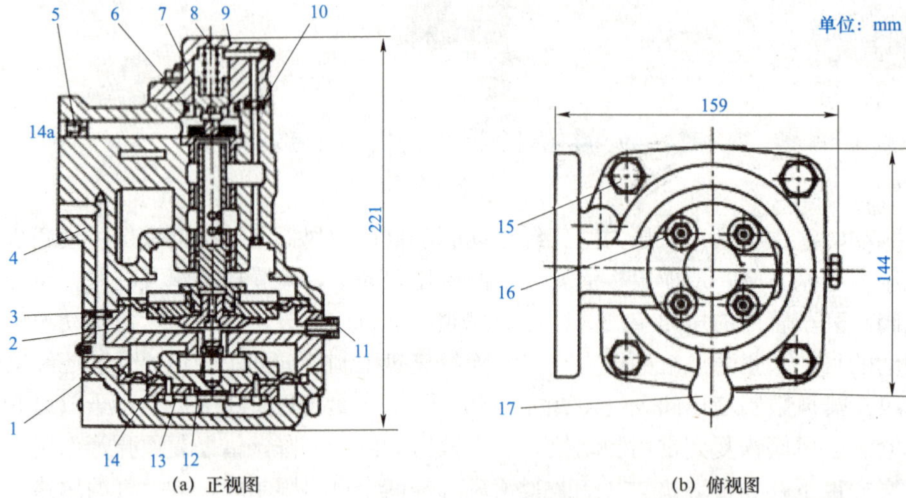

1、14—下盖；2—中盖；3、10—胶垫；4—阀体；5—限制堵；6—O 形密封圈；7—供气阀；8—供气阀弹簧；9—供气阀盖；11—放风堵；12—顶杆；15—螺母；16—平垫；17—放风弯头。

图 4–51　B 型切控阀的结构

① 安装座。用铸铁铸成，内部有一个容积为 0.4 L 的空腔，外接四根管子，左侧两根通列车管（2）和工作风缸（23），右侧两根为作用管 14a（进入切控阀的作用管，与通往分配阀的作用风缸管（14）相连）和作用管 14b（离开切控阀的作用管，与作用风缸相连，经变向阀又与作用阀相连），如图 4–52 所示。

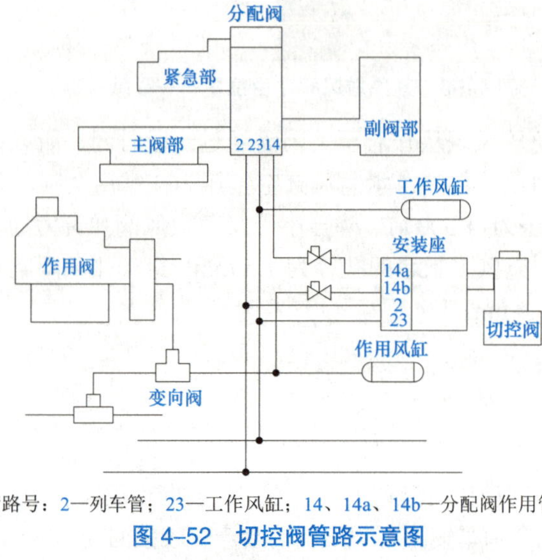

管路号：2—列车管；23—工作风缸；14、14a、14b—分配阀作用管。

图 4–52　切控阀管路示意图

② 切控阀。其构造类似于分配阀的主阀，但切控阀上下膜板的面积比为 1∶1。

B 型切控阀属于三压力结构，它根据列车管的压力变化与分配阀一起完成机车的制动、缓解和保压作用。上膜板的上方是通作用风缸的压力空气，下方通向大气。下膜板的上方通列车管的压力空气，下方通工作风缸的压力空气，因此切控阀的动作由列车管、工作风缸和作用风缸三者的压力来控制。

3. 作用位置

1）缓解位（一次缓解型制动机）

列车管增压时，下膜板活塞上方的压力增高，促使下膜板活塞下移，上膜板活塞在作用风缸的压力空气作用下，带动空心阀杆下移，脱离供气阀，开放排风阀口，作用风缸的压力空气经空心阀杆排向大气。当列车管压力充到定压时，作用风缸压力降到零，切控阀处于完全缓解状态。此时，下膜板活塞下方的工作风缸压力经分配阀的作用也充到定压。

2）制动位

列车管减压时，下膜板活塞上下压力失衡，在工作风缸的压力空气作用下，下膜板活塞向上移动，通过顶杆推动上膜板活塞及空心阀杆上移，顶开供气阀，由分配阀作用管来的压力空气经 14a、供气阀口及缩孔到上膜板活塞上方，又经 14b 到作用风缸，进入作用阀膜板下方，作用阀处于制动位，产生制动作用。

3）保压位

① 制动后的保压位。列车管停止减压后，当上膜板活塞上方作用风缸的压力增加到与下膜板上方列车管减少的压力相适应时，在作用风缸的压力空气作用下，上膜板活塞向下回移，关闭供气阀口，空心阀杆仍与供气阀接触，形成制动后的保压状态。

② 阶段缓解后的保压位。阶段缓解型制动机在制动保压后，当列车管增加一定压力时，下膜板活塞上方压力增大，推动下膜板活塞下移。在作用风缸的压力空气作用下，上膜板活塞带动空心阀杆下移，使空心阀杆上端脱离供气阀，开放排风阀口。作用风缸中的压力空气经空心阀杆排出，直到作用风缸下降的压力与列车管增加的压力相适应时，再关闭排风阀口，形成阶段缓解后的保压状态。

下膜板活塞上下压差即为列车管的减压量，下膜板活塞受到的压差乘以下膜板活塞的面积即为上膜板活塞受到下膜板活塞向上的作用力，而上膜板活塞受到作用风缸向下的作用力，即为作用风缸的压力乘以上膜板活塞面积。当制动保压时，上膜板活塞受到的上下作用力应该大小相等。由于切控阀上下膜板活塞的面积相等，所以作用风缸的压力等于列车管的减压量。经作用阀的作用，机车制动缸的压力也与列车管的减压量相等，即机车制动缸压力等于列车管减压量。

4. 性能

① 机车上闸晚、缓、少。当自动制动阀在制动区制动时，由于切控阀内 0.4 L 的空腔气室连通作用风缸和作用阀，使装有切控阀的机车制动缸升压时间与未安装切控阀的机车相比滞后了 1～2 s。制动缸的升压量与列车管的减压量按 1∶1 的关系变化。在最大减压位时，制动缸的升压量为 165～170 kPa，升压时间为 8～10 s（原来制动缸压力为 410～430 kPa，升压时间为 7～9 s），达到机车上闸晚、缓、少的目的。

② 紧急制动特性不变。当自动制动阀紧急制动时，列车管压力降到零，切控阀下膜板活塞只受到工作风缸的压力，使上下膜板活塞上移。但是进入切控阀的作用管压力是通过 14a

由自分配阀作用管传递而来的，由于受到紧急限压阀的限定，故其压力只能达到450 kPa。当紧急制动时，切控阀内连通作用阀的0.4 L的气室对制动缸升压时间的影响很小，所以加装切控阀后在紧急制动时制动缸的压力值和升压时间基本不受影响，即紧急制动的特性不变。

③ 单独制动作用性能不变。单独制动阀施行单独制动时，由于单独作用管的压力不经过分配阀而直接向作用阀充风使机车产生制动作用，所以加装切控阀后单独制动作用的性能不变。

5. 故障处理

当机车运行途中切控阀发生故障时，可摘出切控阀的供气阀，用木塞堵住切控阀的排风口，使切控阀失去作用（相当于14a与14b对接），使机车制动缸的升压量与列车管的减压量仍按2.5∶1的关系变化。

活动 4.4.7 认知气电制动联锁装置

加装气电制动联锁装置的目的是：当机车施行电阻制动并又使用自动制动阀对列车施行空气制动时，自动降低机车制动缸的压力或完全切除空气制动机对机车的作用，避免机车制动力过大而发生滑行。

气电制动联锁装置是由一个二位三通（主阀口A、主阀口P、排风口）常开式电磁阀，串接在变向阀连通作用风缸、分配阀作用管的管路上，如图4–53所示。

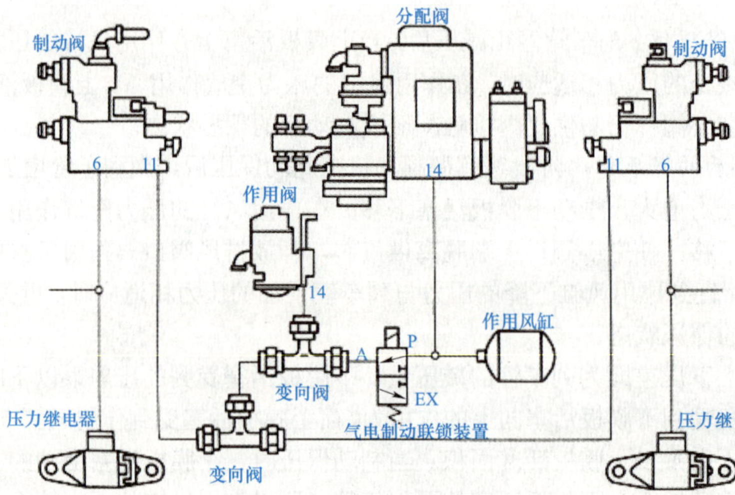

A—主阀口A；P—主阀口P；EX—排风口；14—作用风缸管；6—撒砂管；11—单独作用管。

图4–53 气电制动联锁装置的位置

当机车未施行电阻制动时，该常开式电磁阀因失电其主阀口呈开启状态，主阀口P通主阀口A，排风口关闭。这时使用空气制动，自动制动阀操纵列车管的压力变化，由分配阀来的压力空气经分配阀作用管、作用风缸、气电制动联锁装置、变向阀通往作用阀，使机车得到制动或缓解作用（相当于未装设该装置）；当机车施行电阻制动时，气电制动联锁装置得电，主阀口关闭（主阀口P不通主阀口A），排风口开启（主阀口A通排风口），分配阀作用管不与作用阀连通，则分配阀的作用被切除，列车管的减压对机车不起作用，制动缸的压力为零。若自动制动阀施行常用制动后再施行电阻制动，因气电制动联锁装置得电（主阀口A通排风口），机车制动缸压力将自动缓解为零。

由于气电制动联锁装置加装在分配阀作用管的一侧，所以单独制动阀的操纵不受其影响。当施行电阻制动时，若需要增加机车制动力，可将单独制动阀置于制动区，但是机车制动缸压力不得大于 150 kPa，否则机车将会发生滑行。

任务 4.5 认知作用阀

任务引入

作用阀的作用是根据作用风缸或单独作用管内空气压力的变化，控制机车制动缸的充风或排风，使机车得以制动、保压或缓解作用。作用阀由哪些部件组成？各部件的作用原理是什么？如何实现作用阀的功能？

活动 4.5.1 认知作用阀的结构

作用阀的外形如图 4-54 所示。该阀采用了空心阀杆结构，其供风能力大，灵敏度比较高。

图 4-54 作用阀的外形

作用阀由作用活塞、缓解弹簧、空心阀杆、供气阀、阀体、管座等组成，其结构如图 4-55 所示。管座上连接 3 条管路：总风缸管（3）、制动缸管（12）和通往变向阀的作用风缸管（14），如图 4-56 所示。

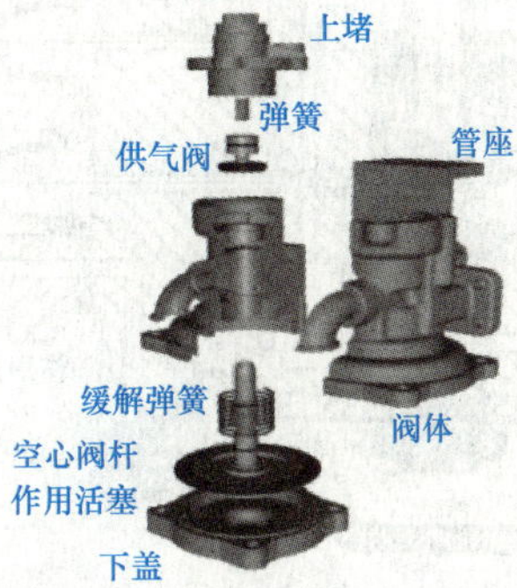

图 4-55 作用阀的结构

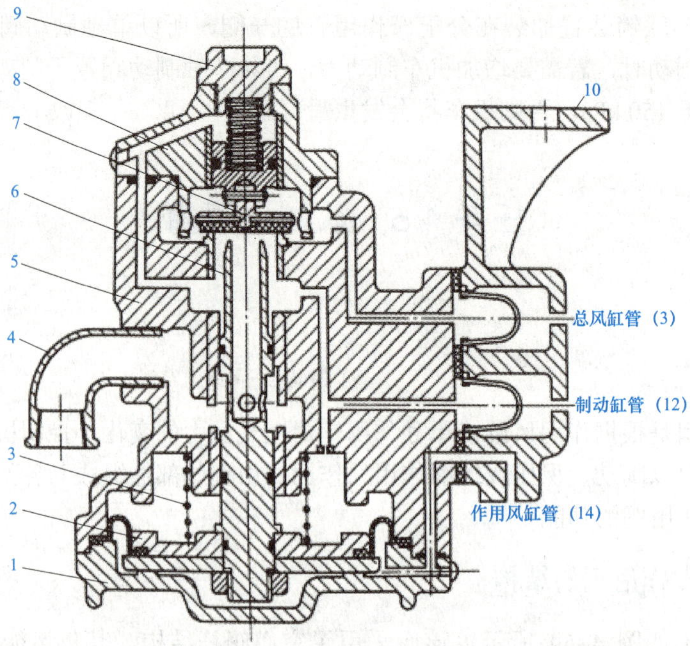

1—下盖；2—作用活塞；3—缓解弹簧；4—排风弯头；5—阀体；6—空心阀杆；7—供气阀；8—上盖；9—上堵；10—管座。

图 4–56　作用阀管座上连接的 3 条管路

活动 4.5.2　认知作用阀的工作原理

作用阀共有三个作用位置。

1. 缓解位

当作用活塞下方压力空气排向大气时，作用活塞连同空心阀杆下移，开放排风口，使制动缸内压力空气经排风口排向大气，机车缓解，如图 4–57 所示。

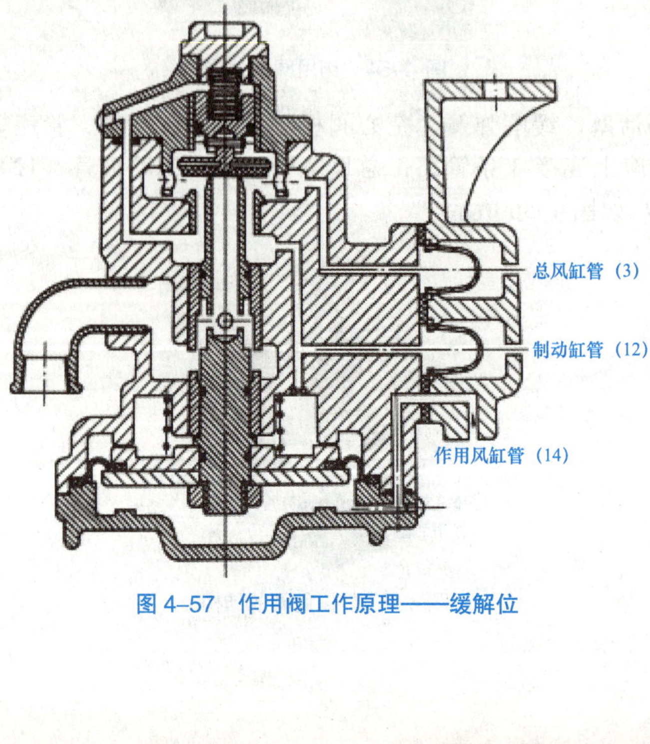

图 4–57　作用阀工作原理——缓解位

2. 制动位

当作用活塞下方压力增加时，压力空气推动活塞连同空心阀杆上移，顶开供气阀，总风缸压力空气经供气阀口向制动缸充风，同时也经缩口风堵向作用活塞上方充风，如图 4–58 所示。

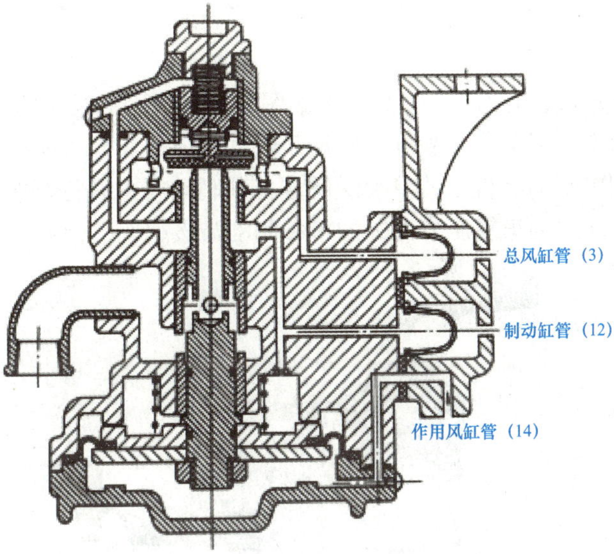

图 4–58　作用阀工作原理——制动位

3. 保压位

随着制动缸压力的不断上升，作用活塞上方压力也上升。当作用活塞上下压力平衡时，空心阀杆在弹簧的作用下往下移，使供气阀口关闭（排风阀口仍关闭），呈制动后保压状态，如图 4–59 所示。

在保压位时，若制动缸及其管路有漏泄，作用活塞会因上下两侧压力失衡而上移，重新开启供气阀口，向制动缸补充压力空气。当补充完成后，作用活塞下移，仍呈保压位。

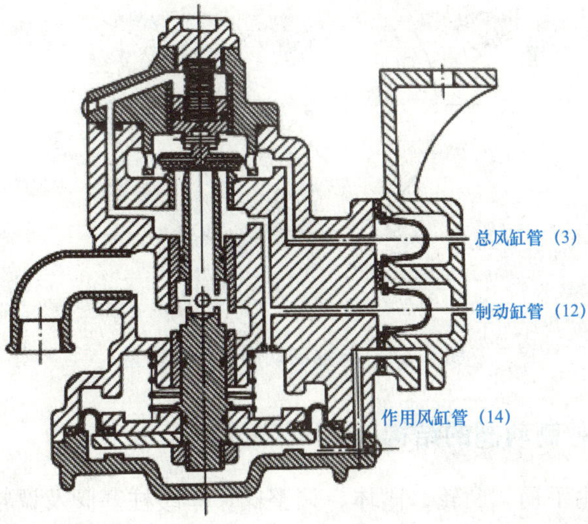

图 4–59　作用阀工作原理——保压位

任务 4.6　认知单独制动阀

任务引入

单独制动阀简称单阀，俗称小闸，其外形如图 4–60 所示，主要用于机车的单独制动与缓解，而与列车管压力变化无关。单独制动阀属于自动保压式阀，可操纵机车的阶段制动或阶段缓解，还可实现列车制动后机车的单独缓解。单独制动阀由哪些部件组成？各部件的工作原理是什么？如何实现与列车管压力无关的单独制动与缓解？

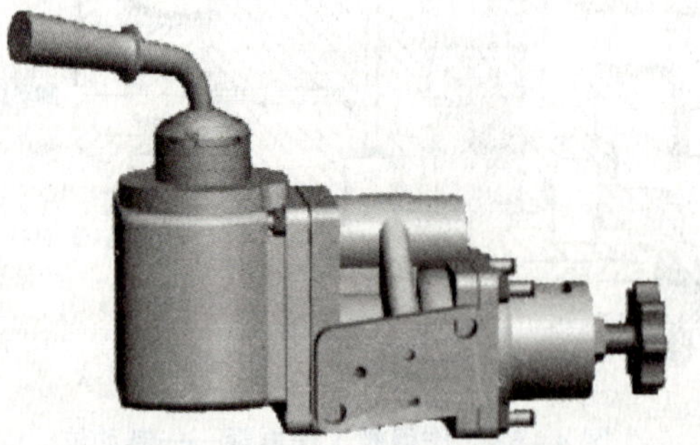

图 4–60　单独制动阀的外形

活动 4.6.1　认知单独制动阀的作用位置

单独制动阀有三个作用位置，即单独缓解位、运转位、全制动位，运转位到全制动位之间为制动区，如图 4–61 所示。当手柄置于单独缓解位时，由于受到复原弹簧的作用，只要松开手柄，它便自动回到运转位。

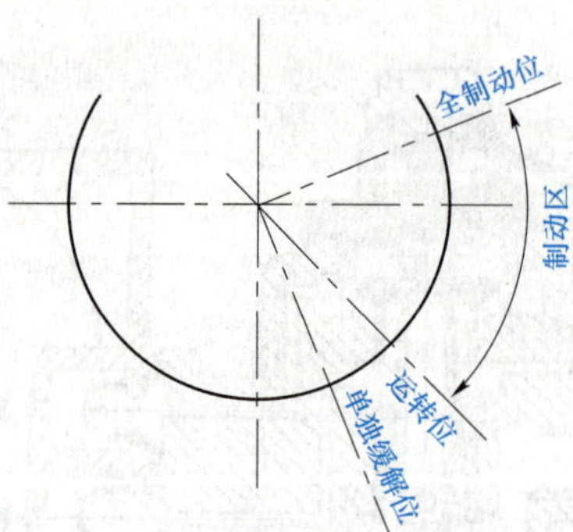

图 4–61　单独制动阀的作用位置

活动 4.6.2　认知单独制动阀的结构

单独制动阀主要由手柄、凸轮、阀体、调整阀、单缓柱塞阀及调整弹簧等组成，其结构如图 4–62 所示。其阀体连接于自动制动阀的阀体上，并与自动制动阀管座上的有关管路连接，其上配有三条管路，即总风缸管（3）、接工作风缸的单独缓解管（10），以及接变向阀的单独作用管（11）。

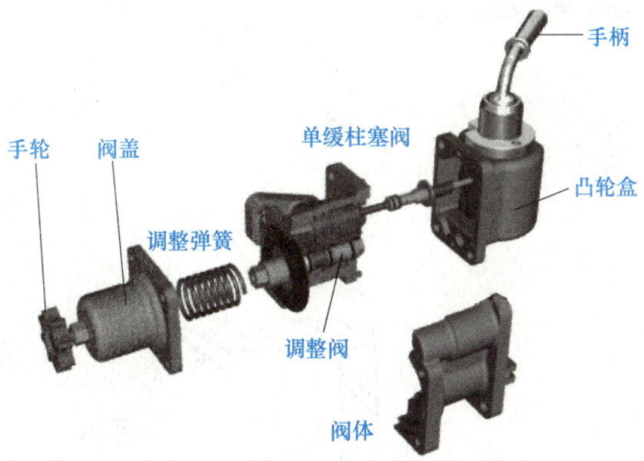

图 4–62　单独制动阀的结构

1. 手柄与凸轮

单独制动阀的手柄装于转轴上端，为单独制动阀的操纵机构。由于盖板的限制，手柄只能在运转位装入或取出，以避免在非操纵端产生误动作。转轴上装有三个凸轮，均装在凸轮盒内，其上部为单缓凸轮，用于控制单缓柱塞的动作；中间为定位凸轮，与定位柱塞配合使用，可将制动区分成若干个级，每级对应一个制动缸压力；下部为调整阀凸轮，用于控制调整柱塞阀的动作。单独制动阀的整体结构如图 4–63 所示。

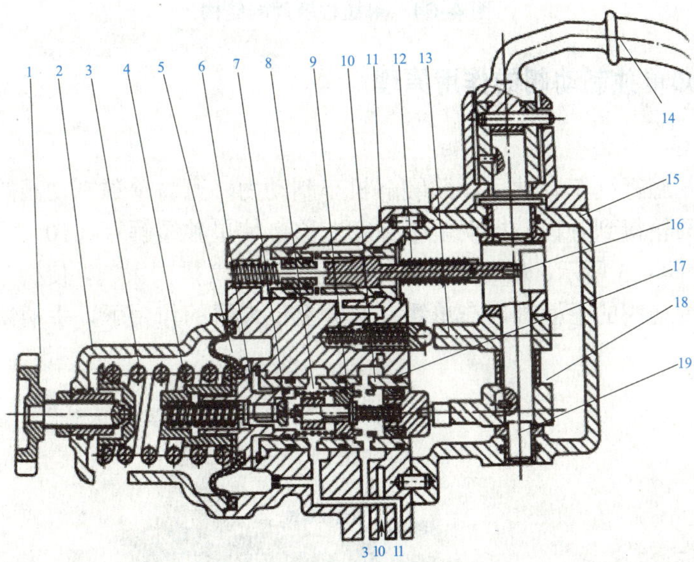

1—手轮；2—阀盖；3—调整弹簧；4—排风阀弹簧；5—调整阀膜板；6—调整阀座；7—排风阀；8—供气阀；9—调整阀柱塞；10—供气阀弹簧；11—阀体；12—单缓柱塞阀；13—定位凸轮；14—手柄；15—凸轮盒；16—单缓凸轮；17—O 形密封圈；18—调整阀凸轮；19—凸轮转轴。

管路号：3—总风缸管；10—单独缓解管；11—单独作用管。

图 4–63　单独制动阀的整体结构

2. 调整阀

调整阀用来调整单独作用管（11）的最高充风压力，并控制其压力变化，使机车产生或消除单独制动作用。

调整阀主要由手轮、调整弹簧、调整阀膜板、调整阀座、调整阀柱塞、排风阀弹簧、排风阀、供气阀弹簧、供气阀等组成。

3. 单缓柱塞阀

单缓柱塞阀用来排出单独缓解管（10）内（也就是工作风缸内）的压力空气，当列车制动时，使机车产生单独缓解作用。

单缓柱塞阀主要由单缓柱塞阀弹簧、单缓柱塞、定位片、弹簧胀圈、O 形密封圈等组成，如图 4–64 所示。

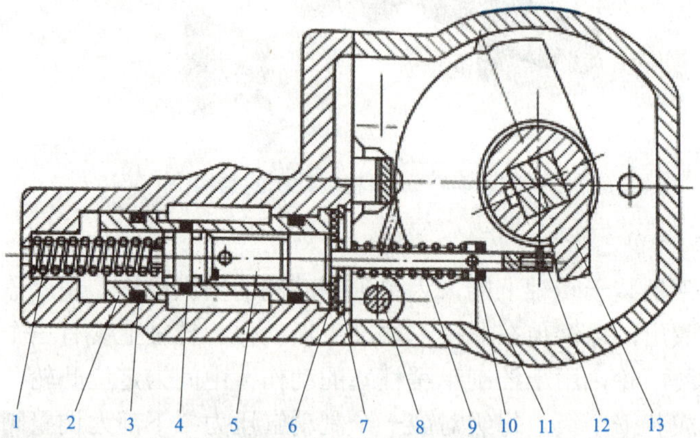

1—单缓柱塞阀弹簧；2—单缓阀套；3、4—O 形密封圈；5—单缓柱塞；6—定位片；7—弹簧胀圈；8—转销；9—单缓弹簧；10—弹簧挡圈；11—开口销；12—柱塞头；13—单缓凸轮。

图 4–64 单缓柱塞阀的结构

活动 4.6.3 认知单独制动阀的作用原理

1. 单独缓解位

当自动制动阀施行列车制动后，欲缓解机车制动力，可将单独制动阀的手柄推向单独缓解位，此时单缓凸轮得到升程，推动单缓柱塞左移，使单独缓解管（10）经单缓柱塞的凹槽与大气相通，如图 4–65 所示，从而把工作风缸的压力空气排向大气，使机车制动力得到单独解。当松开单独制动阀的手柄时，在单缓柱塞阀复位弹簧的作用下，手柄恢复到运转位，单独缓解作用中断。

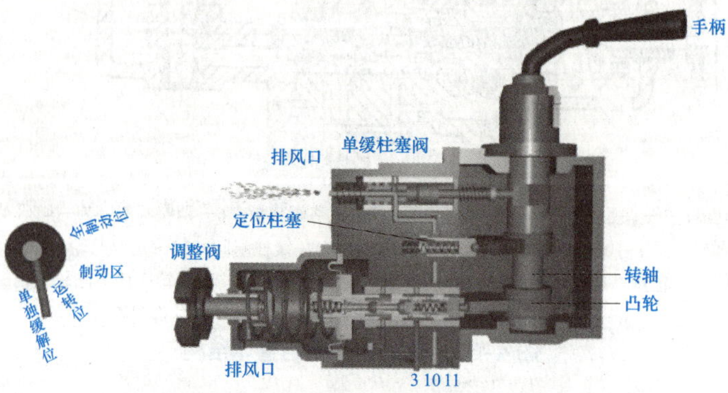

管路号：3—总风缸管；10—单独缓解管；11—单独作用管。

图 4–65 单独制动阀工作原理——单独缓解位

2. 运转位

将单独作用阀的手柄置于运转位时，调整阀凸轮得到一个降程，调整阀柱塞在单独作用管（11）内的压力空气作用下处于最右端，使供气阀口处于关闭状态，排风阀在其弹簧力的作用下使排风阀口开启，单独作用管（11）内的压力空气经排风阀口排向大气，使机车制动得到缓解，如图 4–66 所示。

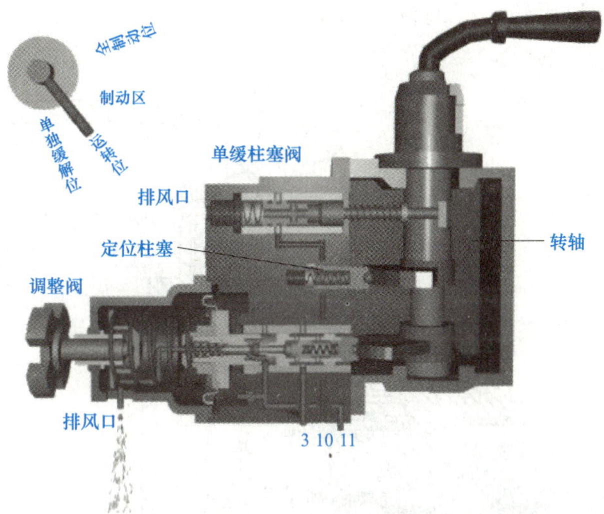

管路号：3—总风缸管；10—单独缓解管；11—单独作用管。

图 4–66 单独制动阀工作原理——运转位

3. 制动区

将单独作用阀的手柄置于制动区，调整阀凸轮得到一个升程，推动调整阀柱塞左移一段距离，供气阀在其弹簧力的作用下随之左移，并推动排风阀左移，压缩排风阀弹簧，关闭排风阀口，随之供气阀口被开启，总风经供气阀口进入单独作用管（11），并经缩口进入调整阀膜板右侧，如图 4–67 所示。单缓柱塞阀的位置与运转位相同，无通路。

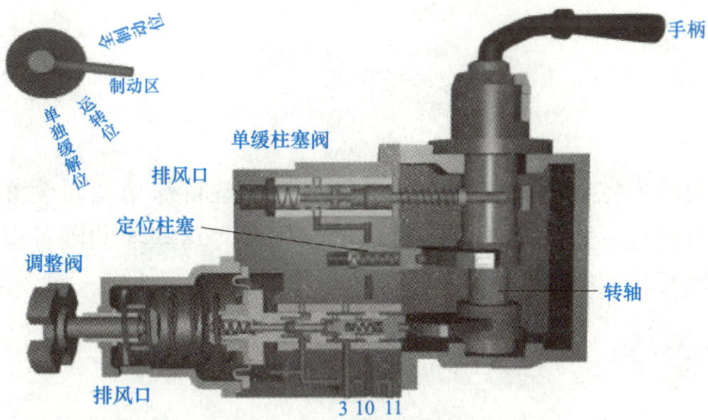

管路号：3—总风缸管；10—单独缓解管；11—单独作用管。

图 4–67 单独制动阀工作原理——制动区

当调整阀膜板右侧压力与左侧弹簧作用力达到平衡时，调整阀膜板与调整阀座停止移动，供气阀在其弹簧作用下关闭供气阀口，此时供气阀杆端部仍和排风阀顶部接触，排风阀仍处于关闭状态，单独作用管停止增压。当机车制动缸压力升至与单独作用管压力相等时，作用阀自动呈保压状态，使机车单独制动后形成保压，如图 4–68 所示。

若单独作用阀的手柄在制动区阶段右移，机车可阶段制动。若单独作用阀的手柄在制动区阶段左移，机车可阶段缓解。当单独作用阀的手柄移置全制动位时，机车制动缸压力规定为 300 kPa，该压力可通过手轮进行调整。

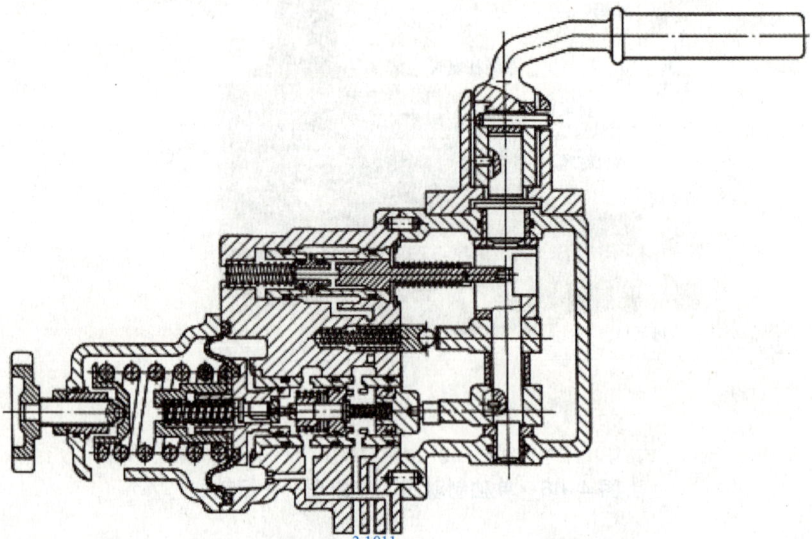

管路号：3—总风缸管；10—单独缓解管；11—单独作用管。

图 4–68　单独制动阀工作原理——制动后保压位

任务 4.7　认知辅助阀

任务引入

制动机的辅助阀是为完成制动机本身不能完成的一些特殊功能而设置的，它包括变向阀、重联阀、机车无动力装置、紧急制动阀、管道滤尘器等。这些辅助阀各有什么作用？它们结构怎样？是如何实现其功能的？

活动 4.7.1　认知变向阀

1. 作用

变向阀又称换向阀，是改换气流通路的装置。在 JZ–7 型空气制动机的管路系统中，设有两个变向阀：一个用于转换两端单独制动阀对作用阀的控制，即两端单独制动阀不能同时对作用阀进行操纵，称为单独作用管变向阀（也叫作第一变向阀）；另一个用于转换自动制动阀和单独制动阀对作用阀的控制，即自动制动阀和单独制动阀不能同时去操纵作用阀，称为作用风缸管变向阀（也叫作第二变向阀）。变向阀的位置如图 4–69 所示。

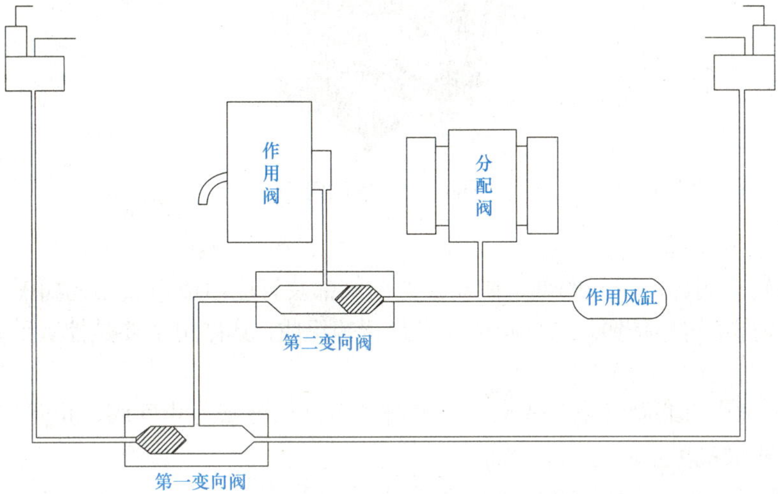

图 4–69　变向阀的位置

2. 结构与工作原理

变向阀主要由阀体、阀盖、柱塞及 O 形密封圈组成，其结构如图 4–70 所示。

当压力空气由变向阀的一端充入时，便将其柱塞推向另一端，柱塞端部的 O 形密封圈被紧压在阀体或阀盖的锥形密封面上，将另一端的通路堵塞。

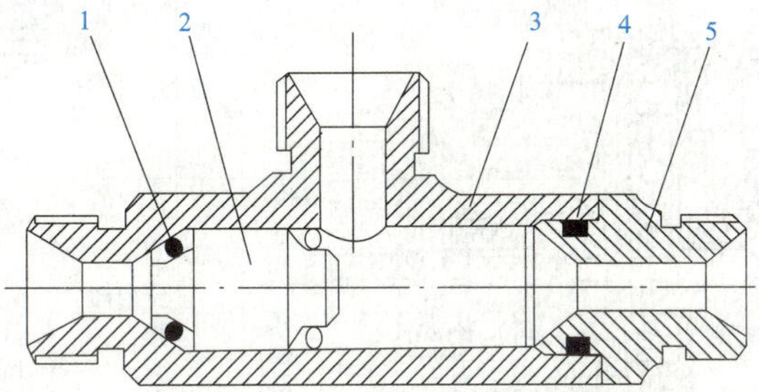

1、4—O 形密封圈；2—柱塞；3—阀体；5—阀盖。

图 4–70　变向阀的结构

活动 4.7.2　认知重联阀

1. 作用

重联阀（见图 4–71）是专为双机或多机重联牵引而设置的，其作用是当列车制动或缓解时使重联补机的制动、缓解作用与本务机车完全步调一致。若本务机车与重联补机发生断钩分离，它能使本务机车和重联补机均处于制动状态，并使重联补机的制动缸管接受所在机车的分配阀或单独制动阀的控制，起到分离保护作用。

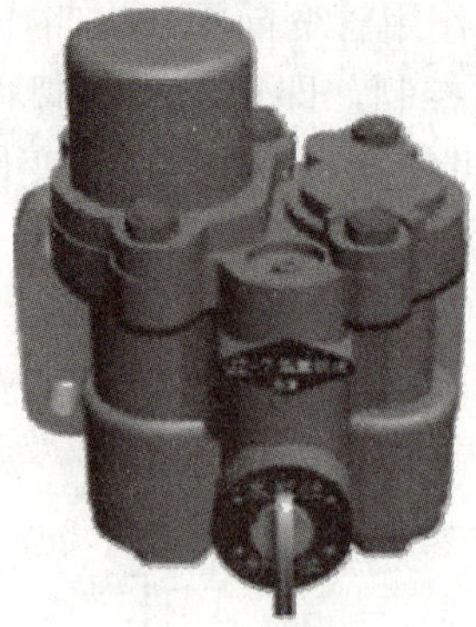

图 4–71　重联阀

2. 结构

重联阀由转换阀部、重联阀部、制动缸遮断阀部及管座组成，其结构如图 4–72 所示。

① 转换阀部由转换按钮、二位阀柱塞及弹簧等组成，其作用主要是控制重联阀部的作用位置。

② 重联阀部由重联阀活塞、重联阀活塞杆、重联阀弹簧、止回阀、止回阀弹簧等组成，其作用主要是构成机车重联时的制动通路。

③ 制动缸遮断阀部由遮断阀活塞、遮断阀活塞杆、遮断阀弹簧、止回阀及止回阀弹簧等组成，其作用主要是确保重联机车发生断钩分离时的制动作用。

④ 管座上共装有五根管，即总风缸管（3）、制动缸管（12）、平均管（27）、连通变向阀的分配阀作用管（14a）及连通作用阀的作用管（14b）。

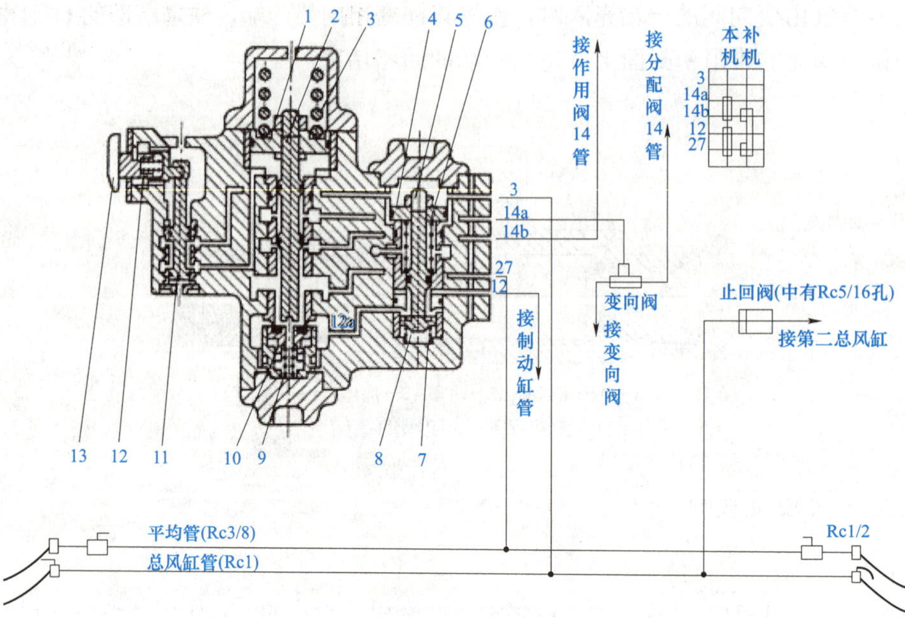

1—重联阀活塞；2—重联阀活塞杆；3—重联阀弹簧；4—遮断阀活塞；5—遮断阀活塞杆；6—遮断阀弹簧；
7、9—止回阀弹簧；8、10—止回阀；11—二位阀柱塞；12—弹簧；13—转换按钮。
管路号：3—总风缸管；12—制动缸管；27—平均管；14—作用管。

图 4–72　重联阀的结构

3. 作用位置

重联阀有两个作用位置：本务机车位、重联补机位。

1）本务机车位

本务机车位简称重本位，即本务机车转换按钮放置的位置。

在本务机车位时，二位阀柱塞在上端，使重联阀活塞的下方经二位阀下方的孔与大气相通，在重联阀弹簧的作用下，重联阀活塞位于下方，开启重联阀部止回阀，有以下两条通路：

① 分配阀作用管（14）→变向阀→进重联阀的作用管（14a）→重联阀活塞杆凹槽→出重联阀的作用管（14b）→作用阀。

② 制动缸管（12a）→重联阀止回阀口→平均管（27）。

同时，遮断阀活塞上方的总风缸管（3）将活塞压于下端，并压开下部的止回阀，使制动缸管（12）与（12a）连通，通路为：制动缸管 12→12a。

2）重联补机位

重联补机位简称重补位，即重联补机转换按钮放置的位置。

在重联补机位时，二位阀柱塞在下端，柱塞凹槽连通总风缸管（3）与重联阀活塞下方的通路。从总风缸管（3）来的压力空气经二位阀柱塞凹槽到重联阀活塞下方，使重联阀活塞位于上方，止回阀在其弹簧作用下关闭阀口，平均管（27）经活塞杆下方连通作用阀的作用管（14b），重联阀在重补位只有一条通路：平均管（27）→作用管（14b）。

遮断阀部位置同上，其活塞在下端，止回阀开启，通路为：制动缸管 12→12a。

4. 作用原理

当机车为双机重联或多机重联牵引时，本务机将转换阀按钮放在本务机车位，自动制动阀和单独制动阀的手柄均置于运转位。重联补机将转换阀按钮放在重联补机位，自动制动阀的手柄置于手柄取出位，单独制动阀的手柄置于运转位，并取出手柄。

重联机车制动的作用原理是两台机车重联时，将本务机的制动缸管（12）经重联阀、平均管（27），与补机作用阀的作用管（14b）相连，使两台机车产生统一的制动、缓解作用。

1）本务机自动制动阀施行常用制动

由于列车管减压，本务机和补机的分配阀都动作。

对于本务机，本务机分配阀作用管 14→变向阀→14a→重联阀柱塞凹槽→14b→本务机作用阀，使作用阀发生作用，总风缸压力空气流向本务机制动缸管，本务机产生制动作用。

补机分配阀也相应动作：补机分配阀作用管 14→变向阀→14a，但因 14a 被重联阀柱塞的凹槽遮断而不通 14b，补机的作用阀不受补机分配阀的控制。由于本务机制动缸经重联阀（重本位）与平均管（27）相连，又经补机重联阀（重补位）与补机作用阀的作用管（14b）相连，因此，总风缸压力空气通路如下：总风缸管（3）→作用阀供气阀口→本务机制动缸管（12）→重联阀制动缸遮断阀止回阀口→12a→重联阀止回阀口→本务机平均管（27）→补机平均管（27）→补机重联阀活塞杆下方→补机作用阀的作用管（14b）→补机作用阀，使补机作用阀也处于制动位。补机总风缸压力空气经作用阀供气阀口流向补机制动缸管（12），于是本务机和补机都产生同步的制动作用。

2）列车制动后自动制动阀施行列车缓解

由于列车管增压，本务机分配阀产生缓解作用（补机的分配阀虽然也动作，但补机的作用阀不受补机分配阀的控制），分配阀作用管（14）的压力空气经主阀排风口排向大气。

由于本务机重联阀（重本位）连通 14a→14b，本务机作用阀作用管（14）的压力空气经14b→本务机重联阀→14a→变向阀→分配阀作用管 14 排向大气，本务机制动缸管（12）的压力空气经作用阀空心阀杆排向大气，本务机得到缓解。

由于本务机制动缸压力下降，补机作用阀作用管（14）的压力空气经 14b→重联阀（重补位）→补机平均管（27）→本务机平均管（27）→本务机重联阀止回阀口→12a→制动缸遮断阀止回阀口→12→本务机作用阀空心阀杆排风口排向大气，使补机的作用阀处于缓解位。补机制动缸管（12）的压力空气经补机作用阀空心阀杆排风口排向大气。因此，补机与本务机得到同步的缓解作用。

3）本务机用单独制动阀来操纵机车的制动和缓解

单独制动阀操纵时，列车管的压力不产生变化，分配阀不发生动作。本务机单独作用管（11）的压力空气经变向阀进入重联阀的作用管（14a），再由重联阀出来的作用管（14b）去控制作用阀的动作。由于补机重联阀在重补位，14a 不通 14b，补机作用阀的动作由本务机制动缸的压力所控制。

与自动制动阀操纵时相比较，二者不同的是：在制动时，本务机重联阀的管路 14a 中的压力空气不是由分配阀作用管（14）来的，而是由单独作用管（11）来的；在缓解时，本务机重联阀的管路（14a）的压力空气不是经分配阀主阀的排风口排向大气，而是经单独制动阀调整部的排风口排向大气。

4）列车制动后施行机车单独缓解

当列车制动后施行机车单独缓解时，本务机分配阀的工作风缸压力下降（排风路径：23→10→EX），本务机分配阀主阀处于缓解位。

本务机作用阀作用管（14）中的压力空气经 14b→本务机重联阀→14a→变向阀→分配阀作用管（14）→分配阀主阀排风口排向大气。本务机制动缸管（12）中的压力空气经作用阀排风口排向大气，本务机缓解。

由于本务机制动缸压力下降，补机作用阀作用管（14）中的压力空气经 14b→补机重联阀→平均管（27）→本务机重联阀→12a→本务机作用阀空心阀杆排风口排向大气。经补机作用阀的作用，补机制动缸中的压力空气经制动缸管（12）→补机作用阀排风口排向大气，从而使补机缓解。

注意：在列车制动后施行机车单独缓解时，补机分配阀工作风缸的空气压力并没有下降。

重联阀作用位置的通路如表 4–1 所示。

表 4–1 重联阀作用位置的通路

重联阀	转换阀部		重联阀部			遮断阀部		
	柱塞位置	通路	活塞位置	止回阀	通路	活塞位置	止回阀	通路
重本位	上端	重联活塞下方→EX	下端	开	14a→14b 12a→27	下端	开	12→12a
重补位	下端	3→重联活塞下方	上端	关	27→14b	下端	开	12→12a

5. 机车断钩分离时的保护作用

列车运行中，一旦发生重联机车断钩分离事故，则两机车连接的列车管（2）、总风缸管（3）和平均管（27）均会被拉断，列车管迅速排风，由于重联阀的作用，本务机和补机都会发生制动作用。

断钩分离时，总风缸的止回阀可避免紧急风缸的压力空气流失。重联阀的制动缸遮断阀部动作，遮断阀活塞升起，其止回阀关闭，防止制动缸的压力空气经制动缸管（12）→平均管（27）排向大气，保证了本务机的安全。由于总风缸管（3）的压力下降，使补机重联阀的活塞移至下端，自动地转为本务机车位，使 14a 和 14b 沟通，并遮断了 14b 与平均管（27）的通路，补机分配阀所产生的作用管（14）压力空气经变向阀→14a 一重联阀→14b→补机作用阀，产生制动作用。此时补机制动缸遮断阀止回阀也关闭，从而保证了补机分离后的制动作用。

断钩时重联阀的通路如表 4–2 所示。

表 4–2 断钩时重联阀的通路

遮断阀部			本务机重联阀部		补机重联阀部		
作用位	活塞位置	止回阀	通路	通路	活塞位置	止回阀	通路
运行时	下端	开	12→12a	14a→14b （12）→12a→27	上端 （重补位）	关	27→14b
断钩时	上端	关	12 不通 12a	14a→14b	下端 （转重本位）	开	14a→14b 12 不通 12a

6. 注意事项

① 机车重联牵引时，本务机和补机的分配阀列车管塞门都应开启，当发生断钩机车分离时，重联阀能使每台机车的作用阀接受所在机车的分配阀和单独制动阀的控制，起到分离保护作用。

② 总风缸管除经止回阀与总风缸连接外，不得再与其他管路连通。

③ 当无动力机车挂在机后一位时，可与本务机接通总风缸管（3）和平均管（27），重联阀置于重补位。当无动力机车编在列车中部或后部时，须把重联阀置于重本位，经重联阀将 14a 与 14b 连通，并开放无动力装置塞门和分配阀列车管塞门，关闭总风缸管和平均管两端折角塞门。

④ 除了补机和机后一位的无动力机车可将重联阀放在重补位外，其他机车的重联阀都应放在重本位。因为重联阀串接在变向阀与作用阀之间，误放重补位会造成制动时机车制动缸无压力。

⑤ 当两台机车联挂在一起时，若不接通平均管，则后台机车的制动和缓解作用由列车管的压力变化决定。当前台操纵机车施行单独制动阀制动时，只有前台机车制动。

活动 4.7.3 认知机车无动力装置

1. 作用

当机车无火回送时，其空气压缩机不能运转，须将机车无动力装置开放，使机车能与其他车辆一样产生制动与缓解作用。

2. 结构

机车无动力装置由滤尘止回阀和截断塞门组成，连接在机车上的列车管与总风缸管之间。当开通截断塞门时，列车管的压力空气经滤尘止回阀充入总风缸。此时总风缸在机车制动装置中相当于副风缸。滤尘止回阀的结构如图 4–73 所示。

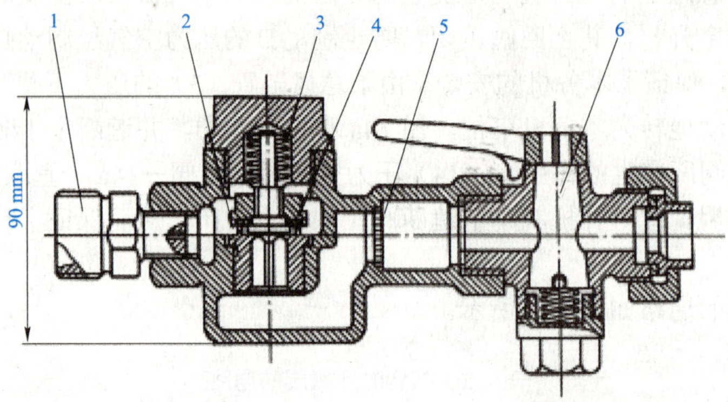

1—阻流塞；2—止回阀座；3—止回阀弹簧；4—止回阀；5—滤尘器；6—截断塞门。

图 4–73 滤尘止回阀的结构

由列车管来的压力空气，经滤尘器除去其中所含机械杂质后推开止回阀，再经阻流塞的缩孔（ϕ3.2 mm）充入总风缸内。其中，设置止回阀是为了防止列车管减压时，总风缸的压力空气向列车管逆流。止回阀上部设有弹簧，其调整压力为 140 kPa。所以当列车管定压为 500 kPa 时，充入总风缸的最大压力应为 360 kPa。设置阻流塞是为了防止当列车管向总风缸充风时，因总风缸容量大而使列车管压力骤然下降而发生自然制动。

3. 注意事项

当机车无火回送时，除开放本装置外，还必须对制动机做如下处理：

① 将两端自动制动阀的手柄置于手柄取出位并取出手柄。

② 将两端单独制动的手柄置于运转位并取出手柄。

③ 将常用限压阀限制压力调至 250 kPa。

活动 4.7.4 认知紧急制动阀

1. 作用

紧急制动阀是空气制动装置中的安全设施。当制动机操纵失灵或乘务员发现特殊情况需要立即停车而又来不及通知司机时，可使用紧急制动阀。

紧急制动阀的作用，是使列车管的压力空气通过该阀直接而迅速地排向大气，从而使机车和车辆发生紧急制动作用。

2. 结构

紧急制动阀由手柄、曲柄、阀体、阀座等组成，其结构如图 4–74 所示。紧急制动阀的开启和关闭，是通过手柄带动偏心轮来完成的。当手柄朝上时，偏心轮使阀紧压在阀座上，关闭阀口；当拉动手柄让其朝下时，偏心轮便松开阀，因而列车管的压力空气通过阀口经阀体上的一圈小孔排向大气。

活动 4.7.5　认知管道滤尘器

管道滤尘器是防止压力空气中的机械杂质进入制动机而影响各阀正常工作的设备，其结构如图 4–75 所示。

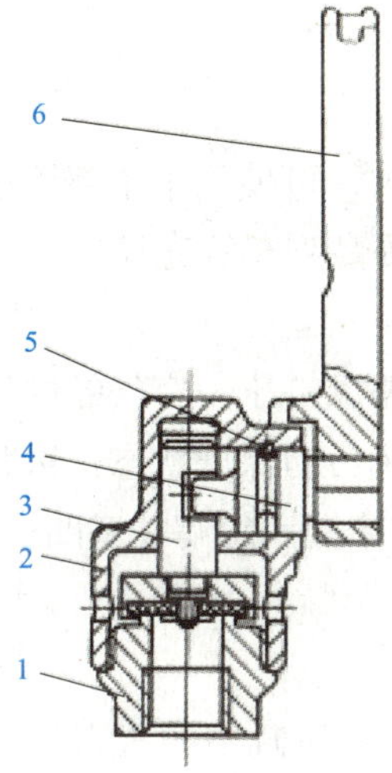

1—阀座；2—阀体；3—阀；4—曲柄；
5—圆销；6—手柄。

图 4–74　紧急制动阀的结构

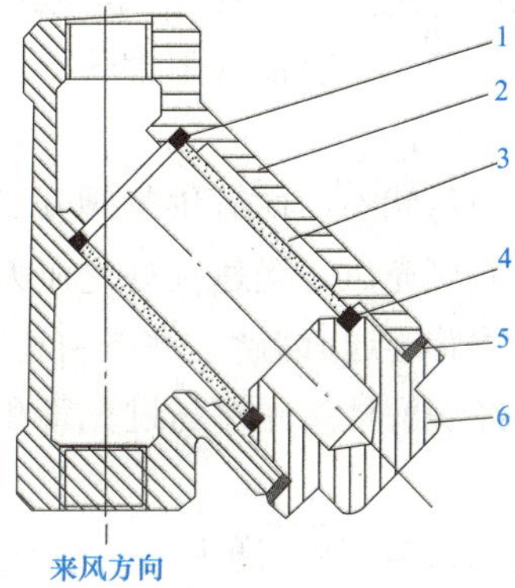

1、4—O 形密封圈；2—体；3—滤芯；
5—垫；6—盖。

图 4–75　管道滤尘器的结构

在通往制动阀、中继阀、分配阀的总风缸支管上，均装有管道滤尘器。上述三处的管道滤尘器的结构基本相同，仅在规格上和滤芯的材料上有所差别。

制动阀处：规格——Rc3/8，单位为英寸。
　　　　　滤芯材料——青铜珠烧结。

中继阀处：规格——Rc1
　　　　　滤芯材料——铜丝网。

分配阀处：规格——Rc3/4
　　　　　滤芯材料——铜丝网。

青铜珠烧结的滤芯，较铜丝网的滤尘效果更好，但其阻力大。滤芯在运用中，须定期进行清洗。清洗时，拆下盖，抽出滤芯，放在柴油中清洗。清洗完毕后，用压力空气吹净。对于青铜珠烧结的滤芯，压力空气须由里向外吹。

任务 4.8　JZ–7 型空气制动机综合制动作用

任务引入

JZ–7 型空气制动机的操纵，有将单独制动阀手柄（以下简称单阀手柄）置于运转位不动，自动制动阀手柄（以下简称自阀手柄）各位置对列车状态予以控制的自动制动作用；也有自动制动阀与单独制动阀配合，单独制动阀对机车进行单独控制的单独制动作用。本任务主要介绍这两种作用过程中 JZ–7 型空气制动机各组成部件是如何动作的，以及自阀手柄、单阀手柄在各位置时列车或机车是处于何种状态的。

活动 4.8.1　自动制动作用

1. 过充位

该位置使用在初充风或再充风，须迅速向列车管充风时，可使列车全部迅速缓解。与运转位的不同之处是，它能使列车管获得过充压力，以达到提高列车管充风速度的目的。

1）自动制动阀

调整阀呈充风状态，此时供气阀开启，排风阀关闭，总风缸压力空气经供气阀向均衡风缸及膜板活塞右侧充风，当达到规定压力后，自动处于充风后的保压状态。重联柱塞阀将均衡风缸管与中均管连通。缓解柱塞阀将遮断阀管经客货车转换阀和缓解柱塞凹槽与大气连通，并使总风缸管经缓解柱塞尾端与过充管和过充风缸连通。

2）中继阀

因总风遮断阀管（8）通大气，故总风遮断阀口开启，总风缸中的压力空气可进入双阀口式中继阀的供气阀室。因中均管使中均室同时增压，故双阀口式中继阀处于缓解充风位，满足列车管充风增压的必要条件，列车管增压。此时，因过充管获得总风缸压力空气，使过充柱塞作用在中继阀膜板柱塞左侧，列车管获得比规定压力高出 30～40 kPa 过充压力，双阀口式中继阀由缓解充风位自动转换为缓解后保压位。列车管迅速增压，使列车迅速缓解。

3）分配阀

由于列车管增压，副阀、主阀、紧急放风阀均处于缓解位，列车管向工作风缸、降压风缸、紧急风缸及各气室充风，均充到比规定压力高 30～40 kPa。同时，作用风缸压力空气经常用限压阀、紧急限压阀及主阀空心阀杆排风口排向大气，最终分配阀各部处于缓解充风位。

4）作用阀

因作用风缸压力下降，作用阀处于缓解位，机车制动缸中的压力空气由作用阀排风口排向大气，机车缓解，最终可缓解至零。

2. 运转位

该位置是当列车缓解再充风及正常运行状态时所使用的位置，其作用通路与过充位基本相同，不同之处如下。

1）自动制动阀

缓解柱塞阀遮断了总风缸压力空气经柱塞尾端向过充管和过充风缸充风的通路，过充风缸内的压力空气经其本身的小孔排向大气，其他部分与过充位相同。

2）中继阀

由于过充风缸内的压力空气逐渐消失，使过充柱塞作用在中继阀膜板柱塞左侧的附加力逐渐减小，中继阀膜板活塞两侧的压力失去平衡，进而带动顶杆左移，开启排风口，使列车管内的过充压力空气由排风口徐徐排出，待列车管恢复定压时，中继阀又自动处于缓解后的保压位。由于此过程是在过充风缸控制下进行的，所以不会引起自然制动。

3）分配阀

工作风缸及降压风缸的过充压力经副阀部的原充风通路逆流到列车管消除，紧急风缸的过充压力由原充风通路经充风限制堵逆流到列车管消除，各气室的过充压力也随之消失。其他各阀与过充位相同。

3. 常用制动区

列车运行中正常情况下停车或调整列车速度时使用此位置。常用制动区设有最小减压量位和最大减压量位，在两位置之间，随着手柄移动的位置不同，列车管可以得到不同的减压量。其各部分的作用如下。

1）自动制动阀

调整阀处于制动状态。均衡风缸和膜板活塞右侧的压力空气经排风阀口排向大气，待膜板活塞两侧压力平衡时，调整阀处于制动后的保压状态。重联柱塞阀仍连通均衡风缸管与中均管。缓解柱塞阀将遮断阀管经客货车转换阀与总风缸管连通，并将过充管与大气连通。

2）中继阀

总风遮断阀处于关闭位。由于均衡风缸减压，中继阀膜板活塞左侧中均室压力降低，所以中继阀处于制动位，列车管压力空气由排风口排向大气，列车管的减压量视均衡风缸的减压量而定，待膜板活塞两侧压力平衡时，处于制动后的保压位。

3）分配阀

副阀处于制动位，并且列车管产生局部减压作用，使主阀动作可靠，同时提高常用制动速度，缓和制动时引起的纵向冲动。降压风缸压力空气经保持阀排大气，当其压力降至与列车管等压时，副阀自动处于保压位。主阀处于制动位，总风缸压力空气由主阀供气阀口经常用限压阀充入作用风缸，当其压力增至与列车管减压量相适应时，主阀自动转换为制动后的保压位，作用风缸停止增压。当作用风缸压力增至 24 kPa 以上时，供气阀由缓解位转换为作用位，局减作用停止。当追加减压时，局减止回阀可防止局减室压力空气向列车管逆流。当作用风缸增压达常用限压值时，常用限压阀自动处于限压状态，此时主阀即使处于制动位，作用风缸也不能继续增压。

4）作用阀

作用阀因作用风缸增压而处于制动位，总风缸可向机车制动缸充风，机车制动；当制动缸压力增至与作用风缸等压时，作用阀自动处于保压位，制动缸停止增压，机车保持制动。

制动后，工作风缸没有降压，仍保持规定压力。均衡风缸、列车管、降压风缸及紧急风缸均排出了压力空气，降压后其压力仍然相同。作用风缸及制动缸均获得充风，充风后其压力相同。

若自阀手柄在制动区分阶段右移，则均衡风缸阶段降压，中继阀、分配阀、作用阀的作用也阶段控制，列车就产生阶段制动作用。

4. 过量减压位

该位置是由于制动频繁，或制动后不久列车管和副风缸还没有恢复定压又需制动时所使用的位置。该位置的作用与常用制动区基本相同，唯一不同之处是调整阀柱塞向右移动的量比常用制动区时大，因此均衡风缸与列车管的减压量自 170 kPa 增大到 240～260 kPa。

5. 手柄取出位

该位置是重联补机、无火回送机车及本务机非操纵端所使用的位置。其作用及通路如下。

1）自动制动阀

调整阀的作用与过量减压位相同，均衡风缸的减压量仍为 240～260 kPa。重联柱塞阀遮断了均衡风缸管与中均管的通路，而连通了中均管与列车管的通路。

2）中继阀

由于中均管与列车管连通（即双阀口式中继阀膜板活塞两侧连通），中继阀失去了对列车管充风和排风的控制能力，因而处于自锁状态。

6. 紧急制动位

在列车运行中，遇有紧急情况，需要紧急停车时所使用的位置。各部分作用及通路如下。

1）自动制动阀

调整阀、缓解柱塞阀的作用均同过量减压位。重联柱塞阀除将中均管与列车管连通外，还将总风缸管与撒砂管连通，使机车自动撒砂。放风阀此时开启，使列车管中的压力空气直接由放风阀口排大气，单机列车管的空气压力可在 3 s 内迅速排至零，产生紧急制动作用。

2）中继阀

处于自锁状态，既可保证列车管由放风阀正常迅速降压，又可防止中继阀膜板由于过度拉伸而缩短使用寿命。

3）分配阀

紧急放风阀处于紧急制动位，其放风阀口开启，列车管迅速排风，提高了紧急制动速度；紧急风缸压力空气经三处缩孔排风，约需 9.2 s（列车管定压为 500 kPa 时），当其压力降至小于放风阀弹簧压力时，放风阀口自行关闭；在放风阀口关闭之前，向列车管充风是不起作用的。副阀处于制动位，降压风缸压力空气经保持阀排大气，当压力降至 280～340 kPa 时停止排风。主阀处于制动位，紧急限压阀处于制动状态，常用限压阀处于限压状态后，当作用风缸仍继续增压至 450 kPa 时，紧急限压阀自动处于限压状态，作用风缸停止增压。

4）作用阀

当处于制动位时，机车制动缸压力增加，当增至与作用风缸压力相同时，处于制动后保压位，机车产生紧急制动作用。

活动 4.8.2 单独制动作用

1. 自阀手柄在运转位，单阀手柄在制动区

当单机运行或调车作业（不接风管）需减速或停车，以及需要机车单独制动时，均使用

此位置。

1）单独制动阀

当处于单独制动位时，单独作用管增压，当压力增至与调整阀凸轮升程相适应时，自动转换为保压位，单独作用管停止增压。

2）作用阀

因单独作用管增压，作用风缸管变向阀柱塞切断了分配阀与作用阀间的联系，故作用阀在单独作用管压力空气的控制下处于制动位，制动缸增压，机车制动。当制动缸压力增至与单独作用管等压时，作用阀自动转换为保压位，制动缸停止增压，机车保持制动。

若单阀手柄在制动区阶段右移，机车可得到阶段制动，当右移至全制动位时，机车制动缸达最高压力，为 300 kPa（可用调整手轮调整）。若单阀手柄在制动区阶段左移，则机车可得到阶段缓解，当左移至运转位时，机车单阀可完全缓解。

2. 自阀手柄在制动区，单阀手柄在单独缓解位

列车施行制动后，需要单独缓解机车制动力时，使用此位置。

1）单独制动阀

当处于单独缓解位时，工作风缸中的压力空气经单独缓解管由单缓柱塞阀排大气。当单阀手柄离开单独缓解位后，工作风缸才能停止降压。

2）分配阀

因工作风缸降压，导致主阀处于缓解位，作用风缸降压。

3）作用阀

当处于单独缓解位时，制动缸排风降压，制动力得到单独缓解。

操纵时，当工作风缸压力降至与列车管等压时，可将单阀手柄移回运转位。若工作风缸压力继续下降，工作风缸充风止回阀口就会开启，列车管的压力空气由单缓柱塞阀排向大气。因此在列车制动后操纵机车单独缓解时，只要使工作风缸压力降至与列车管等压即可，切不可将单阀手柄在单独缓解位停留时间过长。

此外，列车施行常用制动后，副阀处于制动后保压位，供气阀处于作用位，局减室排风通路被供气阀切断。此时若将单阀手柄推向单独缓解位，待制动缸压力完全缓解后再松开单阀手柄，则副阀作用位置不变，供气阀处于缓解位，列车管将产生局部减压作用。这相当于增大了列车管的减压量，因此牵引列车并施行常用制动后，不允许将机车制动缸压力完全缓解。

自动制动阀施行紧急制动后，再操纵机车单独缓解，须将单阀手柄推向单独缓解位，并经 12～15 s 后，主阀才能开始缓解，这一时间称为“空排时间”，压力单缓至 35 kPa 的时间为 20～28 s。

3. 自阀手柄与单阀手柄均在制动区

此时机车的制动视作用风缸管变向阀柱塞位置而定。若作用风缸压力大于单独作用管压力，则机车制动由自动制动阀控制，反之由单独制动阀控制。

为了便于学习，给出自动制动阀和单独制动阀的综合制动作用，如图 4–76 所示。

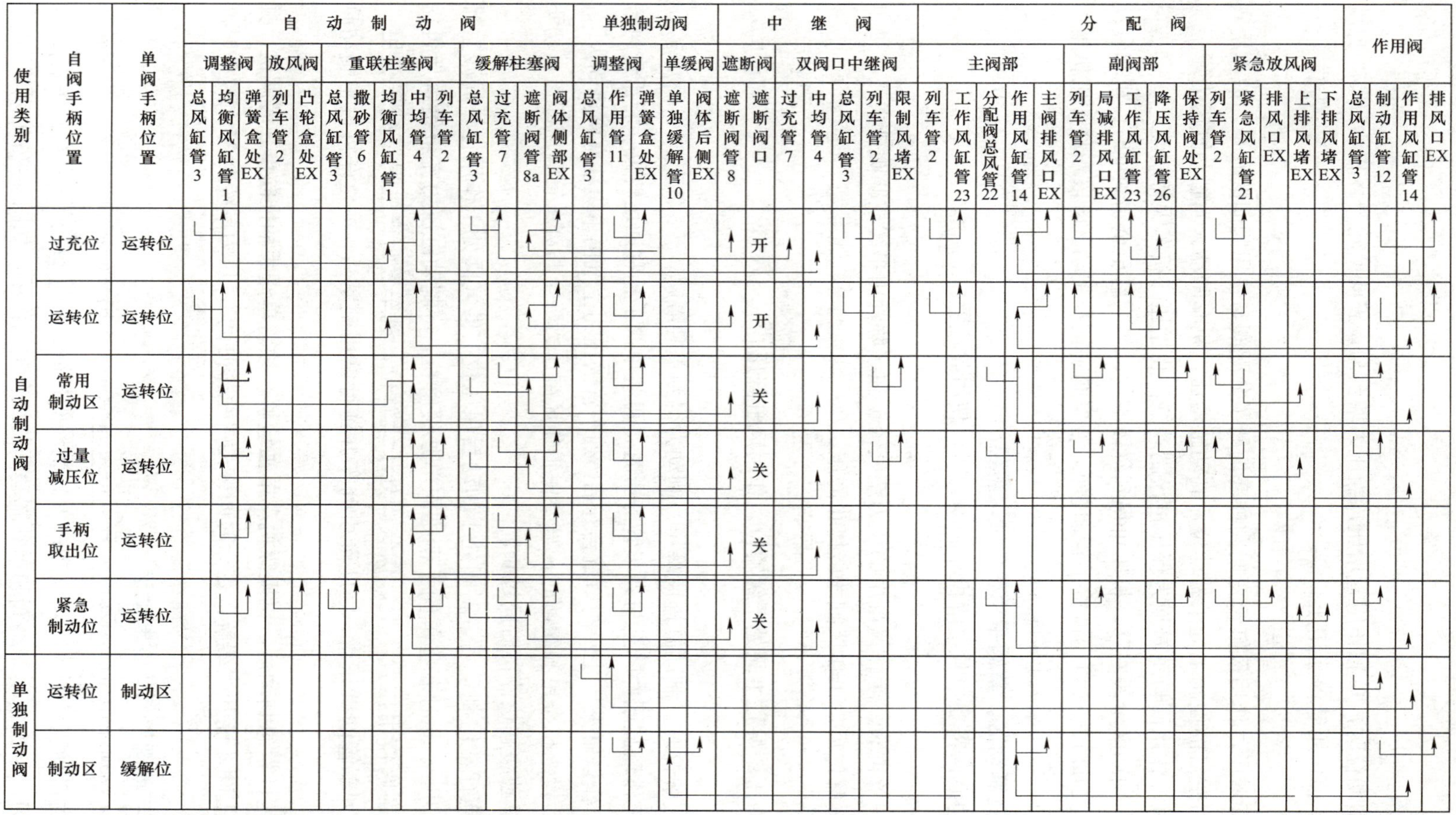

注：① 此表按货车位排出通路；

② 表中单独缓解管（10）与工作风缸管（23）、总风缸管（3）与分配阀总风管（22）分别是同一通路；

③ 作用阀的作用风缸管口是指作用阀作用活塞下侧的气压。

图 4–76　自动制动阀和单独制动阀的综合制动作用

任务 4.9　JZ-7 型空气制动机的设置与机能检查

任务引入

在机车运行之前，乘务员必须首先确认机车是作为本务机、补机还是无火回送机车，然后根据机车的运行性质，对制动机做适当的设置处理。那么该如何设置？如何做机能检查？

活动 4.9.1　制动机的设置

1. 本务机

操纵端：自阀手柄、单阀手柄均置于运转位；非操纵端：自阀手柄置于手柄取出位后取出手柄，单阀手柄置于运转位后取出手柄，以保证安全。两端自动制动阀上的客货车转换阀必须置于货车位，分配阀转换盖板置于直位。

2.补机

将机车两端自阀手柄置于手柄取出位，单阀手柄置于运转位后取出手柄，客货车转换阀置于货车位，转换盖板置于直位。对于装有重联阀的机车，将转换阀置于重补位。在与本务机连接端，连接列车管及总风缸管。

3. 无火回送机车

机车两端的自阀手柄均置于手柄取出位后取出手柄，单阀手柄置于运转位后取出手柄，客货车转换阀置于货车位，转换盖板置于直位，开放机车无动力装置塞门，并将常用限压阀调至 250 kPa，将制动缸活塞行程调至 120 mm。

4. 注意事项

① 机车正常运行中，不会发生自然制动现象，因此不必经常将单阀手柄推至单独缓解位。

② 牵引列车时，为减小纵向冲动，开始制动时，可先将单阀手柄移置单独缓解位，将工作风缸的压力空气排一些至大气，然后再把自阀手柄移到制动区进行制动。这样，不但机车制动缸压力小一些，并且机车制动缸压力上升得也稍晚一些，以减少列车的纵向冲动。

③ 当换端操纵时，必须把自阀手柄移到过量减压位，停留一段时间后再移到手柄取出位，将手柄取出后安装到另一端司机室的制动阀上。这样能保证机车在换端操纵时处于制动状态，并在换端操纵后由手柄取出位回到运转位时，不会发生制动或紧急制动现象。

活动 4.9.2　认知制动机七步闸检查方法及要求

制动机的检查，主要是根据制动机自阀手柄、单阀手柄各位置的作用，通过观察各压力表指针指示压力的变化来检查各部件的作用状态是否良好，以便发现问题、分析原因、判断故障处所。掌握七步闸检查方法，学习分析问题、解决问题的技能，为实际工作打下良好的基础。

1. 制动机七步闸检查顺序

制动机七步闸检查顺序如图 4–77 所示。

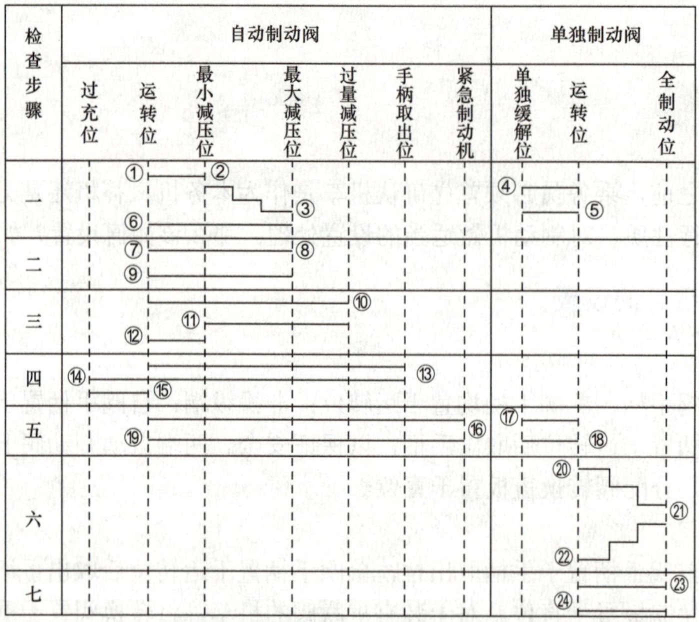

图 4–77　制动机七步闸检查顺序

2. 检查项目及要求

1）第一步

① 检查位置：自阀手柄、单阀手柄均应在运转位，客货车转换阀应在货车位，转换盖板应在直位，检查各压力表指针的位置：均衡风缸、列车管和工作风缸压力均为 500 kPa 或 600 kPa，制动缸压力为零，总风缸压力为 750～900 kPa。检查各表管有无错接现象。

② 自阀手柄移置最小减压位，列车管、均衡风缸减压 50 kPa，制动缸压力应为 125 kPa 左右；列车管泄漏量每分钟不超过 20 kPa，新造机车列车管泄漏量每分钟不超过 10 kPa。

③ 自阀手柄在制动区分 3～4 次阶段移动至最大减压位，观察阶段制动作用是否稳定、减压量与制动缸压力上升比例是否正确（1∶2.5）；当移动至最大减压位时，列车管减压量为 140 kPa 或 170 kPa，制动缸压力为 350 kPa 或 420 kPa。

④ 单阀手柄移置单独缓解位，检查单独缓解作用是否良好，制动缸压力应能缓解到 50 kPa 以下。

⑤ 单阀手柄移置运转位，检查单阀复原弹簧作用是否良好。

⑥ 自阀手柄移回运转位，检查自动制动阀缓解作用是否良好，均衡风缸及列车管压力应恢复定压，制动缸压力下降为零。

2）第二步

① 间隔 10 s 以上，待分配阀各缸、各室充满风后再制动。

② 自阀手柄移置最大减压位，检查以下两个时间：均衡风缸、列车管减压 140 kPa（或 170 kPa）的时间为 5～7 s（或 7～9 s），制动缸压力由 0 升至 350 kPa（或 420 kPa）的时间为 5～7 s（或 7～9 s）。

③ 自阀手柄由最大减压位移回运转位。制动缸的压力由 350 kPa 减至 35 kPa 或由 420 kPa 减至 35 kPa 的时间为 5～7 s 或 7～9 s；检查均衡风缸、列车管及工作风缸压力是否恢复正常。

3）第三步

① 自阀手柄移置过量减压位，均衡风缸、列车管减压量均应在 240～260 kPa，制动缸压力应为 350 kPa 或 420 kPa，不应引起紧急制动。

② 自阀手柄由过量减压位移动到最小减压位，均衡风缸压力应上升，而列车管保持原压力，检查总风遮断阀是否作用良好。

③ 自阀手柄移回运转位，检查缓解作用是否良好，各压力表的压力应恢复正常。

4）第四步

① 自阀手柄移置手柄取出位，均衡风缸减压量应是 240～260 kPa，列车管不减压，中继阀自锁作用良好。

② 自阀手柄移置过充位，检查过充作用是否良好，列车管应得到比规定压力高 30～40 kPa 的过充压力，过充风缸上的排风孔应排风，工作风缸也应有过充现象。

③ 自阀手柄移回运转位，列车管内的过充压力应能在 122 s 后自动消除，机车不应引起自然制动。

5）第五步

① 自阀手柄移置紧急制动位，列车管压力应在 3 s 内降至零，制动缸压力应在 4～7 s 内升至 450 kPa，均衡风缸减压量为 240～260 kPa，撒砂装置应自动撒砂。

② 单阀手柄移置单独缓解位，在该位置放置 12～15 s 制动缸压力开始下降，并能缓解到零。工作风缸压力应降至零。

③ 检查单独制动阀复原弹簧是否作用良好，制动缸压力不应回升。

④ 自阀手柄移回运转位，检查缓解作用是否良好，各压力表的压力应恢复正常，工作风缸压力由 0 上升至 480 kPa 的时间应为 30～50 s。

调压器作用检查：总风缸压力降到（750±20）kPa 时空气压缩机开始泵风，总风缸压力升到 900 kPa 时，空气压缩机应停止泵风。空气压缩机泵风时间：总风缸压力从 750 kPa 上升至 900 kPa，双空气压缩机的时间为 30 s 以内，单空气压缩机的时间不应超过 60 s。

6）第六步

① 单阀手柄移到制动区某处，检查单独制动作用是否良好，制动缸压力应上升。

② 单阀手柄在制动区分 2～3 次阶段移至全制动位，检查单独制动阀阶段制动作用是否稳定，制动缸压力应达 300 kPa。

③ 单阀手柄从全制动位分 2～3 次阶段移回运转位，检查单独制动阀阶段缓解作用是否稳定。

7）第七步

① 单阀手柄移置全制动位，制动缸压力由 0 上升至 280 kPa 的时间应在 3 s 以内。

② 单阀手柄移回运转位，制动缸压力由 300 kPa 下降至 35 kPa 的时间应在 4 s 以内。

项目小结

1. JZ–7 型空气制动机的组成

JZ–7 型空气制动机主要由风源部、控制部、中继部及执行部组成。本项目中重点学习控制部和中继部。

控制部为司机操纵部件，包括自动制动阀、单独制动阀及紧急制动阀；中继部为控制指令的传递部件，包括中继阀、分配阀、变向阀、作用阀等部件。另外，JZ-7 型空气制动机中还设有均衡风缸、过充风缸、降压风缸、工作风缸、紧急风缸、作用风缸及无火回送装置、管道滤尘器、双针压力表、各种塞门和手制动机、撒砂装置等部件。

2. JZ–7 型空气制动机各阀间的控制关系

（1） 控制列车

自动制动阀→均衡风缸→中继阀→列车管压力空气变化→{车辆制动机。机车分配阀→作用阀→制动缸。}

（2） 单独控制机车

单独制动阀→{作用阀→制动缸（机车单制）。分配阀→作用阀→制动缸（机车单缓）。}

复习思考题

1. JZ–7 型空气制动机自动制动阀由哪些部件及管路组成？
2. 简述自动制动阀调整阀的构造及作用状态。
3. 试述自动制动阀重联柱塞阀的构造及各位置的通路。
4. 试述自动制动阀缓解柱塞阀的构造及各位置的通路。
5. 中继阀由哪些主要部件组成？
6. 简述双阀口式中继阀缓解充风位的作用。
7. 简述双阀口式中继阀制动位的作用。
8. 简述放风阀的构造及作用。
9. 试述分配阀的作用及结构。
10. 试述分配阀主阀部的组成及主阀结构。
11. 试述分配阀主阀三个作用位置的作用。
12. 试述常用限压阀和紧急限压阀的作用。
13. 试述分配阀副阀部的组成。
14. 试述分配阀副阀各作用位置的作用。
15. 试述紧急部紧急制动位的作用。
16. 试述 B 型切控阀缓解位的作用过程。
17. 试述加装气电制动联锁装置的目的。
18. 作用阀由哪些部件组成？

19. 试述作用阀三个作用位置的作用。
20. 单独制动阀由哪些部件及管路组成?
21. 简述单独制动阀在各个作用位置的作用。
22. 试述变向阀的结构及作用。
23. 试述机车无动力装置的结构及作用。
24. 试述自动制动阀在过充位、单独制动阀在运转位的综合制动作用。
25. 试述自动制动阀在制动区、单独制动阀在运转位的综合制动作用。
26. 试述自动制动阀制动时单独制动阀在缓解位的作用及注意事项。
27. 试述制动机七步闸检查方法及要求。

项目 5
认知 DK–1 型电空制动机

（扫描二维码，获取本项目视频资源，共 16 个）

项目描述

电空制动机是指以电信号为控制指令、以压力空气为动力源的制动机。DK–1 型电空制动机广泛应用于 SS 系列电力机车上，其工作过程为"列车管充风→制动机缓解，列车管排风→制动机制动"。本项目着重介绍 SS_4 改型电力机车使用的 DK–1 型电空制动机的组成；各部件的名称、作用、工作原理、结构及拆装、检修方法；DK–1 型电空制动机的性能；DK–1 型电空制动机的作用原理及 DK–1 型电空制动机的检查、试验方法。

任务 5.1　认知 DK–1 型电空制动机的特点、组成及阀间控制关系

任务引入

DK–1 型电空制动机是 SS 系列电力机车上使用的电空制动机，主要由电气线路和空气管路两大部分组成，具有双端操纵、非自动保压、失电制动等特点。通过本任务的学习，对 DK–1 型电空制动机有一个总体认识。

活动 5.1.1　认知 DK–1 型电空制动机的特点

DK–1 型电空制动机采用电信号传递控制指令，具有以下特点：

① 双端（或单端）操纵。在双端操纵的六轴 SS_3、SS_9 型电力机车上设置一套完整的双端操纵制动机系统；而在八轴两节式 SS_4 改型电力机车上设置两套完整的单端操纵制动系统，每节机车可以单独运用，并且通过重联装置可使两节机车或多节机车重联运行。

② 非自动保压式。DK–1 型电空制动机制动减压量随着操纵手柄停留在"制动位"时间的增长而增加，直到最大减压量。操作中，若不需要产生最大减压量，则当减压量达到所需

减压量时，须将操纵手柄由“制动位”转换到“中立位”进行保压。

③ 失电制动。当电气线路或电器因故障而失电时，DK–1 型电空制动机将立即进入常用制动状态而实施制动，以保证列车运行安全。

④ 与机车其他系统配合。目前，DK–1 型电空制动机能够与列车安全运行监控记录装置、动力制动系统等进行配合，以适应高速列车、重载列车的运行需要。

⑤ 控制列车电空制动机。DK–1 型电空制动机可以较方便地对列车电空制动机实施有效控制。

⑥ 采用制动逻辑控制装置。该装置实现了机车制动控制电路的简化。

⑦ 兼有电空制动机和空气制动机两种功能。正常工作时，作为电空制动机使用；当电气线路发生故障时，由故障转换装置将其转换成空气制动机使用，以维持机车故障运行。

⑧ 其他。DK–1 型电空制动机减压准确、充风快，操纵手柄轻巧灵活，司机室内噪声小，结构简单，便于维修。

活动 5.1.2　认知 DK–1 型电空制动机的组成

DK–1 型电空制动机由电气线路和空气管路两部分组成。根据 DK–1 型电空制动机的安装情况，可将其分为操纵台、电空制动屏柜及空气管路柜 3 部分。

1. 操纵台

操纵台主要包括司机操纵台和副司机操纵台，如图 5–1 所示。

图 5–1　操纵台

1）司机操纵台

在司机操纵台上设有电空制动器、空气制动阀和压力表。

① 电空制动器。俗称大闸（见图 5–2），属于操纵部件，用来控制全列车的制动与缓解。

② 空气制动阀。俗称小闸（见图 5–3），属于操纵部件。在电空位操作时，用来单独控

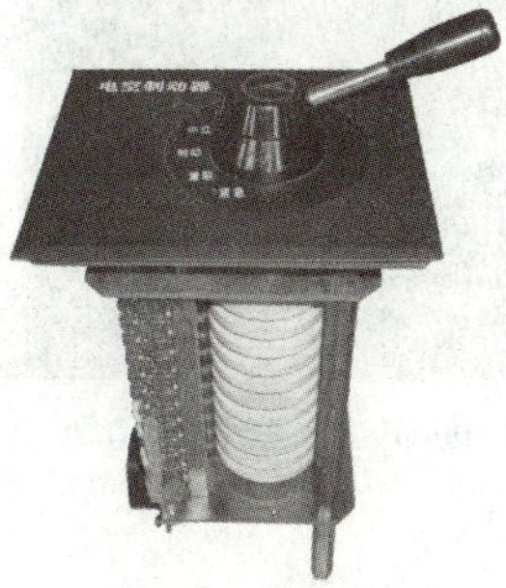

图 5–2　大闸

图 5–3　小闸

制机车的制动与缓解，与列车的制动缓解无关。通过其上的电空转换拨杆转换后，可以操纵全列车的制动与缓解。另外，将其手柄下压可单独缓解机车的制动压力。

③ 压力表。司机操纵台共设置三块压力表（见图 5-4），其中两块为双针压力表，一块用于显示总风缸、均衡风缸的压力，另一块用于显示列车管和制动缸（前）的压力。单针压力表显示制动缸（后）压力。

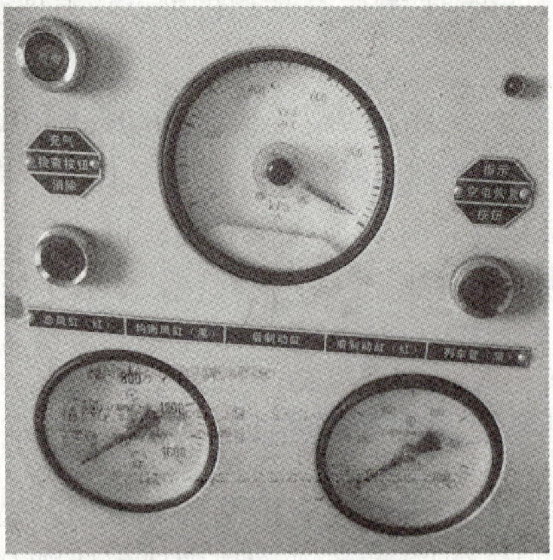

图 5-4 压力表

2）副司机操纵台

在副司机操纵台上设有紧急制动按钮和紧急制动阀。

① 紧急制动按钮。紧急制动按钮（见图 5-5）设在副司机操纵台仪表架上，当副司机发现有危及行车安全和人身安全的情况，又来不及通知司机时，可直接按下紧急制动按钮，全列车紧急制动停车。

② 紧急制动阀。也称手动放风塞门，设在司机室右侧墙壁附近的列车管支管上（见图 5-6）。当制动机失效时，可以手动操作紧急制动阀直接排放列车管内的压力空气，使列车紧急制动停车。

图 5-5 紧急制动按钮

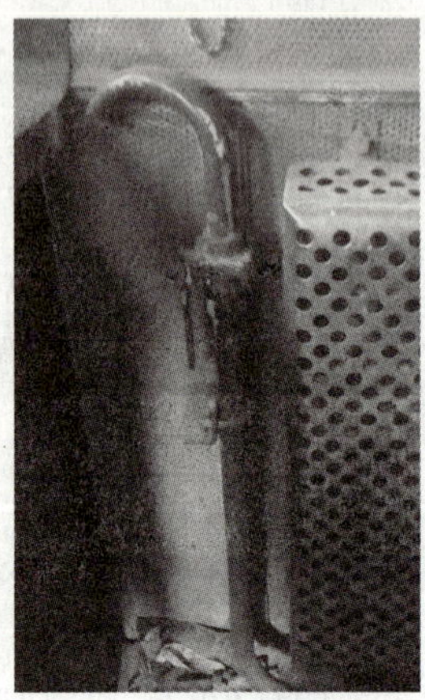

图 5-6 紧急制动阀

2. 电空制动屏柜

电空制动屏柜又称制动屏柜、气阀柜（见图 5-7），主要安装有下列部件：

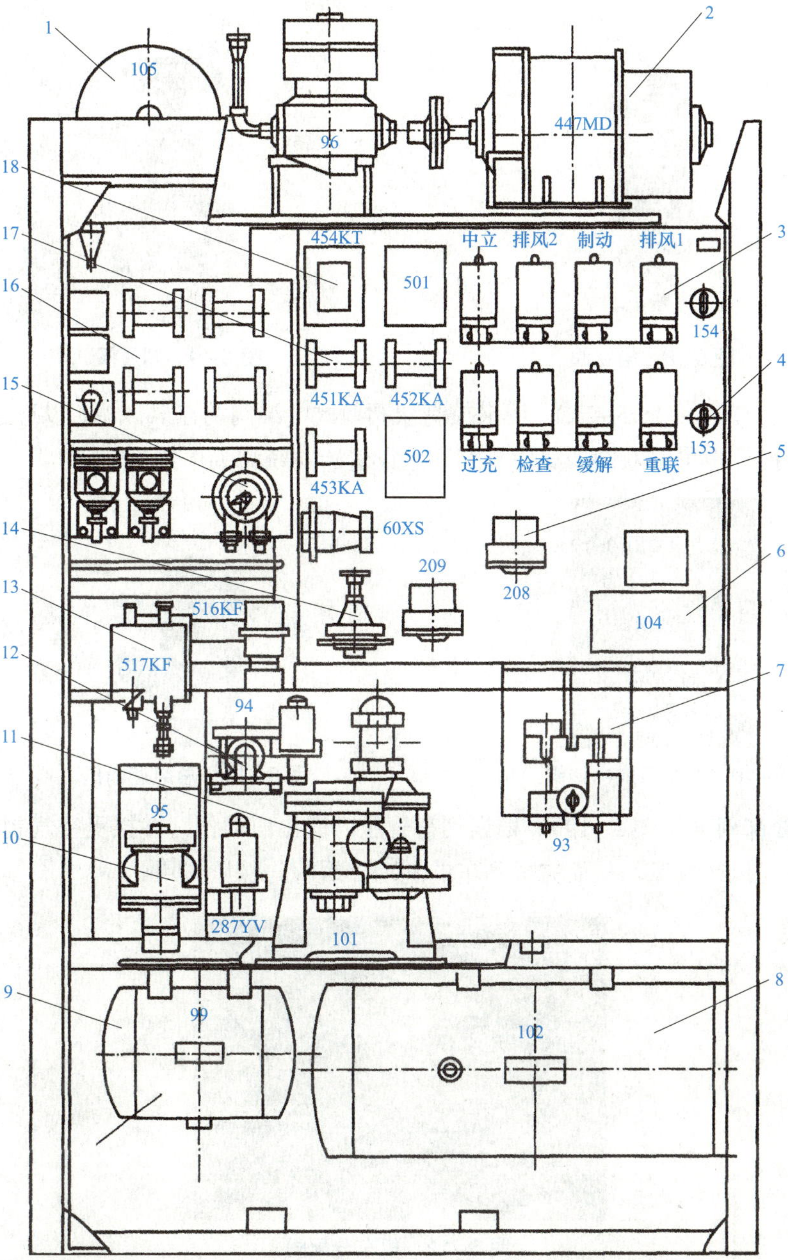

1—辅助风缸；2—辅助压力机组；3—电空阀；4—转换阀；5—压力开关；6—中继阀（包括双阀口式中继阀和总风遮断阀）；7—重联阀；8—控制风缸；9—工作风缸；10—紧急阀；11—机车分配阀；12—电动放风阀；13—压力控制器；14—调压阀；15—双针压力表；16—空电联合制动板；17—中间继电器；18—电子时间继电器；501—接线盒；60XS—多芯插座。

图 5–7　电空制动屏柜结构图

① 电空阀（见图 5–8）。中间控制部件，它接受电空制动器的电信号指令，用以连通或切断相应气路，实现 DK–1 型电空制动机电气线路与空气管路的联锁作用。

② 调压阀（见图 5–9）。用来调整来自总风缸的压力空气，并稳定地向气动部件供风。

③ 双阀口式中继阀（见图 5–10）。根据均衡风缸的压力变化来控制列车管的压力变化，从而完成列车的制动、缓解与保压作用。

图 5-8　电空阀

图 5-9　调压阀

④ 总风遮断阀（见图 5-11）。用来控制双阀口式中继阀的充风风源，以适应不同运行工况的要求。因此，也可将双阀口式中继阀和总风遮断阀统称为中继阀。

图 5-10　双阀口式中继阀

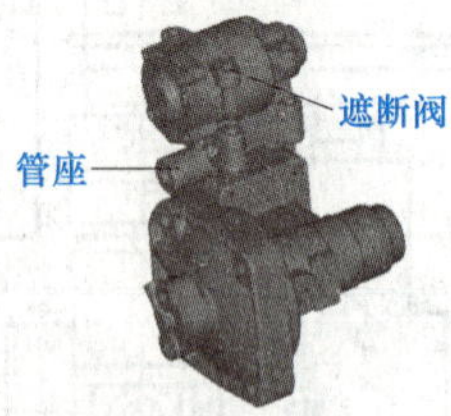

图 5-11　总风遮断阀

⑤ 机车分配阀（见图 5-12）。根据列车管压力变化而动作，并接受空气制动阀的控制，向机车制动缸充风或排风，从而完成列车的制动、缓解与保压作用。

图 5-12　机车分配阀

⑥ 电动放风阀（见图 5-13）。主要接受电空制动器和自停装置的控制，直接将列车管的压力空气快速排入大气，使列车产生紧急制动作用。

⑦ 紧急阀（见图 5-14）。在列车管压力快速下降时动作，加速列车管的排风，同时接通保护电路，起断钩保护作用。

⑧ 压力开关（见图 5-15）。属于气动电器，它在均衡风缸压力变化时进行电路转换。

⑨ 转换阀。一种手动操纵阀，通过它可以进行空气管路转换。

⑩ 电子时间继电器及中间继电器。用于实现电路的相关联锁和自动控制。

⑪ 重联阀（见图 5-16）。使同型号或不同型号机车制动机重联，实现多机牵引。

图 5-13　电动放风阀

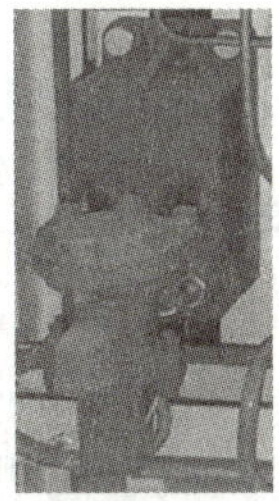

图 5-14　紧急阀

图 5-15　压力开关

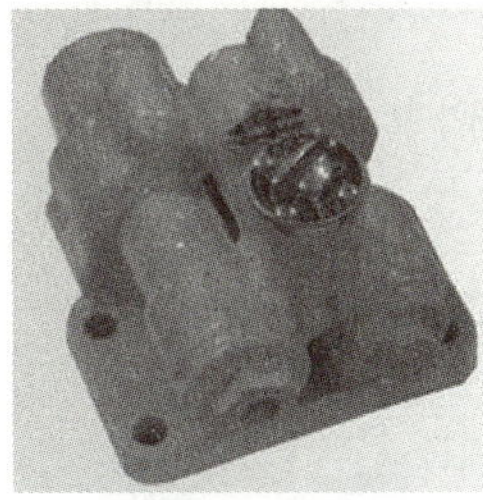

图 5-16　重联阀

除此之外，电空制动屏柜内还设有初制风缸、工作风缸、均衡/过充风缸及限制风堵、各种塞门等。因部分部件在电空制动屏柜的背面，故在图 5-7 中无法看到。另外，图 5-7 是结构图，目的是展示各部件的位置，图中的部件名称仅是为了在后文学习相关内容时进行对照参考，不做详细介绍。

3. 空气管路柜

空气管路性能的好坏决定制动机能否正常、可靠地工作。空气管路主要包括管道滤尘器、截断塞门、管路及管路连接件等。空气管路柜如图 5-17 所示。图 5-17 的目的也是展示各管路的位置，管路名称用于在后文学习相关内容时对照参考，因而此处不再详细介绍各管路。

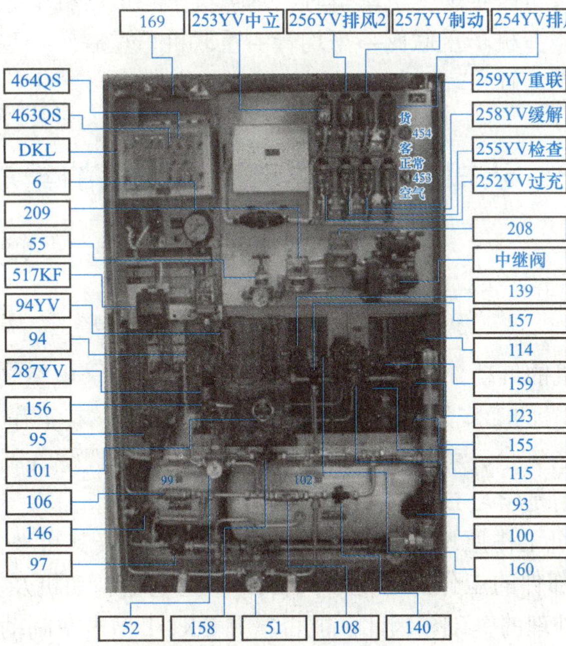

图 5-17　空气管路柜

活动 5.1.3 认知 DK–1 型电空制动机的控制关系

1. 机车单独使用

DK–1 型电空制动机工作时有两种工况：电空位（即正常位）工作时，通过操纵电空制动器（或空气制动阀）可以控制、实施全列车（或机车）的制动与缓解；空气位（即故障位）工作时，通过操纵空气制动阀可以控制、实施全列车的制动与缓解。其各主要部件的控制关系如下：

1）电空位

（1）控制全列车

电空制动器→电空阀→均衡风缸→中继阀→列车管→ ┬→车辆制动机
　　　　　　　　　　　　　　　　　　　　　　　　└→机车分配阀→机车制动缸

（2）控制机车

空气制动阀→作用管→机车分配阀→机车制动缸

2）空气位

（1）控制全列车

空气制动阀→均衡风缸→中继阀→列车管→ ┬→车辆制动机
　　　　　　　　　　　　　　　　　　　　└→机车分配阀→机车制动缸

（2）控制机车

空气制动阀（下压操纵手柄）→作用管→机车分配阀→机车制动缸

2. 机车重联使用

当两节以上机车通过重联实现多机牵引时，本务机车与重联机车之间的控制关系如下：

本务机车制动缸→本务机车重联阀→平均管→重联机车重联阀→重联机车作用管→重联机车分配阀→重联机车制动缸

任务 5.2 认知 DK–1 型电空制动机的组成部件

任务引入

DK–1 型电空制动机的气动部件（空气制动阀）、电气部件（电空制动器）及相应附属部件在 DK–1 型电空制动机的工作过程中起着非常重要的作用，其工作性能的好坏直接影响 DK–1 型电空制动机能否安全、可靠地工作。因此，熟悉、掌握空气制动阀、电空制动器及其附属部件的构造和作用是学习 DK–1 型电空制动机的基础。

DK–1 型电空制动机工作原理在机车运用与检修中起着极其重要的作用，熟悉、掌握 DK–1 型电空制动机各部件的工作原理是学习 DK–1 型电空制动机及其综合制动作用的基础，是进行故障分析、处理的基础。因此，能否掌握 DK–1 型电空制动机的气动部件、电气部件及相应附属部件的工作原理决定了能否更好地进行机车的运用与检修工作。

活动 5.2.1　认知中继阀

双阀口式中继阀和总风遮断阀统称中继阀。中继阀（见图 5-18）通过阀座安装于制动屏柜上，并经阀座与总风缸管、列车管、均衡风缸管、过充风缸管和总风遮断阀管 5 条空气管路连接，因此，阀座既是安装基座，又是管路连接基座（简称管座）。中继阀的模型结构如图 5-19 所示。

图 5-18　中继阀

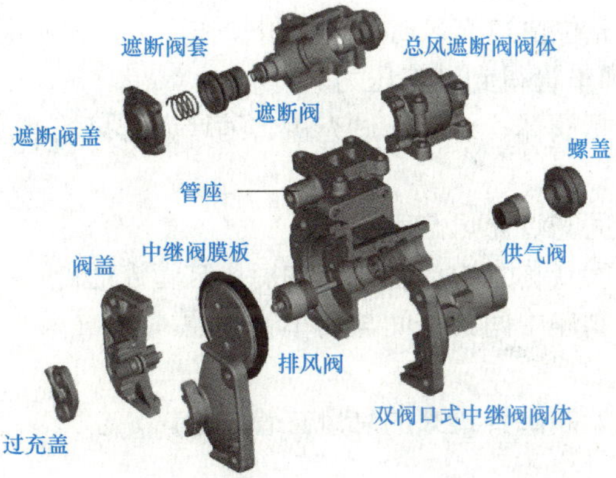

图 5-19　中继阀的模型结构

1. 双阀口式中继阀

1）构成

双阀口式中继阀的结构如图 5-20 所示，它主要由以下部件组成：

① 主活塞。传感部件，主要由内活塞、外活塞和活塞膜板等组装而成。用于感应不同压力空气间的压力变化，从而带动顶杆左右移动，以开启或关闭排风阀口、供气阀口，最终实现连通或切断排风、充风气路。

② 供气阀机构。连通或切断充风气路的执行部件，主要由供气阀、供气阀套、供气阀弹簧及 O 形密封圈等组成。

③ 排风阀结构。连通或切断排风气路的执行部件，主要由排风阀、排风阀套、排风阀弹簧及 O 形密封圈等组成。

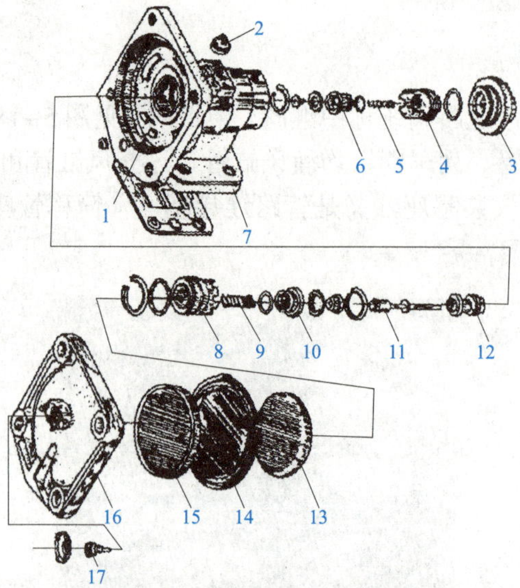

1—缩堵；2—排风堵；3—螺盖；4—供气阀套；5—供气阀弹簧；6—供气阀；7—阀体；8—排风阀套；9—排风阀弹簧；10—排风阀；11—顶杆；12—阀座；13—内活塞；14—活塞膜板；15—外活塞；16—过充盖；17—过充柱塞。

图 5-20 双阀口式中继阀的结构

④ 顶杆。跟随主活塞移动并顶开供气阀口、排风阀口。

⑤ 阀座。为双向阀座结构，分别与供气阀、排风阀形成供气、排风阀口。

⑥ 过充柱塞。在过充位快速充风时，产生附加作用力，并作用在活塞膜板上，以实现列车管的快速充风，并使列车管得到过充压力。

⑦ 其他零部件。包括阀体、螺盖、过充盖、缩堵、排风堵等。

2）管路

① 过充柱塞左侧空间与过充风缸管连通。

② 活塞膜板左侧空间（称为中均室）与均衡风缸管连通。

③ 活塞膜板右侧及阀座中间的空间与列车管连通。

④ 排风室与大气连通。

⑤ 供气室与经总风遮断阀管过来的总风缸管连通。

3）作用原理

双阀口式中继阀的基本作用原理为：根据均衡风缸压力变化使作用在活塞膜板两侧的作用力之差发生变化，从而使活塞膜板带动顶杆左右移动，顶开供气阀口或排风阀口，以连通或切断列车管的排风或充风气路，实现列车管的充风、排风。双阀口式中继阀有 4 个作用位置。

（1）充风缓解位

当均衡风缸压力增加时，活塞膜板左侧的压力升高，使其产生向右的作用力。因此，活塞膜板带动顶杆右移，并压缩供气阀弹簧，推动供气阀右移，从而顶开供气阀口，则由总风遮断阀管过来的总风缸压力空气（以下简称总风，其压力为 700～900 kPa）经开启的供气阀口向列车管充风，同时总风经缩堵（ϕ1.0 mm）向活塞膜板右侧充风，如图 5-21 所示。

（2）缓解后保压位

随着活塞膜板右侧和列车管压力的增加，逐渐平衡活塞膜板左右两侧压力，在供气阀弹簧的作用下，使供气阀推动顶杆、活塞膜板左移，逐渐缩小供气阀口，直至关闭。同时，顶杆、活塞膜板停止左移，使其处于供气阀口、排风阀口均不开启的保压状态。

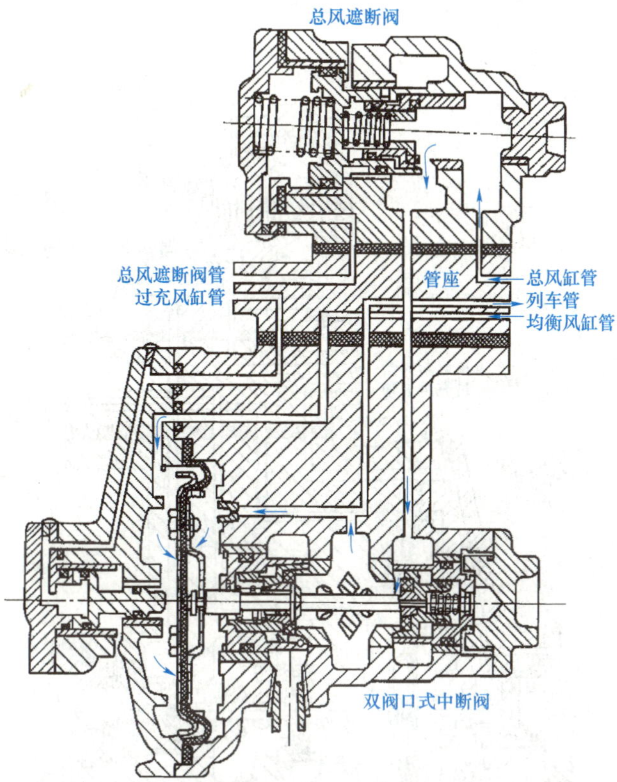

图 5-21　充风缓解位

当列车管发生泄漏时，双阀口式中继阀活塞膜板右侧的压力随之降低，在活塞膜板上产生向右的作用力，活塞膜板带动顶杆右移，顶开供气阀口，使总风向列车管内补风，同时活塞膜板右侧也得到补风；当活塞膜板右侧及列车管压力补充到与活塞膜板左侧压力平衡时，在供气阀弹簧的作用下，关闭供气阀口，完成补风过程。可见，补风作用是随着列车管的泄漏而自动进行的。

（3）制动位

当均衡风缸压力减小时，活塞膜板左侧的压力下降，在活塞膜板上产生向左的作用力，因此活塞膜板带动顶杆左移，并压缩排风阀弹簧，推动排风阀左移，从而打开排风阀口，列车管向大气排风，同时活塞膜板右侧的压力空气经缩堵、排风阀口也向大气排风，如图 5-22 所示。

（4）制动后保压位

随着活塞膜板右侧和列车管压力的降低，活塞膜板左右侧压力逐渐趋于平衡，在排风阀弹簧的作用下，使排风阀推动顶杆、活塞膜板右移；直到活塞膜板左右两侧压力平衡时，关闭排风阀口，从而切断列车管的排风气路。同时，顶杆、活塞膜板停止右移，使其处于排风阀口、供气阀口均不开启的保压状态。

同样，当列车管发生泄漏时，双阀口式中继阀也将进行自动补风作用。由于目前我国绝大多数车辆制动机采用二压力机构分配阀，只具有一次缓解性能，故实际运用中，通过转换装置将自动补风作用切除，以避免发生自然缓解而危及行车安全。

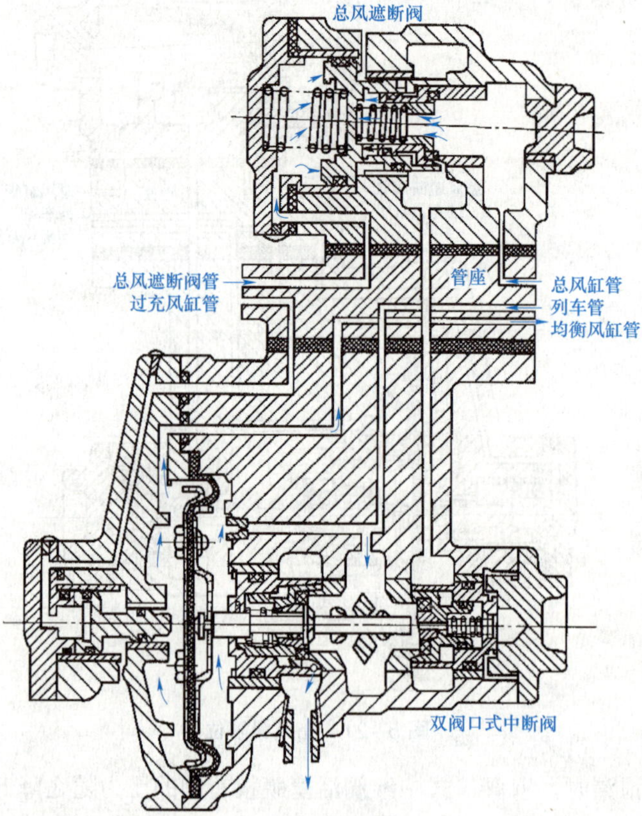

图 5-22　制动位

为什么司机不直接控制列车管的充风、排风，而是通过控制均衡风缸压力变化来控制列车管的压力呢？因为贯穿列车首尾又细又长的列车管，存在压力差，不便于操纵。为达到准确控制列车管减压量，以控制列车制动力大小的目的，设置了均衡风缸（容积为 4 L），以其压力为标准参量，通过该参量准确地控制列车管减压量。

（5）过充位快速充风

为了适应列车运行于长大坡道或长大列车运行时对缓解充风速度的要求，DK-1 型电空制动机设置了过充位，以实现列车的快速充风。

当司机将电空制动器操纵手柄置于过充位时，连通了总风向过充风缸充风的气路，即过充柱塞左侧压力升高，推动过充柱塞右移，并作用在活塞膜板上，该作用力的大小相当于 30～40 kPa 压力空气所产生的作用力；同时，连通总风经调压阀（55）（用于调整、限定均衡风缸的定压为 500 kPa 或 600 kPa）、缓解电空阀 258YV 向均衡风缸充风的气路，即活塞膜板左侧压力升高。在二者的共同作用下，活塞膜板带动顶杆迅速右移，顶开供气阀口，并且阀口开启较大，使总风迅速向列车管及活塞膜板右侧充风；当活塞膜板右侧压力及列车管压力与活塞膜板左侧压力平衡时，在供气阀弹簧的作用下，关闭供气阀口，如图 5-23 所示。可见，当电空制动器操纵手柄位于过充位时，经双阀口式中继阀动作，能够实现列车管的快速充风，并使列车管得到过充压力，即超过定压 30～40 kPa。

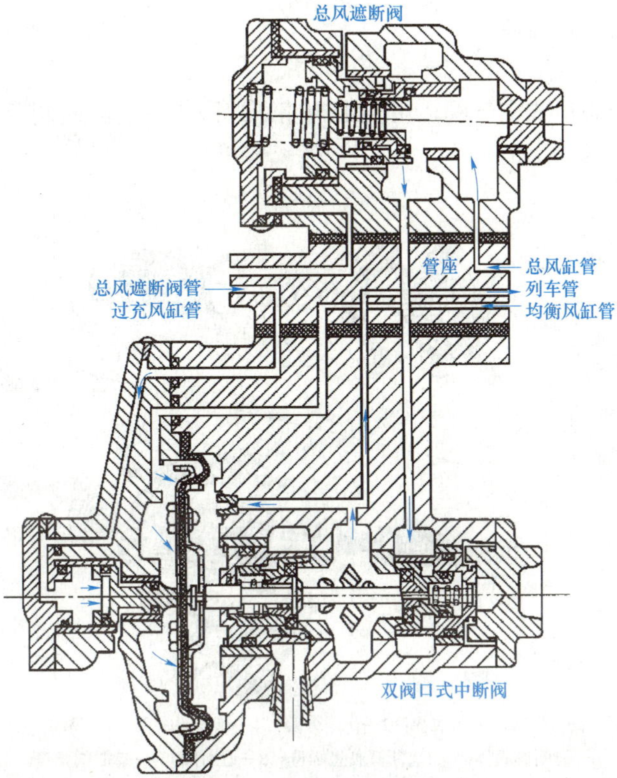

图 5-23　过充位快速充风

当需要消除过充压力时，可将电空制动器操纵手柄由过充位转换至运转位，此时均衡风缸仍保持定压，而过充风缸内的压力空气经过充风缸小孔（ϕ0.5 mm）缓慢排向大气（120～180 s 消除过压），则过充柱塞端部作用在活塞膜板上的附加力缓慢消失，列车管过充压力缓慢消失，而不会引起后部车辆的自然制动。均衡风缸与过充风缸如图 5-24 所示。

1—均衡风缸；2—过充风缸。

图 5-24　均衡风缸与过充风缸

进一步分析发现：若使双阀口式中继阀活塞膜板左右两侧连通，即均衡风缸与列车管连通，则无法在活塞膜板上形成有效的作用力之差，从而不能打开其供气阀口、排风阀口，人们习惯地称双阀口式中继阀此时处于自锁状态。显然。使双阀口式中继阀处于自锁状态的条件是使列车管与均衡风缸连通。

2. 总风遮断阀

总风遮断阀属于阀口式空气阀，主要由阀座、遮断阀、遮断阀阀套、作用弹簧、遮断阀弹簧等组成，如图 5-25 所示。

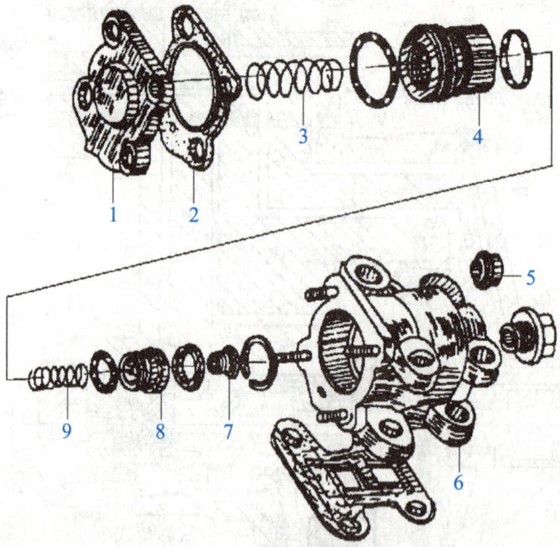

1—阀盖；2—盖胶垫；3—作用弹簧；4—遮断阀阀套；5—阀座；
6—遮断阀阀体；7—遮断阀胶垫螺母；8—遮断阀；9—遮断阀弹簧。

图 5-25 总风遮断阀模型结构

1）管路

总风遮断阀各内部空间分别与 3 条管路连通：

① 阀座右侧空间与总风缸管连通，并经遮断阀中心孔通往遮断阀套右侧空间。

② 阀座左侧空间与双阀口式中继阀供气室连通。

③ 遮断阀套左侧空间与总风遮断阀管连通。

2）作用原理

总风遮断阀的基本作用原理为：根据总风遮断阀管压力变化，使遮断阀套带动遮断阀左右移动，开启或关闭遮断阀口，以连通或切断总风通往双阀口式中继阀供气室的气路。

总风遮断阀的工作状态有以下两个：

① *阀口关闭状态*（见图 5-22）。当中立电空阀 253YV 得电时，总风向总风遮断阀充风，总风遮断阀在其左侧的总风压力及弹簧的作用下右移，迅速关闭遮断阀口，切断总风通往双阀口式中继阀供气室的通路。

② *阀口开启状态*（见图 5-21、图 5-23）。当中立电空阀 253YV 失电时，总风遮断阀管向大气排风。当遮断阀套左侧无压力空气时，遮断阀在其右侧的总风压力作用下，克服弹簧的反作用力左移，遮断阀口呈开启状态，连通总风通往双阀口式中继阀供气室的通路。

综上所述，总风遮断阀与双阀口式中继阀共同控制列车管的充风气路，而列车管的排风气路则是由双阀口式中继阀单独控制的。

活动 5.2.2　认知机车分配阀

1. 构造特点

SS_4 改型电力机车上使用的机车分配阀为 109 型机车分配阀，该阀由主阀部、均衡部、紧急增压阀、安全阀及阀座等部分组成，如图 5-26、图 5-27 所示。其中，主阀部、均衡部和紧急增压阀为主要气动部分，且三者共用一个阀体，成为相互独立的组合体。

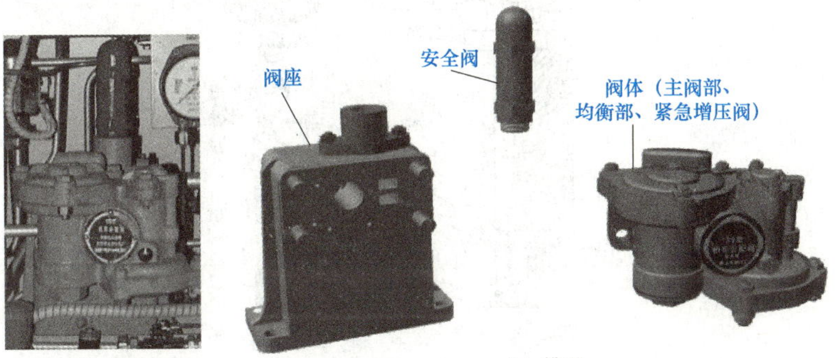

(a) 实物　　(b) 模型

图 5-26　109 型机车分配阀

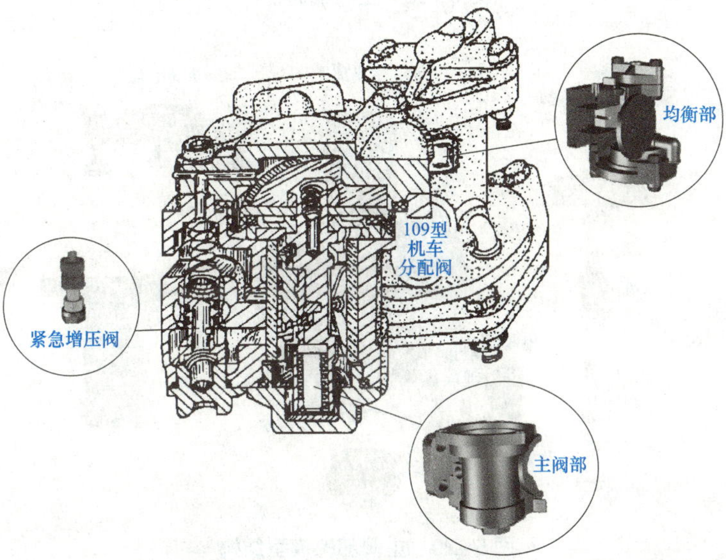

图 5-27　109 型机车分配阀的结构

109 型机车分配阀的阀座是分配阀的三阀组合体和安全阀的安装基座，且内设一个局减室（容积为 0.6 L）和一个容积室（容积为 1.85 L）。阀座同时又是分配阀与管路的连接基座，因此又称管座。

1）主阀部的结构

主阀部的作用是根据列车管的压力变化来控制容积室和作用管的充风、排风，它主要由活塞、膜板、滑阀、滑阀弹簧、节制阀、稳定杆、稳定弹簧及挡圈等组成（见图 5-28、图 5-29）。

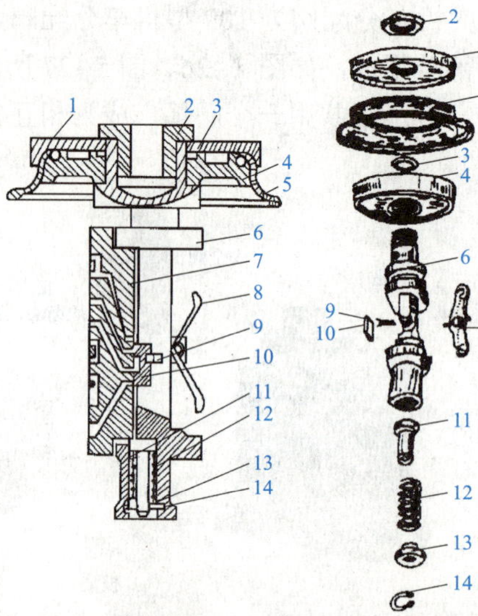

(a) 剖面图　(b) 模型

1—上活塞；2—活塞压帽；3—密封阀；4—下活塞；5—膜板；6—活塞杆；7—滑阀；8—滑阀弹簧；9—节制阀弹簧；10—节制阀；11—稳定杆；12—稳定弹簧；13—稳定弹簧座；14—挡圈。

图 5-28　主阀部的结构

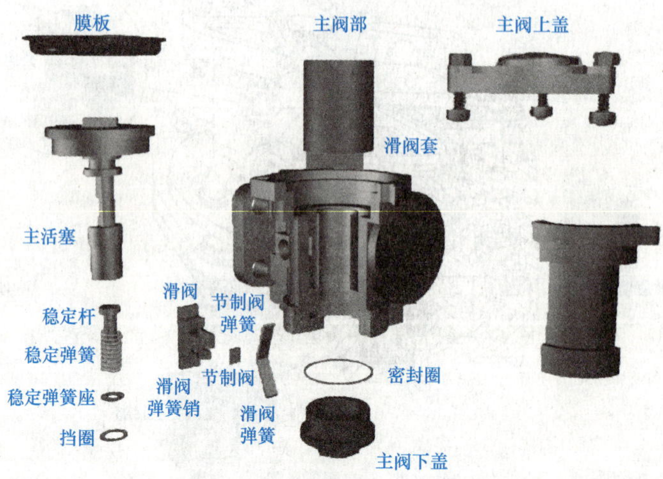

图 5-29　主阀部的模型结构

主活塞由上活塞、下活塞及中间的膜板组成，膜板上下两侧互相密封，膜板上侧通列车管，下侧通工作风缸。主阀部就是利用膜板的上下压力差，即列车管与工作风缸的压力差，使主活塞带动滑阀、节制阀上下移动，以连通或切断相应气路，形成各个不同的作用位置。在主活塞杆尾部的套筒内安装有稳定杆、稳定弹簧及挡圈等零件，它们在一定程度上阻碍主活塞的向上移动，用以防止列车在运行中因列车管轻微泄漏或压力波动而引起意外的自然制动，从而加强制动机在缓解状态时的稳定性。

节制阀、滑阀和滑阀座上设置有相应的气路孔、槽，其布置如图 5-30、图 5-31 所示。

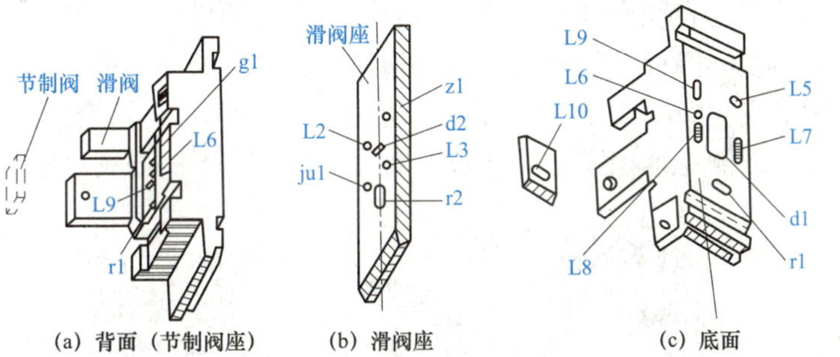

图 5-30 节制阀、滑阀和滑阀座的孔、槽布置

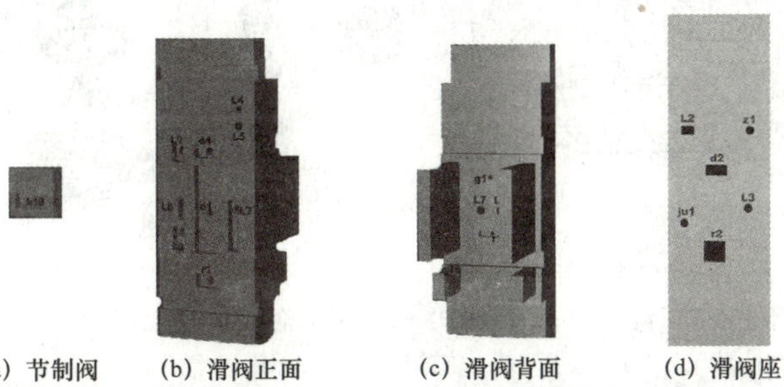

图 5-31 滑阀、节制阀、滑阀座模型

节制阀、滑阀和滑阀座上各孔、槽作用如下：

① L10——局减联络槽，用于制动开始阶段，连通局减通路，将列车管压力空气引入局减室。

② L5——充风孔，列车管向工作风缸充风时压力空气必经的孔。

③ L6、L7——分别为局减孔和局减室入孔，为上下贯通孔。制动开始阶段，这两孔通过节制阀上的局减联络槽 L10 连通，形成局减通路，将列车管压力空气引入局减室。

④ L8、L9——无作用孔。

⑤ g1——充风限制孔，位于滑阀背面，与滑阀面上的 L5 孔在滑阀内部有暗孔相通，为列车管向工作风缸充风必经的孔。

⑥ rl——制动孔，为上下贯通孔，制动时将工作风缸压力空气引入容积室。

⑦ d1——缓解联络槽，用于沟通容积室压力空气向大气排出的缓解通路。

⑧ L2、L3——均由列车管处引来，分别为列车管向工作风缸进行充风和向局减室进行局减的孔。

⑨ r2——容积室孔，通向容积室。

⑩ ju1——通向局减室。

⑪ z1——无作用孔。

⑫ d2——滑阀座孔，通大气。

在以上各孔、槽的名称中，字母含义如下：L——通列车管；g——通工作风缸；r——通容积室；z——通制动缸；ju——通局减室；d——通大气。

2）均衡部的结构

均衡部的作用是根据容积室和作用管压力的增减来控制机车制动缸的充排风。它由上活塞、下活塞、膜板、空心阀杆、供气阀、供气阀弹簧、供气阀导向杆、阀座、缩堵、均衡阀上盖及均衡阀下盖组成（如图 5-32、图 5-33 所示）。上活塞、下活塞及膜板构成均衡活塞，膜板上侧通制动缸，下侧通容积室。供气阀上侧通总风管，下侧通制动缸。

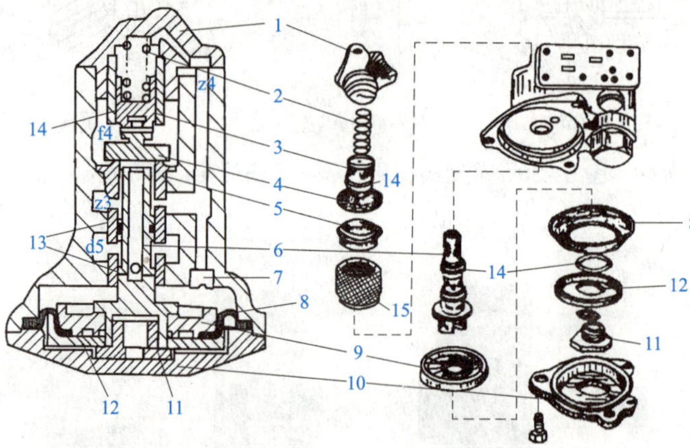

1—均衡阀上盖；2—供气阀弹簧；3—供气阀导向杆；4—供气阀；5—均衡阀座；6—空心阀杆；7—缩堵；8—膜板；9—上活塞；10—均衡阀下盖；11—均衡活塞压帽；12—下活塞；13—均衡阀杆套；14—密封圈；15—滤网；z3、z4—通制动缸；f4—通供气阀上方的供气阀室；d5—大气孔。

图 5-32　均衡部的结构

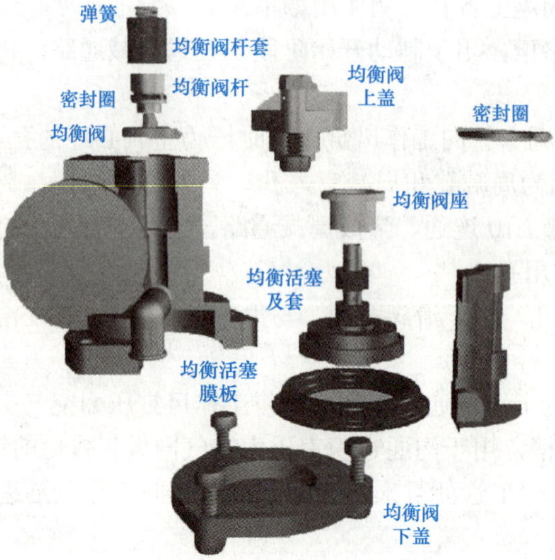

图 5-33　均衡部的结构模型

3）紧急增压阀的结构

紧急增压阀的作用是：在紧急制动时，使总风向容积室迅速充风，从而使机车制动缸压力迅速升高，以实现紧急制动。紧急增压阀主要由增压阀柱塞（简称增压阀）、增压阀柱塞套（简称增压阀套）、增压阀弹簧、增压阀盖及密封圈等组成，如图 5-34、图 5-35 所示。

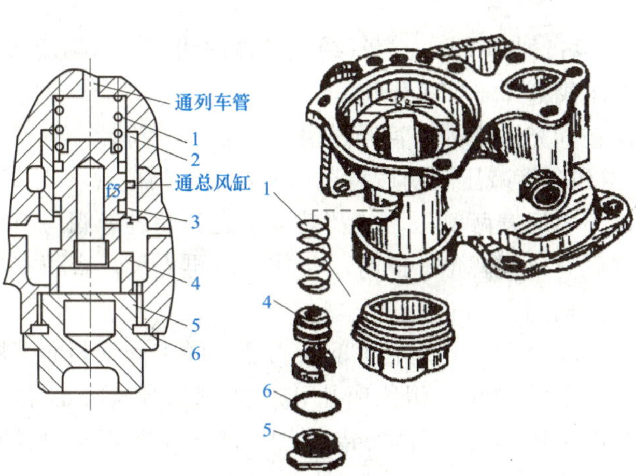

1—增压阀弹簧；2—增压阀套；3、6—密封圈；4—增压阀；5—增压阀盖。

图 5-34 紧急增压阀的结构

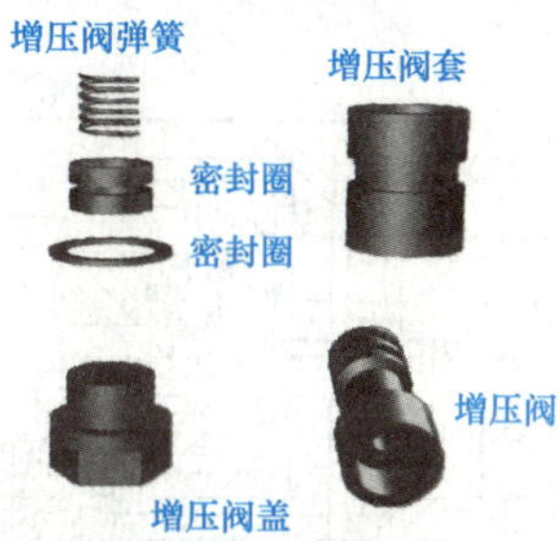

图 5-35 紧急增压阀的结构模型

紧急增压阀内部各空间分别与 3 条空气管路连通：

① 增压阀上侧与列车管连通。

② 增压阀下侧及内侧与容积室连通。

③ 增压阀套上的 F5 孔与总风缸连通。

2. 工作原理

1）主阀部工作原理

当列车管压力变化在主活塞上产生作用力之差时，主活塞通过活塞杆带动节制阀或滑阀上下移动，连通或切断相应气路，从而产生充风、缓解、局减、制动和保压作用。主阀部的工作过程包括以下 4 个工作状态。

（1）充风缓解状态（见图 5-36～图 5-38）

充风缓解分初充风缓解和再充风缓解两种工况。前者为机车运行前初始状态，列车管压力为零，由总风向列车管充风至定压；后者发生在列车管已减压，产生了制动作用后需要缓解时，总风向列车管再充风至定压，使制动缸缓解。

① *初充风*。当列车管初充风时，压力空气经阀座进入主阀，经主阀体内暗道及通路 L1 到主阀部主活塞上方，将主活塞推向下方，主活塞杆通过其上肩推动滑阀一起向下移，直至主活塞下底面碰到主阀体时为止。此时主活塞及滑阀处于充风缓解位，列车管中的压力空气经以下通路充入工作风缸，直到定压。

a）*工作风缸充风*：列车管中的压力空气经主阀→滑阀座 L2 孔→充风孔 L5→滑阀充风限制孔 g1→滑阀室孔 g2→经主阀体暗道至安装座→工作风缸。

b）增压阀处于关闭位：列车管压力空气经主阀体内暗道进入增压阀杆上方的 L12，与增压弹簧共同作用，使增压阀处于下部关闭位。

由上可见，工作风缸的充风由列车管通过滑阀及 g1 来控制。

② 再充风缓解。当列车管减压制动后再充风时，由于列车管增压，破坏了主活塞在制动保压位时的平衡，所以当主活塞两侧压力差及其重量之和超过滑阀与节制阀的摩擦阻力时，主活塞便带动滑阀下移到充风缓解位。此时，工作风缸再充风，容积室与制动缸排风缓解，其充风通路与初充风完全相同。

a）容积室缓解。容积室（包括作用管）的压力空气经主阀安装面—增压阀杆下部—滑阀座孔 r2—滑阀底部的缓解联络槽 d1—滑阀座孔 d2—主阀部排风口 d2 排大气。而均衡活塞下方的压力空气经主阀体内暗道 r4、主阀体安装面上的 r5 孔至容积室，再经上述通路排向大气。

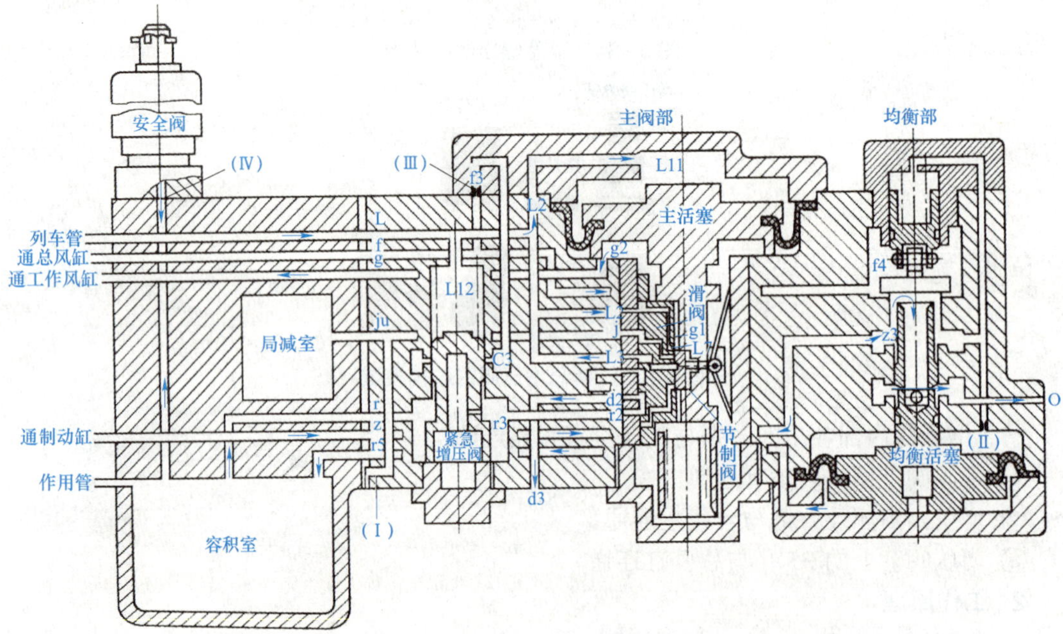

图 5-36 主阀部充风缓解管路状态

（图中，Ⅰ、Ⅱ、Ⅲ、Ⅳ为缩口，L、g、f、ju、r、z 及各孔、槽的物理意义同前）

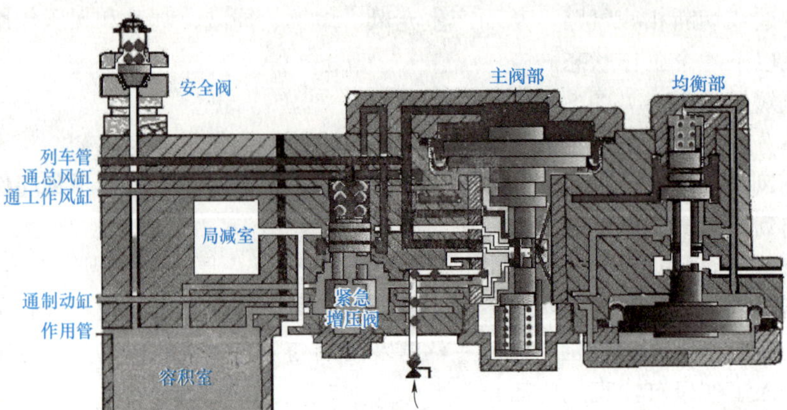

图 5-37 主阀部充风缓解状态（1）

b）制动缸缓解。由于容积室的缓解，均衡活塞失去了平衡，在制动缸压力的作用下，均衡活塞下移，使活塞杆的顶面离开供气阀，制动缸中的压力空气经安装座→主阀安装面上的 z 孔→均衡活塞杆上部外围的 z3 孔→活塞杆轴向中心孔和径向孔 d5→均衡部排风口→大气。而均衡活塞上侧及均衡阀杆上侧的压力空气也经上述通路排入大气。

由上可知，制动缸的压力受容积室压力的控制。

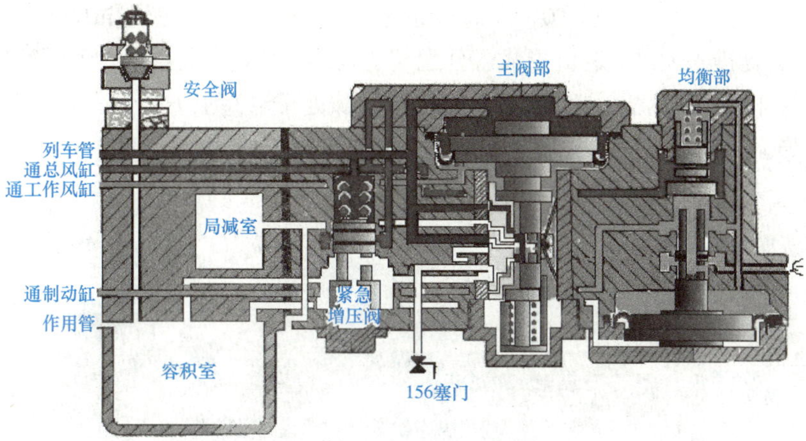

图 5-38　主阀部充风缓解状态（2）

（2）常用制动状态

当列车管进行常用制动减压时，因工作风缸压力空气来不及经充风通路向列车管逆流，于是在主活塞两侧产生了一定的压力差。此压力差克服了节制阀、主活塞膜板和稳定弹簧阻力，使主活塞先带动节制阀，然后带动滑阀向上移动，产生常用制动作用，如图 5-39 所示。图中，Ⅰ、Ⅱ、Ⅲ、Ⅳ为缩口，L、g、f、ju、r、z 及各孔、槽的物理意义同前。

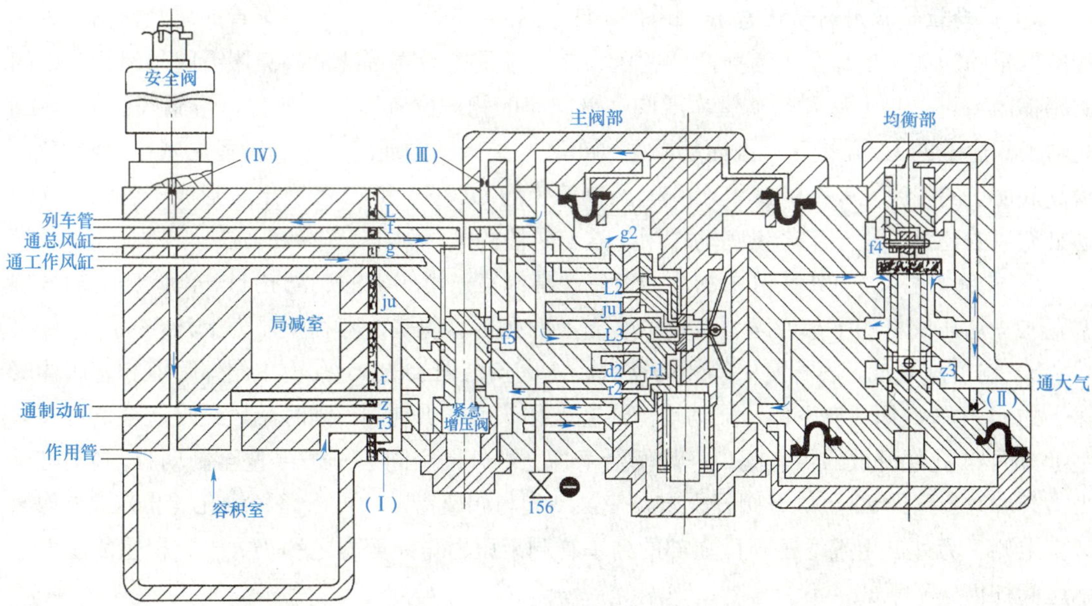

图 5-39　主阀部常用制动管路状态

① 初制动位（局减状态）。当列车管减压后，主活塞两侧形成一定的压力差，主活塞压缩稳定弹簧，带动节制阀上移。此时由于滑阀与活塞杆有一间隙，故在活塞上移时滑阀未动。当节制阀上移时，先关闭滑阀背面的充风限制缩孔 g1，从而切断列车管与工作风缸的通路。同时又开放滑阀背面的制动孔 r1，为下一阶段工作风缸向容积室充风做准备。节制阀上的局减联络槽 L10 连通滑阀背面的 L6 与 L7 孔，使来自列车管的压力空气经滑阀座孔 L3—滑阀贯通孔 L6—节制阀局减联络槽 L10—滑阀贯通孔 L7—滑阀座局减室孔 ju1 至局减室，同时经主阀安装面上的孔排入大气。这就形成了分配阀的初制动位。在此位时，主活塞仅上移 4 mm（滑阀与主活塞杆的上下两肩之间的间隙），使该间隙处于滑阀上方，列车管产生局减作用，如图 5-40 所示。

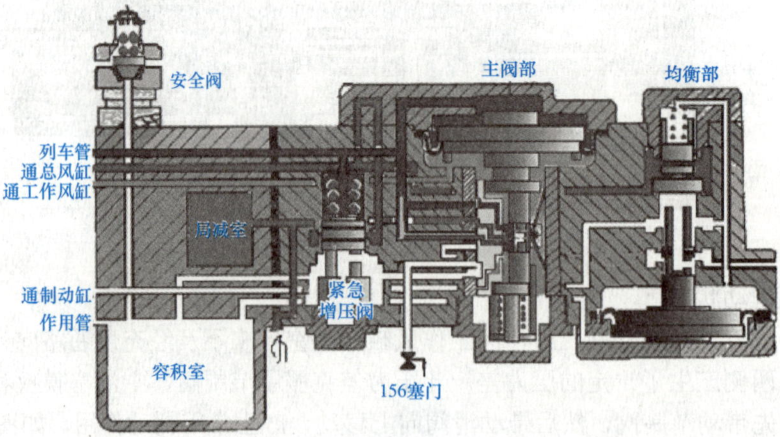

图 5-40　主阀部局减状态

② 制动位（常用制动状态）。如图 5-41、图 5-42 所示，由于列车管的局减作用及列车管减压量的加大，增加了主活塞两侧的压力差，于是主活塞带动滑阀克服滑阀与滑阀座之间的摩擦阻力进一步上移到制动位。滑阀与滑阀座的相对位置发生了变化，滑阀底面上的 L6 孔与滑阀座上的 L3 孔错开，因而切断了列车管与局减室的通路。第一阶段局减作用结束时，滑阀底面上的 L8、L9 孔和 r1 孔分别与滑阀座上的 L3、z3 和 r2 孔对准，形成了容积室向制动缸充风的通路，进一步产生制动作用。这一阶段的气路如下：

a）容积室充风。工作风缸中的压力空气经滑阀室—滑阀上的制动孔 r1—滑阀座上的容积室孔 r2—增压阀杆的下部通路—主阀安装面上的孔至容积室，容积室压力上升。

b）制动缸充风。容积室中的压力空气经主阀安装面上的 r5 孔—主阀体暗道和主阀体底面上的 r4 孔—均衡活塞下侧，推动均衡活塞上移，顶开供气阀。同时总风经暗道至供气阀气室上方的 f4 孔经开放的供气阀口—均衡活塞杆上端外围空间 z3—安装座至制动缸，制动缸压力上升。另一路经 z3 至供气阀杆上方，使供气阀与阀座密贴；再一路经缩孔（Ⅱ）进入均衡活塞上侧。另外，由于增压阀杆上部的列车管剩余压力与弹簧力之和仍大于容积室的压力，增压阀杆仍处于下部，不参与制动作用。

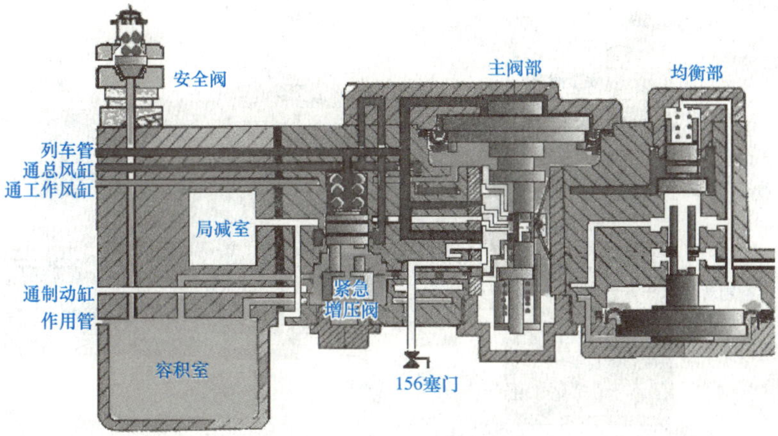

图 5-41 主阀部制动状态

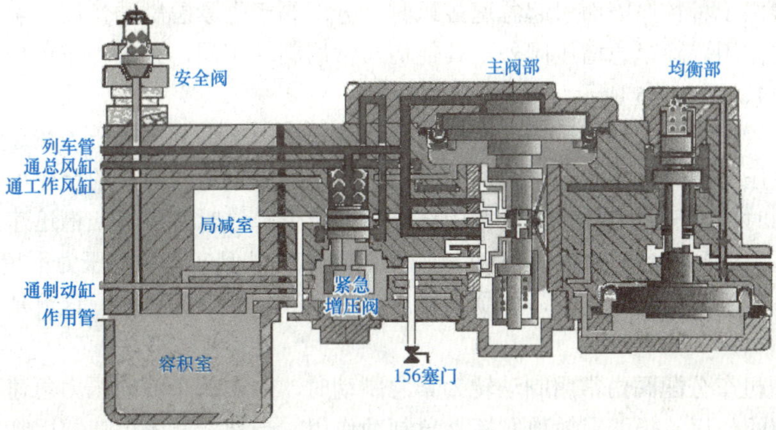

图 5-42 主阀部常用制动状态

（3）制动后保压状态

列车管停止减压，使分配阀处于保压位置，制动缸压力也保持不变，如图 5-43 所示。

在列车管刚停止减压时，由于主活塞和滑阀、节制阀都还在制动位，工作风缸仍在向容积室充风，因而工作风缸压力继续下降，直到主活塞两侧的列车管与工作风缸压力相近时，在主活塞尾部原被压缩的稳定弹簧的反力及主活塞重力的作用下，使主活塞仅带动节制阀向下移动，节制阀遮盖住滑阀背面的制动孔，切断工作风缸与容积室的通路，工作风缸停止向容积室充风。此时的主阀部处于保压位。

对于分配阀均衡部，当容积室压力停止上升时，由于供气阀仍处于开通状态，总风仍在向制动缸充风，当通过缩孔（Ⅱ）流到均衡活塞上侧的制动缸中的空气压力增大到与均衡活塞下部的容积室压力接近时，在均衡阀、均衡活塞的重力及供气阀弹簧的作用下，停止向制动缸充风，制动缸压力停止上升，使分配阀处于制动保压位。

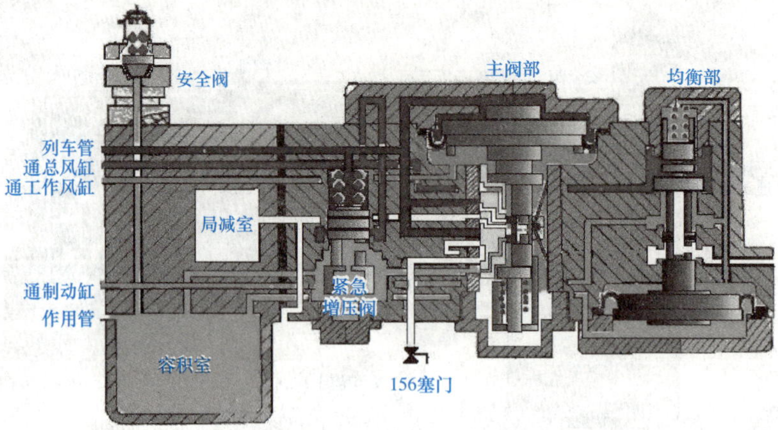

图 5-43　主阀部制动后保压状态

（4）紧急制动状态

当列车管由于种种原因而引起急速排风时，分配阀产生紧急制动作用。紧急制动时，主阀部各部件的作用，除紧急增压阀外，其他均与常用制动相同，只是动作更加迅速，通路变大，如图 5-44、图 5-45 所示。

由于列车管压力空气急速排出，所以在紧急增压阀上部的列车管压力快速下降，而同时其下部容积室压力迅速上升。当容积室的压力达到能克服增压阀弹簧的反作用力和列车管较小的剩余压力时，增压阀上移，紧急增压阀处于开放位，这时总风经凹槽迅速流向容积室，当容积室的压力达到（450±10）kPa 时，安全阀动作，以保证容积室压力不超过此规定值。此时均衡部供气阀开启时间延长，使制动缸压力达到（450±10）kPa，这就是紧急制动时的增压作用。

当 109 型机车分配阀由常用制动转为紧急制动时，由于列车管的压力急速下降，并且由于紧急增压阀的作用，仍能有效地发挥紧急制动作用。当然，其效果随常用制动时列车管减压量的增大而有所下降。

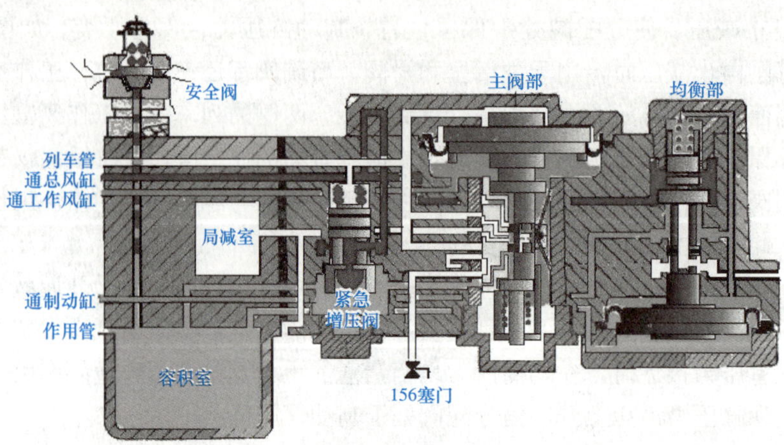

图 5-44　主阀部紧急制动状态（1）

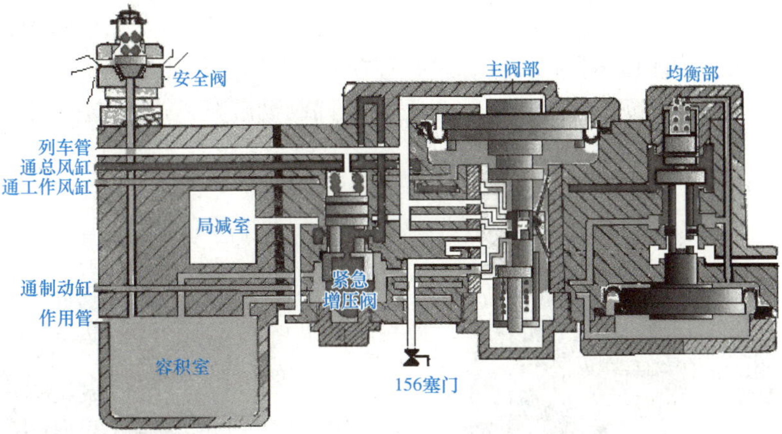

图 5-45 主阀部紧急制动状态（2）

2）均衡部工作原理

根据容积室和作用管的压力变化，在均衡部活塞上产生压力差，使均衡活塞带动空心阀杆上下移动，以开启或关闭供气阀口（或排风阀口），从而控制机车制动缸的充风、排风，实现机车的制动、缓解及保压。均衡部的工作过程包括以下 4 个状态。

（1）缓解状态

当容积室压力降低时，在均衡活塞上产生向下的作用力，带动空心阀杆下移，使其脱离与排风阀口的接触，从而开启排风阀口；同时在供气阀弹簧和制动缸原有压力空气的作用下，供气阀口关闭，于是连通机车制动缸向大气排风的气路，实现机车缓解，如图 5-46 所示。

（2）缓解后保压状态

当制动缸压力下降到与容积室压力平衡时，由于空心阀杆占去一定面积，致使均衡活塞下侧的压力空气作用面积大于上侧，所以在均衡活塞上产生一定的向上作用力，带动空心阀杆上移，关闭排风阀口，但不足以顶开供气阀口，使制动缸停止排风，呈现保压状态，如图 5-47 所示。

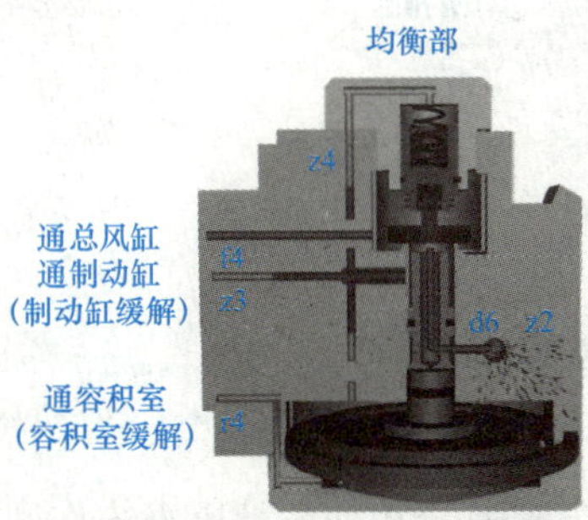

图 5-46 均衡部的缓解状态（缓解位）

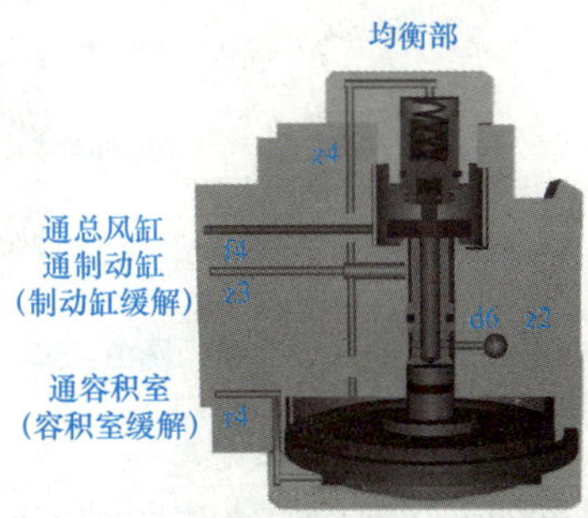

图 5-47 均衡部缓解后的保压状态（缓解位）

（3）制动状态

当容积室压力升高时，在均衡活塞上产生向上的作用力，并带动空心阀杆上移，推动供气阀脱离与阀座的接触，从而开启供气阀口；同时关闭排风阀口，连通总风向制动缸充风的气路，实现机车制动，如图 5-48 所示。

（4）制动后保压状态

当制动缸压力上升到与容积室压力平衡时，在供气阀弹簧及供气阀导向杆上侧压力空气的作用下，关闭供气阀口，但由于均衡活塞下侧的空气作用面积大于上侧，因而维持一定量的向上作用力，所以不能开启排风阀口，从而停止向制动缸充风，呈现保压状态，如图 5-49 所示。

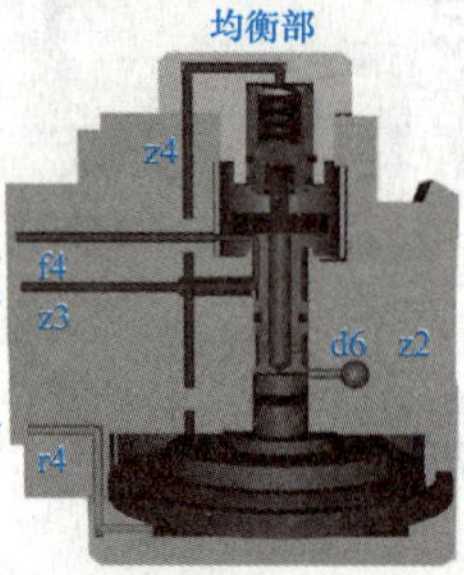

图 5-48　均衡部的制动状态（制动位）

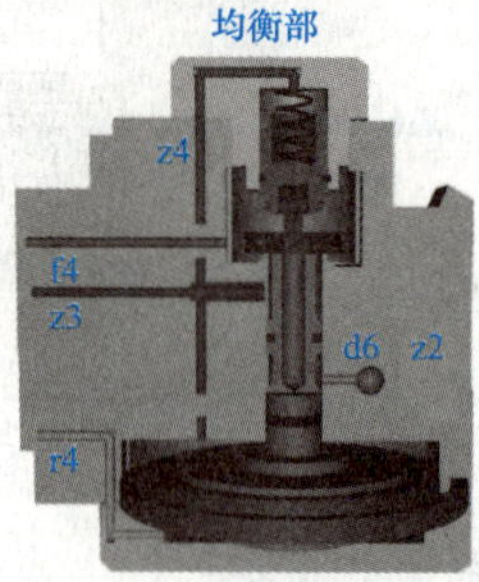

图 5-49　均衡部制动后的保压状态（制动位）

3）紧急增压阀工作原理

紧急增压阀的基本工作原理为：根据增压阀所受到的上下作用力之差，使增压阀在阀套中上下移动，由柱塞凹槽连通或切断总风缸向容积室迅速充风的气路。紧急增压阀的工作过程包括以下两个状态。

（1）紧急制动状态

紧急制动时，列车管急剧减压至零，增压阀下部容积室压力快速增大，推动增压阀上移至上端，处于开通状态，由柱塞凹槽连通总风缸（750～900 kPa）向容积室迅速充风的气路，经安全阀将容积室压力限定在（450±10）kPa，如图 5-50 所示。

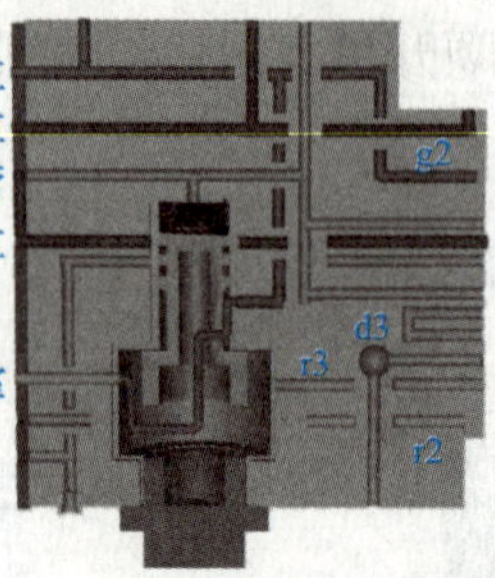

图 5-50　紧急增压阀的紧急制动状态

（2）非紧急制动状态

当机车处于运转位及常用制动位时，增压阀在增压阀弹簧和列车管压力的作用下处于关闭状态，此时总风缸与容积室不通。

活动 5.2.3　认知空气制动阀

1. 构造特点

空气制动阀由阀体部分、凸轮盒部分及阀座等组成，如图 5-51～图 5-53 所示。

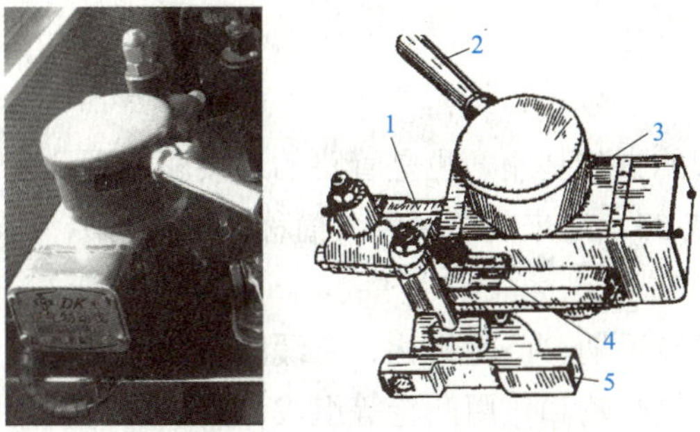

(a) 实物图　　　　(b) 结构简图

1—阀体；2—操纵手柄；3—凸轮盒；4—电空转换扳钮；5—阀座。

图 5-51　空气制动阀

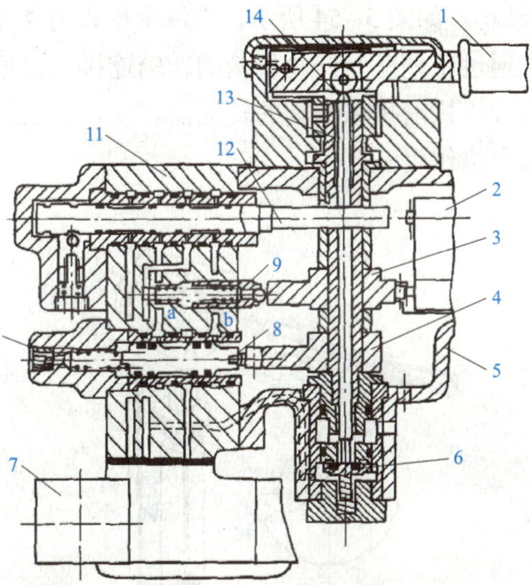

1—操纵手柄；2—联锁微动开关组；3—定位凸轮；4—作用凸轮；5—凸轮盒；6—单缓阀；7—阀座；8—作用柱塞；9—定位柱塞；10—排风阀；11—阀体；12—电空转换柱塞；13—转轴；14—顶杆；a、b—电空转换柱塞及作用柱塞的连接管。

图 5-52　空气制动阀的结构

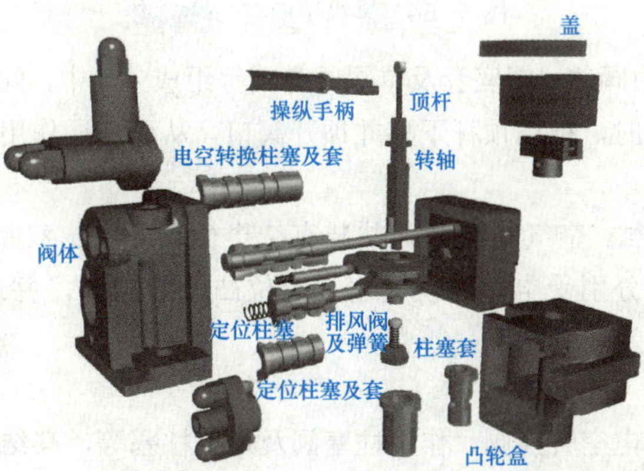

图 5-53　空气制动阀的结构模型

1）阀座及凸轮盒部分

（1）阀座

阀座既是空气制动阀的安装基座，也是管路的连接座，因此也称为管座。阀座上接有三根管子：经调压阀 53（或 54）过来的总风管（简称调压阀管）、作用管和均衡风缸管。

（2）凸轮盒部分

凸轮盒部分主要由操纵手柄、凸轮机构、单缓阀及联锁微动开关组等部分组成。凸轮机构主要由转轴、顶杆、定位凸轮和作用凸轮等组成。其中，转轴为空心轴，顶杆贯穿其中。定位凸轮有两个作用：与定位柱塞组成定位机构，确保位置的准确无误；与联锁微动开关组配合组成电控环节，以闭合或断开相应电路。作用凸轮只控制作用柱塞阀的左右移动，实现气路的连通或切断。

① 操纵手柄与凸轮机构。如图 5–54 所示，操纵手柄设有 4 个工作位置。工作中，操纵手柄须插入手柄座内，并通过手柄座与凸轮机构的转轴连接，以便在转动操纵手柄时通过转轴带动凸轮一起转动。凸轮机构随操纵手柄的转动而转动，以实现对作用柱塞阀和单断点微动开关组的控制，并完成定位作用。

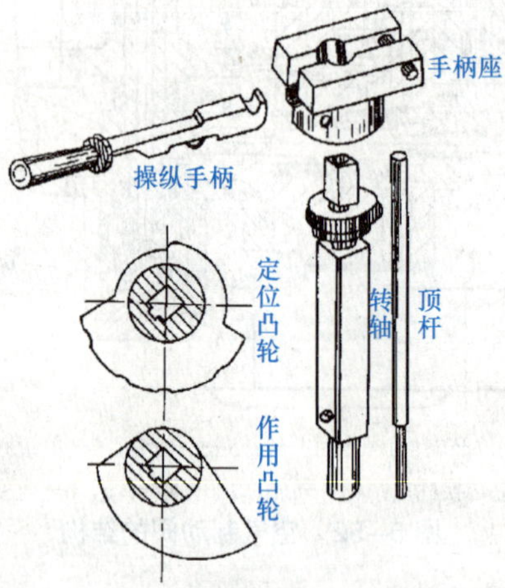

图 5–54　操纵手柄与凸轮机构

② 单缓阀。主要由阀体、阀座套及单缓阀弹簧等组成。其中，阀体与阀座套构成该阀的阀口。当下压操纵手柄时，推动顶杆下移并顶开阀口，从而连通作用管向大气排风的气路，以实现机车的单独缓解。

③ 联锁微动开关组。空气制动阀上共装有 2 个微动开关：双断点微动开关 3SA1、单断点微动开关 3SA2，分别受电空转换柱塞及定位凸轮的控制，并通过接线端子与外电路相连。

2）阀体部分

阀体部分主要包括电空转换阀、作用柱塞阀及定位柱塞等，其结构如图 5–55、图 5–56 所示。

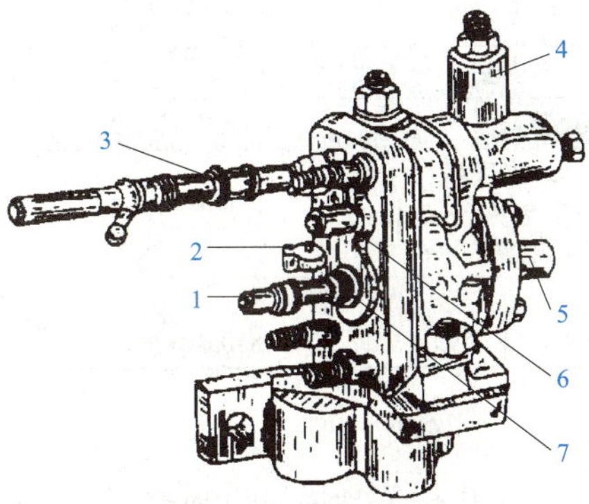

1—作用柱塞；2—支承；3—转换柱塞；4—转换柱塞定位机构；5—作用柱塞顶盖；6—定位柱塞；7—作用柱塞套。

图 5-55　空气制动阀阀体部分的结构

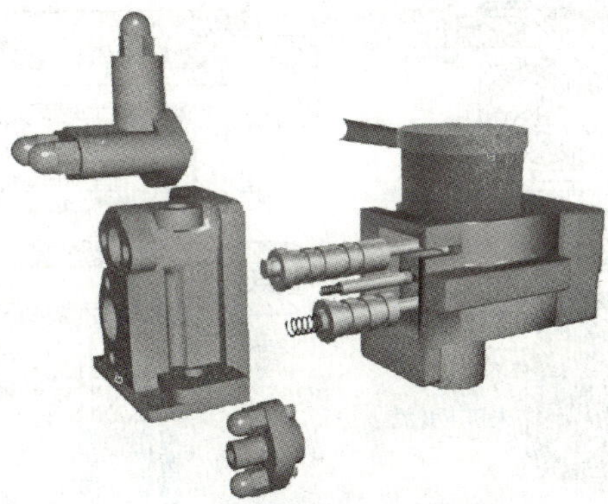

图 5-56　空气制动阀阀体部分的结构模型

① 电空转换阀。电空转换阀用于控制电空位与空气位之间的转换。电空转换阀属于柱塞式空气阀，主要由转换柱塞与转换柱塞定位机构组成。其中转换柱塞不随操纵手柄的转动而运动，而是通过电空转换扳钮的扳动在转换柱塞套内前后运动，通过其尾部的定位装置使转换柱塞只有两个工作位置：电空位或空气位。柱塞阀套上设有径向通孔，分别与均衡风缸管和作用管连通。

② 作用柱塞阀。作用柱塞阀受作用凸轮控制而左右移动，从而连通或切断相应气路，间接控制均衡风缸或作用管的充风、排风。作用柱塞阀主要由作用柱塞、作用柱塞套、作用柱塞顶盖等组成。作用柱塞套上设有径向通孔，与调压阀管连通，并且作用柱塞两端与大气连通。

③ 定位柱塞。定位柱塞工作端设有钢珠，并嵌在阀体内的定位柱塞端部；定位柱塞与定位凸轮配合，实现空气制动阀操纵手柄的定位。

2. 工作原理

空气制动阀有电空位和空气位两种工况。电空位及空气位下操纵手柄各位置的电路控制情况如表 5-1 所示。

表 5-1　电空位及空气位下操纵手柄各位置的电路控制情况

<table>
<tr><th rowspan="3">微动开关</th><th colspan="8">工况</th></tr>
<tr><th colspan="4">电空位</th><th colspan="4">空气位</th></tr>
<tr><th>缓解位</th><th>运转位</th><th>中立位</th><th>制动位</th><th>缓解位</th><th>运转位</th><th>中立位</th><th>制动位</th></tr>
<tr><td>双断点微动开关
3SA1</td><td colspan="4">未压缩
闭合电路 899—801
断开电路 899—800</td><td colspan="4">压缩
断开电路 899—801
闭合电路 899—800</td></tr>
<tr><td>单断点微动开关
3SA2</td><td colspan="2">未压缩
闭合电路 809—818</td><td colspan="2">压缩
断开电路 809—818</td><td colspan="4">电空制动器控制电路无电，不必考虑 3SA2</td></tr>
</table>

1）电空位工作原理

电空位为空气制动阀的正常工作位置，用于单独控制机车的制动与缓解。它有 4 个工作位置：缓解位、制动位、运转位、中立位。此时转换柱塞处于极左端位置，转换柱塞凹槽连通作用管与 b 管的气路，同时微动开关 3SA1 动作，闭合电路 899—801，断开电路 899—800，如图 5-57 所示。

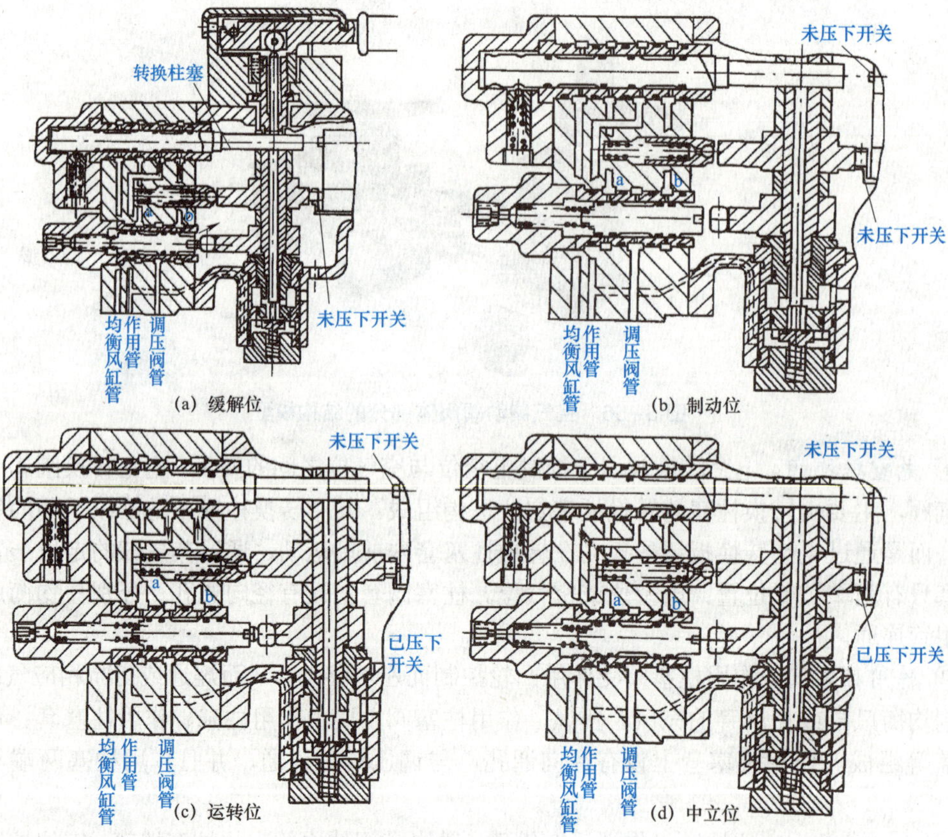

图 5-57　空气制动阀电空位工作原理

（1）缓解位

当空气制动阀操纵手柄置于缓解位时，作用柱塞阀开通了作用管的排风气路（作用管—电空转换阀—作用柱塞阀—大气），实现机车的单独缓解；同时微动开关 3SA2 闭合电路 809—818，如图 5-58 所示。

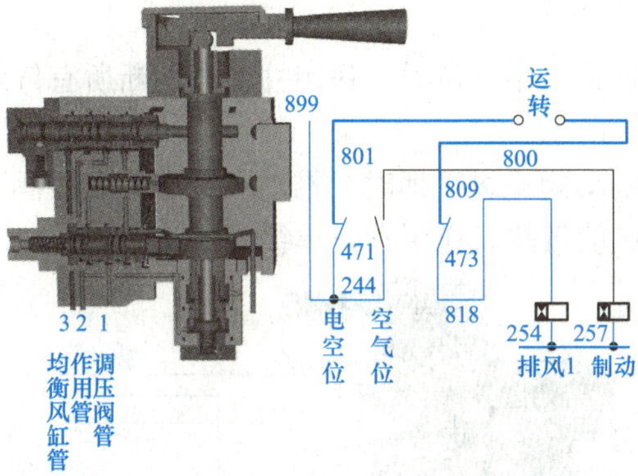

图 5-58　电空位：空气制动阀操纵手柄缓解位

（2）制动位

当空气制动阀操纵手柄置于制动位时，作用柱塞阀开通了作用管的充风气路（调压阀管—作用柱塞阀—电空转换阀—作用管），实现机车的单独制动。同时，微动开关 3SA2，断开电路 809—818，如图 5-59 所示。

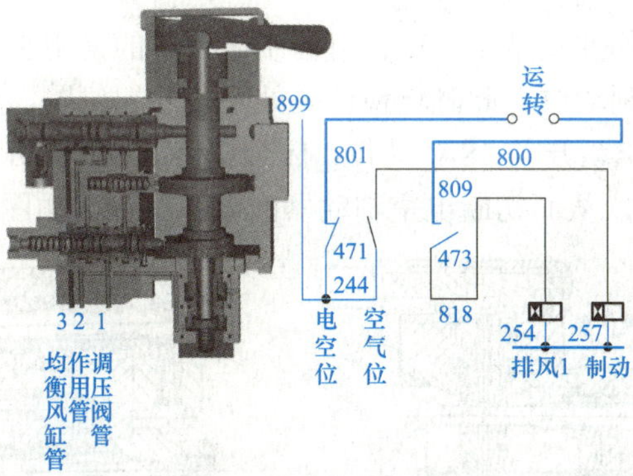

图 5-59　电空位：空气制动阀操纵手柄制动位

（3）运转位

当空气制动阀操纵手柄置于运转位时，作用柱塞阀左移至中间位，切断所有气路。此位置为电空制动器的控制位，如图 5-60 所示。

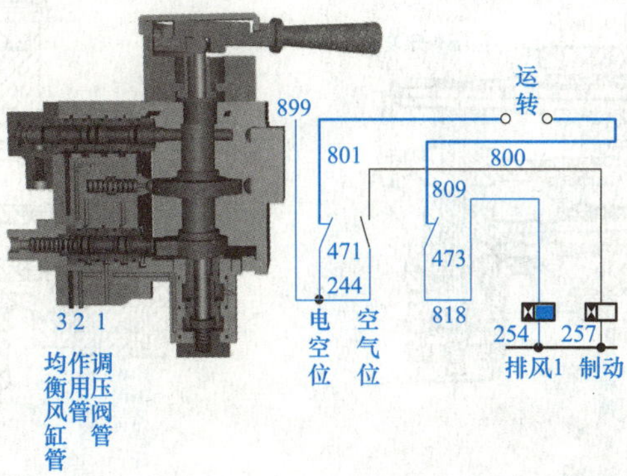

图 5-60　电空位：空气制动阀操纵手柄运转位

（4）中立位

当空气制动阀操纵手柄置于中立位时，作用柱塞阀切断所有气路。微动开关 3SA2 切断电路 809—818，如图 5-61 所示。

当在中立位下压空气制动阀操纵手柄时，推动顶杆压缩单缓阀弹簧，并顶开单缓阀口，从而连通作用管向大气排风的气路（作用管—单缓阀口—大气），实现机车的单独缓解。

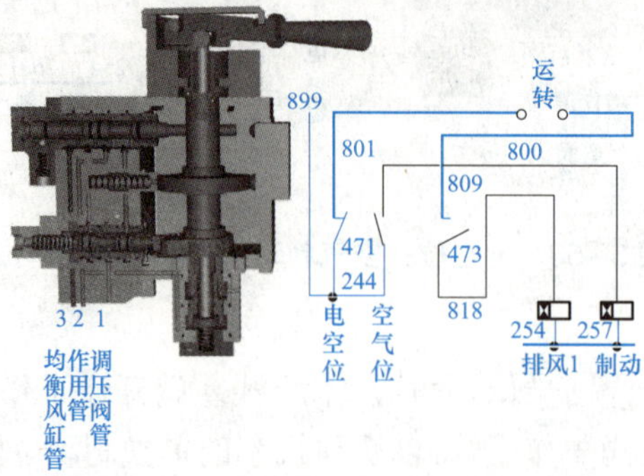

图 5-61　电空位：空气制动阀操纵手柄中立位

2）空气位工作原理

空气位为空气制动阀的非正常工作位，可控制全列车的常用制动与缓解。它有三个工作位置：缓解位、保压位和制动位。此时转换柱塞处于极右端位置，转换柱塞凹槽连通均衡风缸管与 a 管的气路。同时微动开关 3SAl 动作，闭合电路 899—800，使制动电空阀 257YV 得电，并断开电路 899—801，从而切断电空制动器的电源电路，如图 5-62 所示。

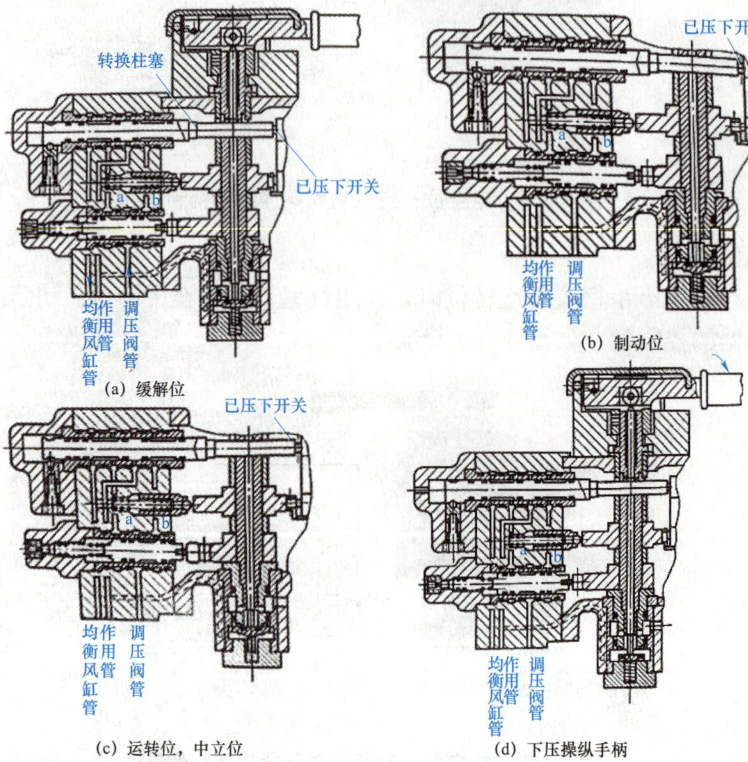

图 5-62　空气制动阀空气位工作原理

（1）缓解位

当空气制动阀操纵手柄置于缓解位时，作用柱塞处于极左端位置，连通了调压阀管与均衡风缸的充风气路（调压阀管—作用柱塞阀—转换柱塞阀—均衡风缸管），如图 5-63 所示。

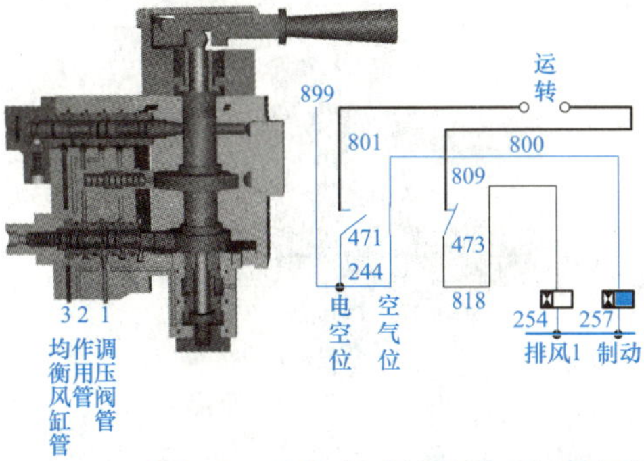

图 5-63　空气位：空气制动阀操纵手柄缓解位

（2）制动位

当空气制动阀操纵手柄置于制动位时，作用柱塞阀开通了均衡风缸的排风气路（均衡风缸管—转换柱塞阀—作用柱塞阀—大气），均衡风缸减压，列车制动，如图 5-64 所示。

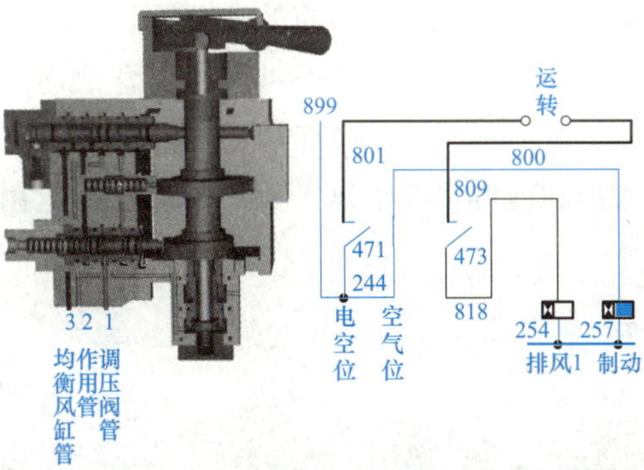

图 5-64　空气位：空气制动阀操纵手柄制动位

（3）中立位、运转位

由于作用柱塞在运转位与中立位时均处于中间位置，使调压阀管与均衡风缸管，以及均衡风缸与大气的通路均被切断，而定位凸轮控制的微动开关电路实际上不参与制动作用，故两个位置的作用相同，均为保压作用，如图 5-65 所示。

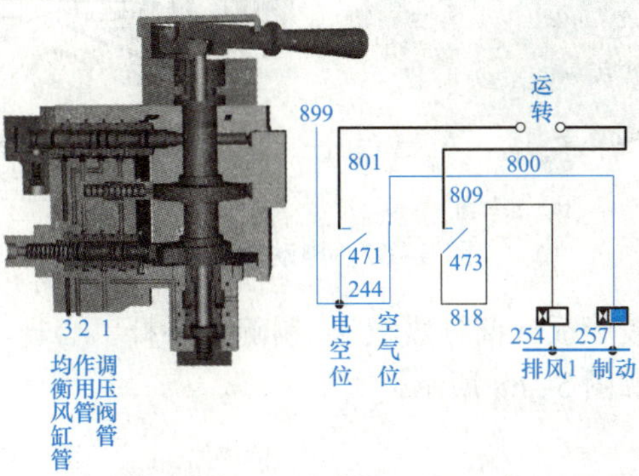

图 5-65　空气位：空气制动阀操纵手柄中立位、运转位

（4）下压操纵手柄

此过程同电空位工作状态下压操纵手柄，起到单独缓解机车的作用，如图 5-66 所示。

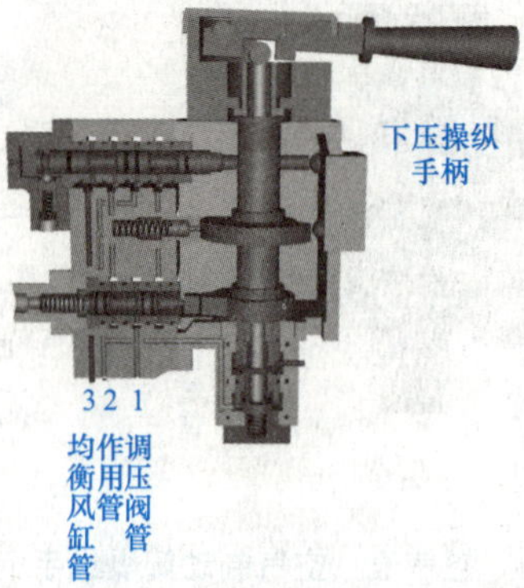

图 5-66　下压操纵手柄

综上所述，在空气位操纵空气制动阀时，通过直接控制均衡风缸的压力变化来控制中继阀的动作，最终实现全列车的制动、缓解与保压；并且在下压操纵手柄时，通过控制作用管的排风来控制分配阀均衡部的动作，实现机车的单独缓解。

无论是电空位下的操纵，还是空气位下的操纵，作用管或均衡风缸都是由 53 或 54 调压阀管充风的，但两者的充风压力不同：在电空位时，调压阀的整定值为 300 kPa；在空气位时，调压阀的整定值为 500 kPa 或 600 kPa。关于这一点，请在实际运用中注意调节并改变调压阀的整定值。

活动 5.2.4　认知电动放风阀

1. 构造特点

电动放风阀属于阀口式空气阀，如图 5-67 所示。

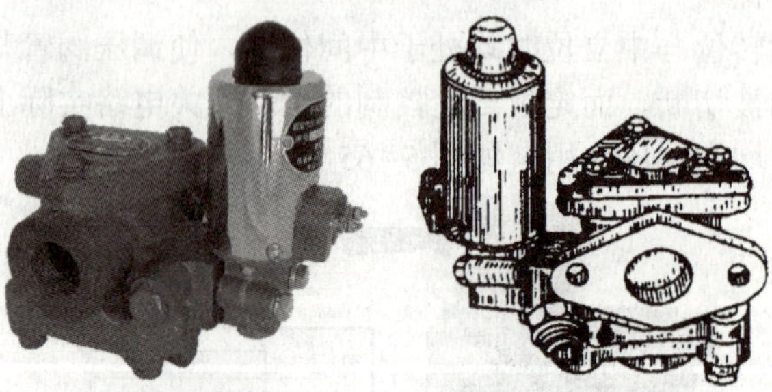

（a）实物图　　（b）结构简图

图 5-67　电动放风阀

电动放风阀主要由橡胶膜板（简称膜板）、铜碗、心杆、心杆套、放风阀（简称阀）、放风阀弹簧、阀座等组成，如图 5-68 所示。

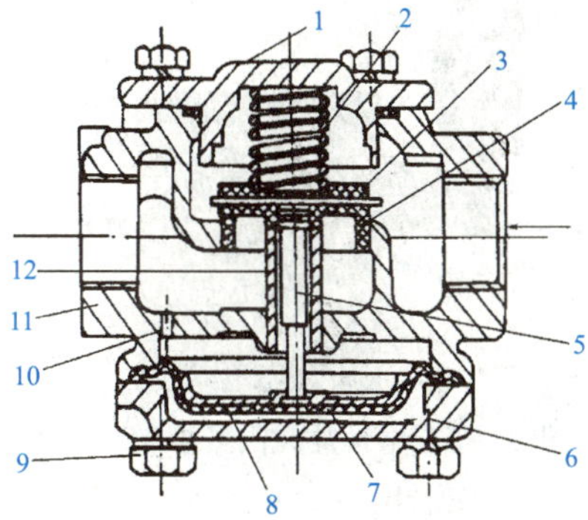

1—上盖；2—放风阀弹簧；3—放风阀；4—阀座；5—心杆；6—下盖；7—橡胶膜板；8—铜碗；9—螺钉；10—小孔；11—阀体；12—心杆套。

图 5-68　电动放风阀的结构

电动放风阀上有列车管接管孔和总风缸接管孔，如图 5-69 所示。

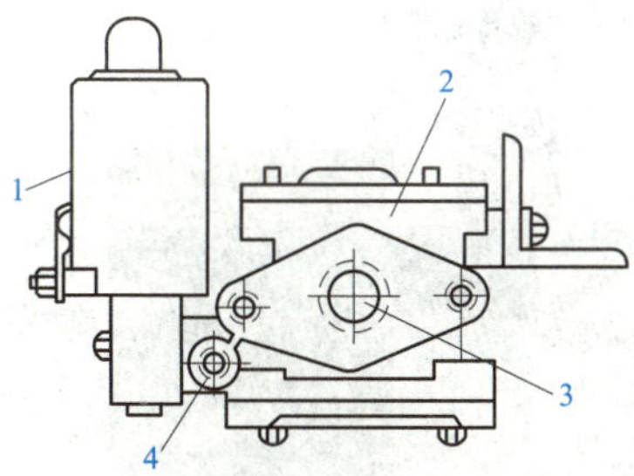

1—紧急电空阀 94YV；2—阀体；3—列车管接管孔；4—总风缸接管孔。

图 5-69　电动放风阀上的接管孔

2. 工作原理

1）连接管路

电动放风阀内部空间分别与 3 条气路（或管路）连通：

① 电动放风阀上侧空间经阀体上的孔与列车管连通。

② 电动放风阀下侧及铜碗上侧空间经阀体上的孔与大气连通。

③ 电动放风阀铜碗及膜板下侧空间与紧急电空阀 94YV 的控制气路连通。

2）动作状态

电动放风阀的工作过程包括以下两个动作状态。

（1）紧急制动状态

当紧急电空阀 94YV 得电时，接通总风经紧急电空阀 94YV 向电动放风阀铜碗及膜板下侧空间充风的气路，膜板、铜碗推动心杆上移而压缩放风阀弹簧，顶开放风阀口，连通列车管向大气排风的气路，使列车管压力迅速降低，实现全列车的紧急制动，如图 5-70 所示。

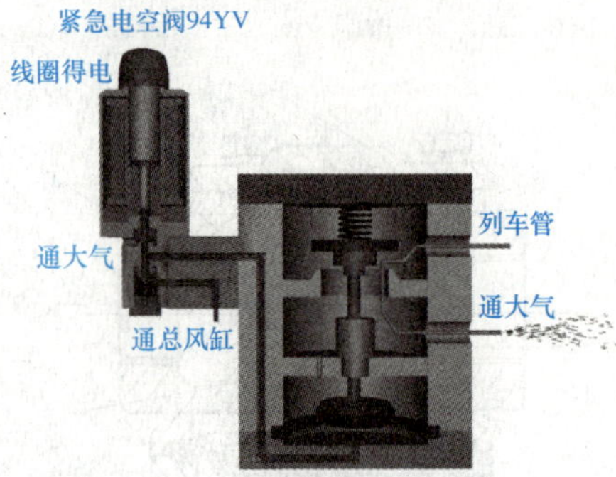

图 5-70　电动放风阀紧急制动状态

（2）非紧急制动状态

当紧急电空阀 94YV 失电时，接通电动放风阀铜碗及膜板下侧空间经紧急电空阀 94YV 向大气排风的气路，在放风阀弹簧的作用下，放风阀推动心杆、铜碗、膜板下移，关闭放风阀口，切断列车管向大气排风的气路。此时，列车管的压力变化主要由中继阀控制，如图 5-71 所示。

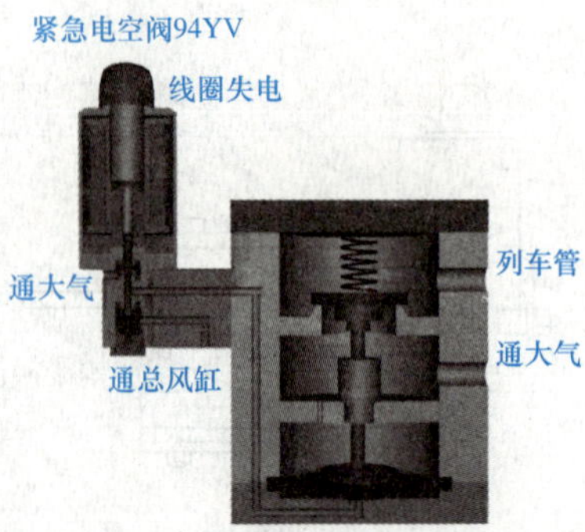

图 5-71　电动放风阀非紧急制动状态

活动 5.2.5　认知紧急阀

1. 构造特点

紧急阀由阀体与阀座两部分组成，如图 5-72 所示。阀座又称管座，其内部设有一个空腔——紧急室，容积为 1.5 L。

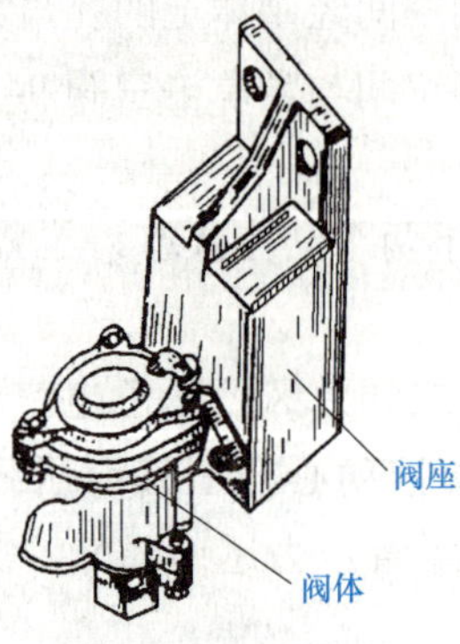

图 5-72　紧急阀

紧急阀主要由紧急活塞、活塞杆、放风阀机构、微动开关及其他部件组成，如图 5-73、图 5-74 所示。

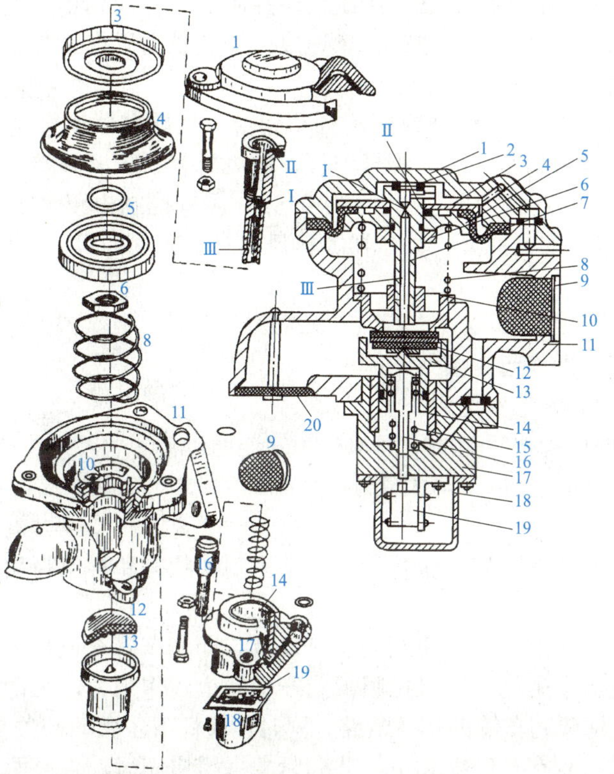

Ⅰ—缩孔ϕ1.8 mm；Ⅱ—缩孔ϕ0.5 mm；Ⅲ—缩孔ϕ1.2 mm。

1—阀盖；2—密封圈；3—上活塞；4—膜板；5—下活塞；6—螺母；7—活塞杆；8—安定弹簧；9—滤尘罩；10—放风阀座；11—阀上体；12—放风阀；13—放风阀导向杆；14—放风阀套；15—放风阀弹簧；16—顶杆；17—阀下体；18—滤尘器；19—微动开关；20—排风口罩。

图 5-73　紧急阀的结构

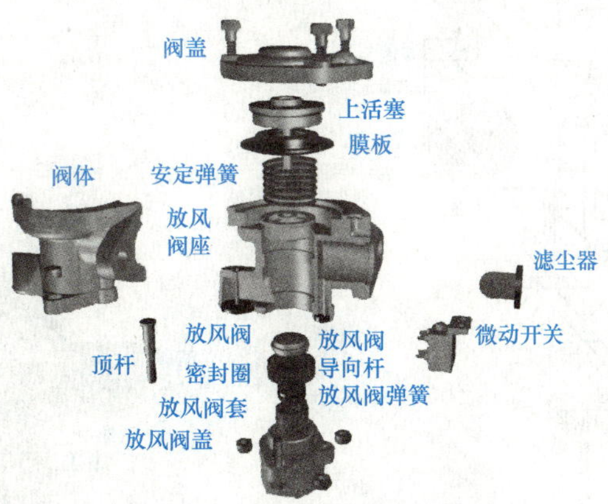

图 5-74　紧急阀的结构模型

① 紧急活塞。传感部件，主要由上活塞、下活塞、膜板等组成，用于感应作用在膜板上下两侧的作用力之差，从而带动活塞杆上下移动，以关闭或开启放风阀口，切断或连通列车管的排风气路；同时，联动微动开关 95SA 断开或闭合电路 838—839。

② **活塞杆**。随活塞膜板上下移动，关闭或顶开放风阀口。活塞杆轴向中心开一通孔，并设 3 个缩孔：缩孔Ⅰ（ϕ1.8 mm）、缩孔Ⅱ（ϕ 0.5 mm），缩孔Ⅲ（ϕ 1.2 mm），用来限制紧急室的充风、排风速度。缩孔Ⅰ用于在常用制动时控制紧急室向列车管逆流的速度；缩孔Ⅱ用于在充风缓解时控制列车管向紧急室的充风速度；缩孔Ⅲ用于在紧急制动时控制紧急室压力空气排入大气的速度。

③ **放风阀机构**。该机构是连通或切断列车管排风气路并联动微动开关 95SA 的执行部件，主要由放风阀、放风阀座、放风阀导向杆、放风阀套、放风阀弹簧、顶杆等组成。

④ **微动开关**。双断点微动开关，代号为 95SA，用来控制电路 838—839 的闭合与断开。

⑤ **其他部件**。包括安定弹簧、滤尘器、排风口罩、密封圈等。

2. 工作原理

1）连接管路

紧急阀内部空间分别连通 3 条气路：

① 膜板上侧空间与紧急室连通。

② 膜板下侧及放风阀弹簧侧的空间与列车管连通。

③ 放风阀下侧空间经排风口与大气连通。

2）动作状态

紧急阀有三个动作状态：充风缓解状态、常用制动状态和紧急制动状态。

（1）充风缓解状态

当机车制动机充风缓解时，紧急阀处于充风位。即列车管充风，列车管压力升高，膜板下侧压力上升的速度大于上侧，所以在膜板上产生向上的作用力，带动活塞杆上移至上端，关闭放风阀口，从而切断列车管的排风气路；同时，顶杆下压微动开关 95SA，使其断开电路 838—839。与此同时，列车管经缩孔Ⅰ、Ⅱ向紧急室缓慢充风，直至两者压力相等为止。此时，紧急活塞在安定弹簧的作用下，仍保持在极上端的位置，如图 5-75、图 5-76 所示。

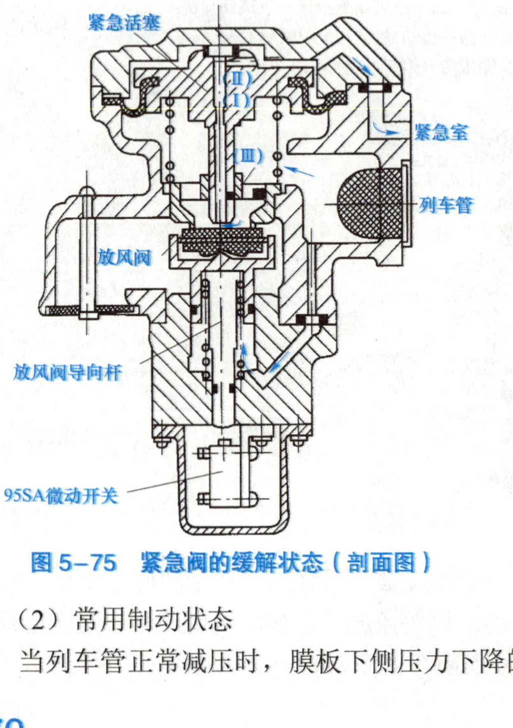

图 5-75　紧急阀的缓解状态（剖面图）

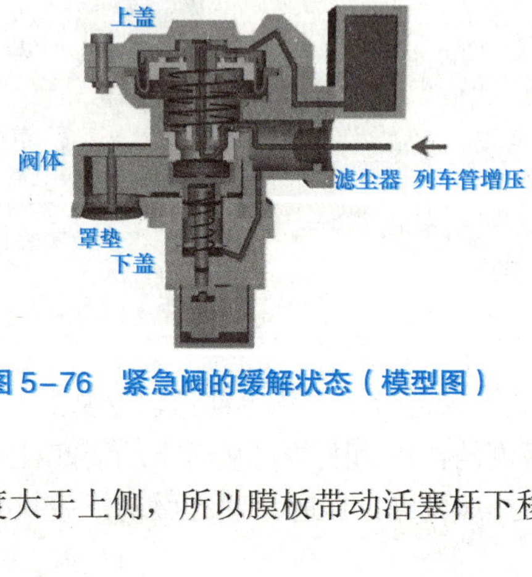

图 5-76　紧急阀的缓解状态（模型图）

（2）常用制动状态

当列车管正常减压时，膜板下侧压力下降的速度大于上侧，所以膜板带动活塞杆下移，打开活塞顶部上端口，紧急室的压力空气经缩孔Ⅰ向列车管逆流，使活塞上下压力差减小，紧急阀不动作，当两者压力相等时，在安定弹簧的作用下，使膜板带动活塞杆重新上移至上端，如图5-77、图5-78所示。

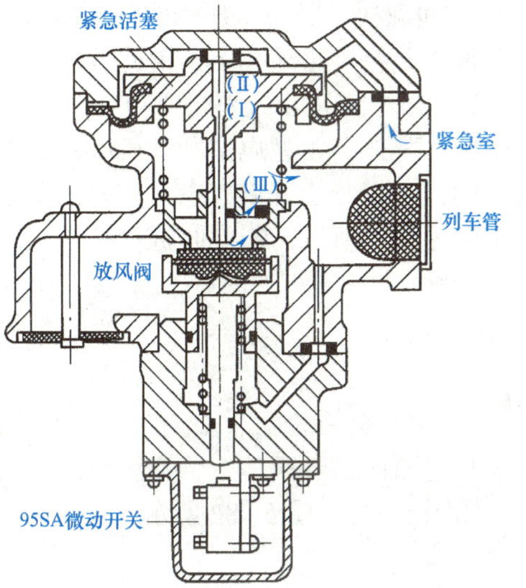

图5-77 紧急阀的常用制动状态（剖面图）

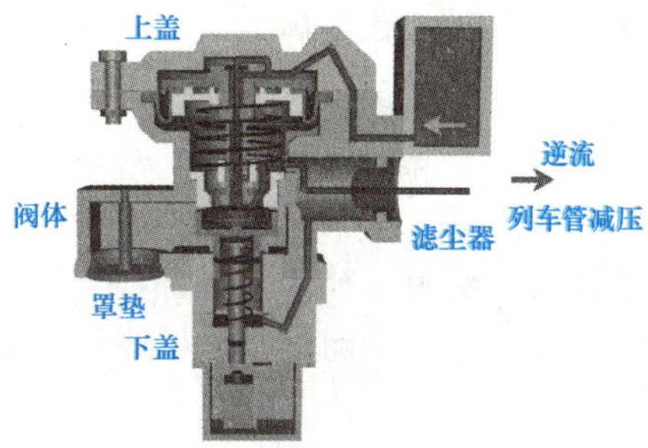

图5-78 紧急阀的常用制动状态（模型图）

（3）紧急制动状态

当列车管急速减压时，膜板下侧压力下降的速度远远大于上侧，紧急室压力来不及从缩孔逆流，所以膜板带动活塞杆下移，压缩放风阀弹簧而顶开放风阀口，从而连通列车管的排风气路。同时，推动顶杆下移并压向微动开关95SA，使其闭合电路838—839。与此同时，紧急室的压力空气经缩孔Ⅰ、Ⅲ排向大气，当紧急室压力降到某一压力值时，在安定弹簧、放风阀弹簧的作用下，使膜板、活塞杆重新上移至上端，并且放风阀、顶杆也一起上移，关闭放风阀口，切断列车管的排风气路，并使微动开关95SA重新断开电路838—839，如图5-79、图5-80所示。

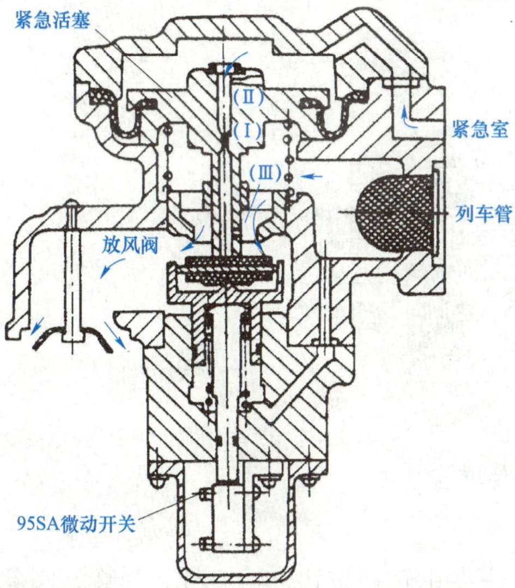

图5-79 紧急阀的紧急制动状态（侧面图）

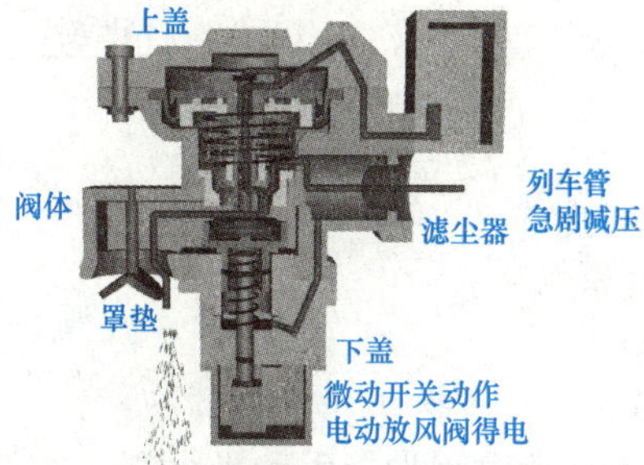

图5-80 紧急阀的紧急制动状态（模型图）

可见，紧急阀是根据列车管和紧急室的充风、排风速度工作的，并且由列车管的压力变化来控制。其放风阀口的开启与微动开关 95SA 闭合电路 838—839 仅保持一定时间。该时间参数主要取决于缩孔Ⅲ孔径的大小，正常工作时为 15 s。通过前面的分析可知，紧急阀放风阀口开启和微动开关 95SA 闭合电路 838—839 的保持时间取决于紧急室压力空气的排放速度，而紧急室是通过缩孔Ⅰ、Ⅲ进行排风的，并且缩孔Ⅲ的孔径小于缩孔Ⅰ，因此改变缩孔Ⅲ的孔径，即可达到调整放风阀口开启及微动开关 95SA 闭合电路 838—839 时间的目的。

此外，紧急制动后 15 s 内，若司机进行缓解操纵，则 DK-1 型电空制动机不能可靠地实现缓解。这是因为紧急制动后 15 s 内，紧急阀放风阀口一直处于开启状态，充入列车管的压力空气还会经开启的放风阀口排入大气，列车管充风无效。所以，若此时进行缓解操作，制动系统不能实现可靠缓解。

活动 5.2.6 认知重联阀

1. 构造特点

重联阀主要由本补转换阀部、重联阀部、制动缸遮断阀部及阀体、管座等组成，其连接管路包括作用管、平均管、总风联管及制动缸管，如图 5-81、图 5-82 所示。

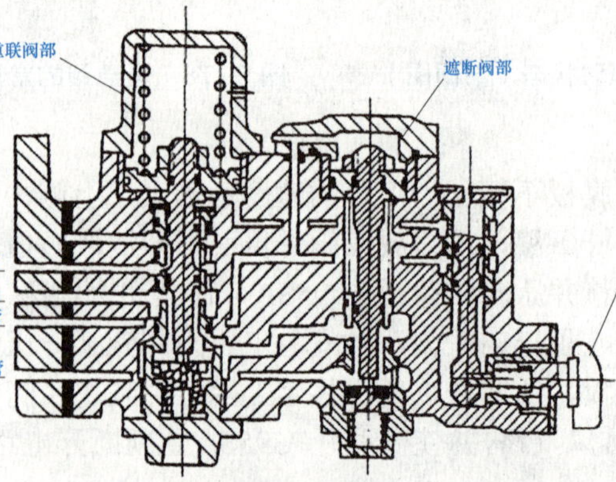

图 5-81 重联阀的结构原理（本机位）

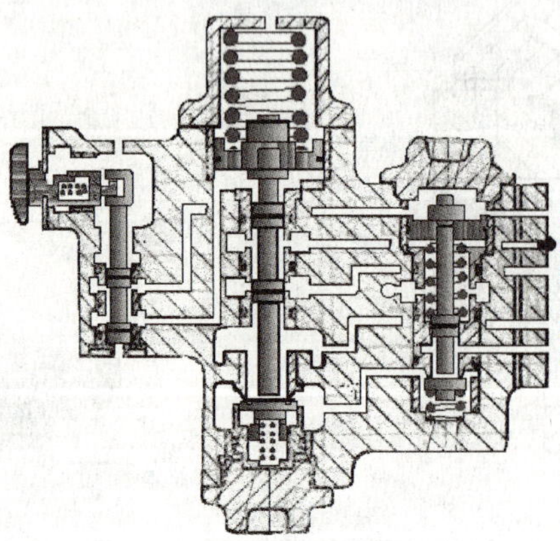

图 5-82 重联阀的管路连接

1）本补转换阀部

本补转换阀为一手动操纵阀，本补转换阀部主要由转换按钮、偏心杆、弹簧、阀套、柱塞、O 形密封圈、标示牌和弹性挡圈、挡盖、定位销等组成，如图 5-83 所示。

本补转换阀部设本机位和补机位两个工作位置。转换按钮在弹簧和定位销的作用下，保持在某一固定位置。若需转换位置，须先将转换按钮向里推，然后再转动 180° 至所需的位置，到位后将按钮松开。

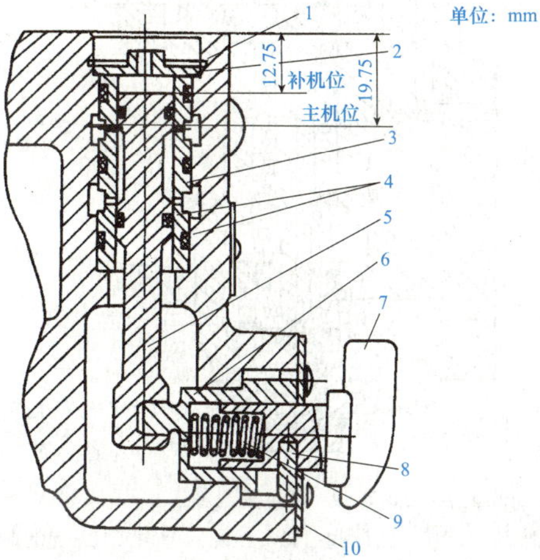

1—弹性挡圈；2—挡盖；3—阀套；4—O 形密封圈；5—柱塞；6—偏心杆；7—转换按钮；
8—定位销；9—弹簧；10—标示牌。

图 5–83　本补转换阀部的结构（补机位）

2）重联阀部

重联阀部主要由重联阀活塞、活塞杆、重联阀弹簧、重联阀阀套、O 形密封圈及止回阀、止回阀弹簧等组成，如图 5–84 所示。

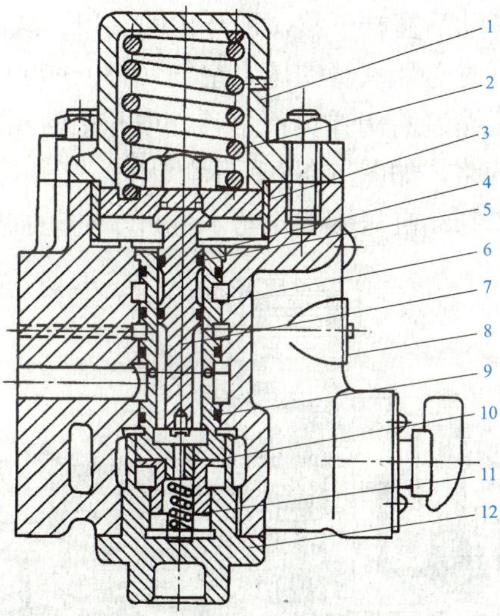

1—重联阀上盖；2—重联阀弹簧；3—重联阀活塞；4—弹性挡圈；5、9—O 形密封圈；6—重联阀阀套；
7—活塞杆；8—厂铭牌；10—止回阀；11—止回阀弹簧；12—下盖。

图 5–84　重联阀部的结构（补机位）

3）制动缸遮断阀部

制动缸遮断阀部主要由制动缸遮断阀活塞、活塞杆、遮断阀弹簧、遮断阀阀套、O 形密封圈及止回阀、止回阀弹簧等组成。

单位：mm

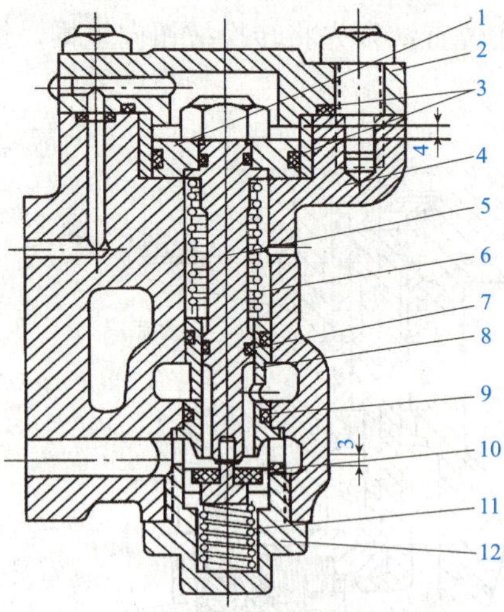

1—制动缸遮断阀活塞；2—遮断阀上盖；3、7、9—O 形密封圈；4—重联阀体；5—活塞杆；6—遮断阀弹簧；8—遮断阀阀套；10—止回阀；11—止回阀弹簧；12—遮断阀下盖。

图 5-85　制动缸遮断阀部的结构（补机位）

2. 工作原理

当机车作为本务机车时，须将转换按钮置于本机位；当机车作为重联机车时，须将转换按钮置于补机位。

1）本机位

当转换按钮置于本机位时，本补转换阀连通重联阀活塞下侧与大气之间的气路；重联阀活塞在重联阀弹簧的作用下，带动活塞杆下移，顶开止回阀口，从而连通平均管与制动缸遮断阀部止回阀上侧之间的气路。同时总风联管的压力空气（750～900 kPa）通往制动缸遮断阀活塞上侧，使活塞带动其活塞杆压缩遮断阀弹簧而下移，顶开止回阀口，从而连通制动缸与制动缸遮断阀部止回阀上侧之间的气路，如图 5-86 所示。因此，在本机位时，连通制动缸与平均管之间的气路，为实现重联机车制动缸压力变化与本务机车制动缸压力变化协调一致做好准备。

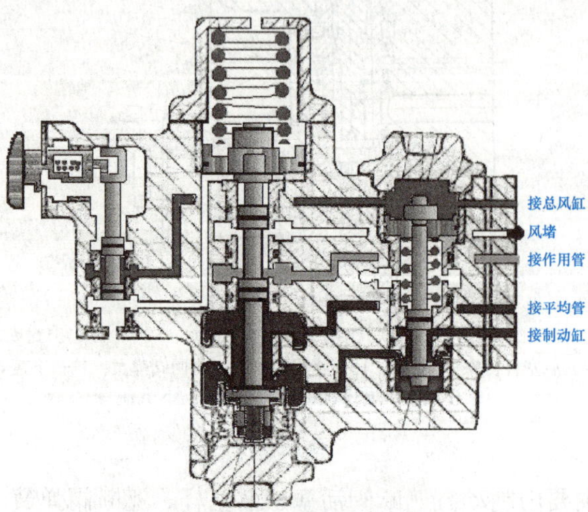

图 5-86　重联阀本机位

本务机车制动机进行制动、缓解时，本务机车制动缸的压力变化经平均管和机车间的平均塞门、平均软管传入重联机车的平均管，如图 5-87 所示。

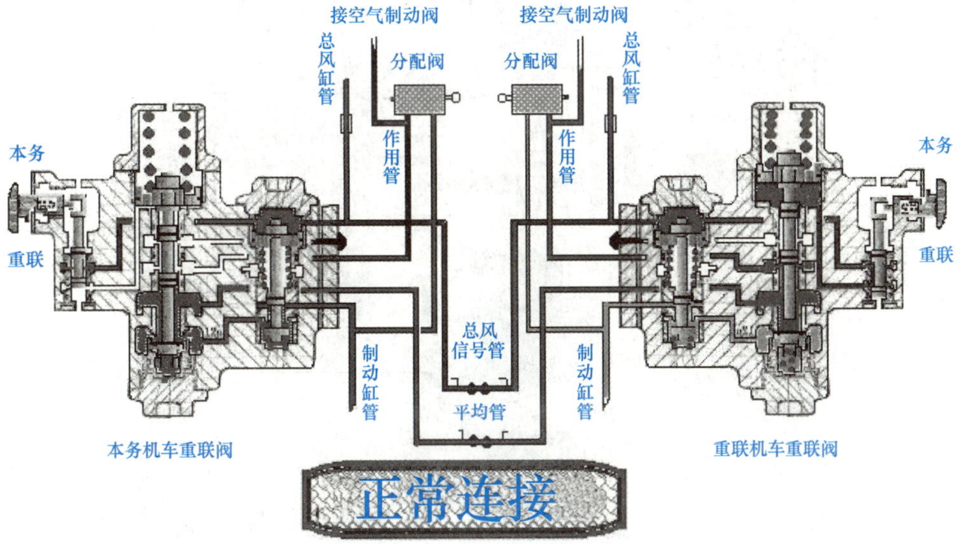

图 5-87 双机牵引时重联阀的配合（本机位）

运行中一旦机车间发生断钩分离现象，列车管、总风联管、平均管等连接软管均被拉断，本务机车产生紧急制动。同时，由于总风联管内压力迅速下降，制动缸遮断阀活塞在其弹簧作用下带动活塞杆上移，关闭止回阀口，从而切断制动缸管与重联阀止回阀处的制动缸通路，以防止制动缸压力空气经重联阀部止回阀、平均管排向大气，保证本务机车紧急制动的可靠实施。

2）补机位

当转换按钮置于补机位时，本补转换阀部连通总风联管与重联阀活塞下侧之间的气路；使重联阀活塞带动活塞杆压缩弹簧而上移，关闭止回阀口，并连通作用管与平均管之间的气路；遮断阀部在总风联管压力空气（750～900 kPa）的作用下，使活塞带动活塞杆压缩弹簧而下移，顶开止回阀口，使制动缸与制动缸遮断阀部止回阀上侧的气路连通，但由于重联阀部止回阀口关闭，所以该气路被重联阀部止回阀遮断，如图 5-88 所示。因此，在补机位时，作用管与平均管气路连通，使本务机车制动缸的压力变化通过平均管传入重联机车的作用管，经重联机车分配阀均衡部动作后，确保重联机车制动缸压力变化与本务机车制动缸压力变化协调一致。

运行中一旦机车间发生断钩分离现象，列车管、总风联管、平均管等连接软管均被拉断，本务机车产生紧急制动。由于总风联管内压力迅速下降，重联机车制动缸遮断阀活塞在其弹簧的作用下，带动活塞杆上移，关闭止回阀口，切断制动缸管与平均管之间的通路；并且由于列车管压力空气迅速排入大气，重联机车分配阀也将自动产生紧急制动，如图 5-89 所示。

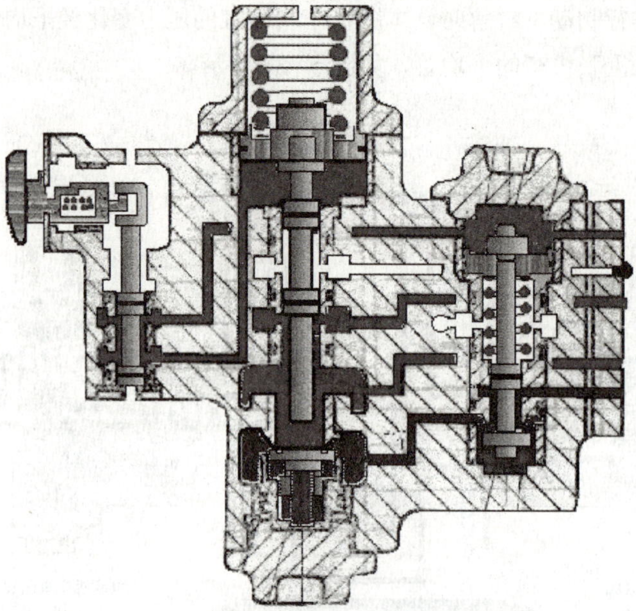

图 5-88 重联阀补机位

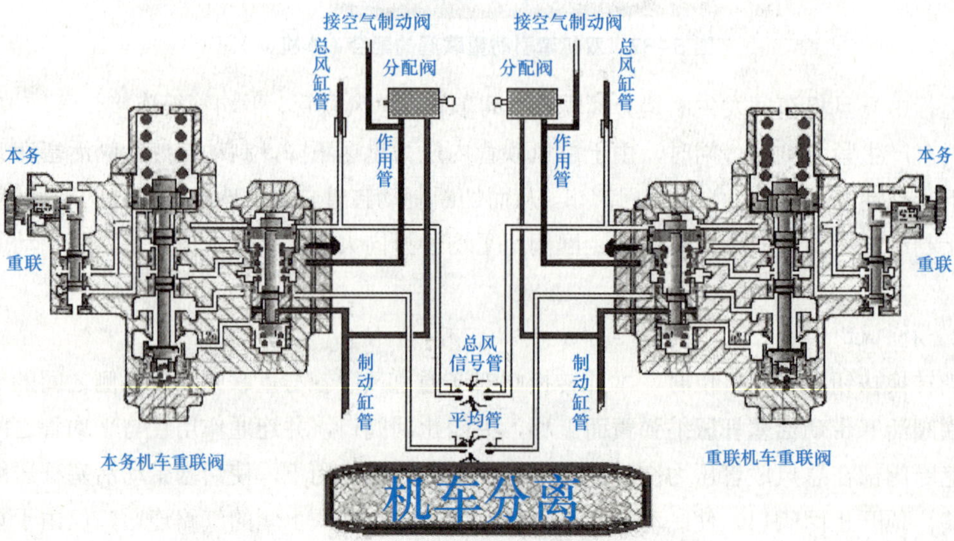

图 5-89 双机牵引时重联阀的配合（补机位）

活动 5.2.7 认知电空制动器

1. 构造特点

电空制动器俗称大闸，主要由操纵手柄、凸轮轴组装及静触头组等组成，如图 5-90、图 5-91 所示。

① 操纵手柄。共设 6 个工作位置，按逆时针排列顺序依次为：过充、运转、中立、制动、重联及紧急。由于安装面板上限位装置的作用，操纵手柄只能在重联位取出或装入。对于双端操纵的机车，两个电空制动器只配备一个操纵手柄，以确保行车安全。

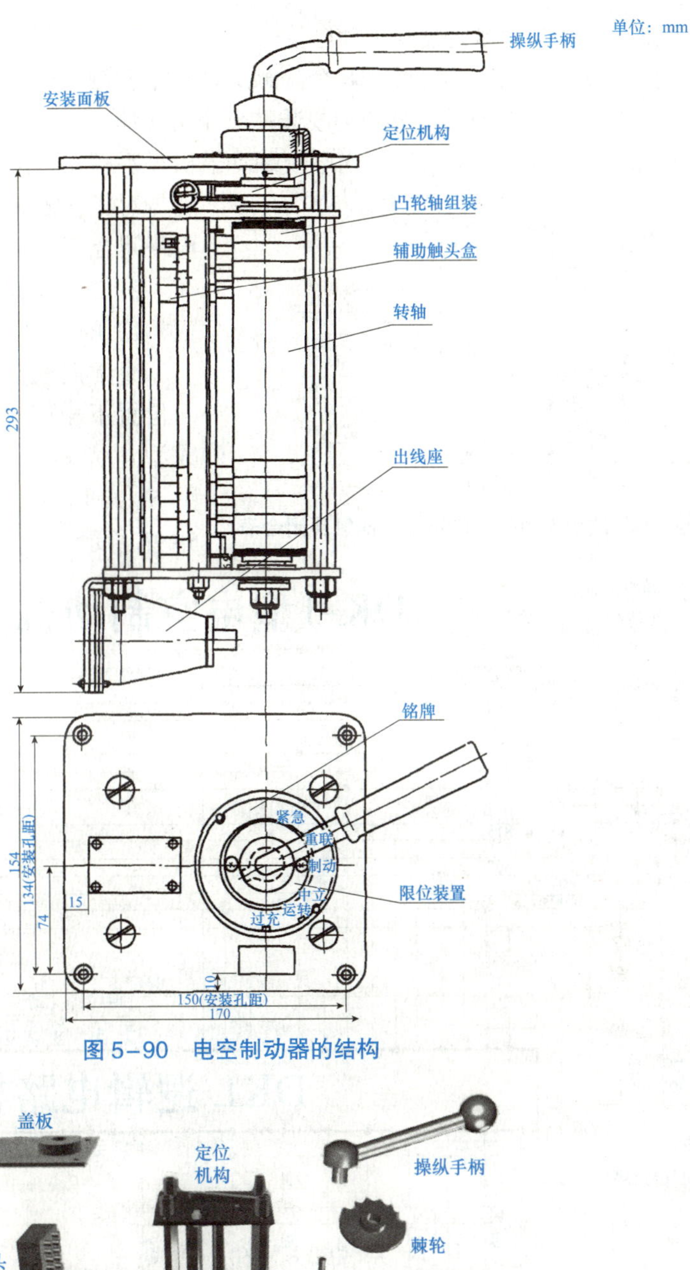

图 5-90　电空制动器的结构

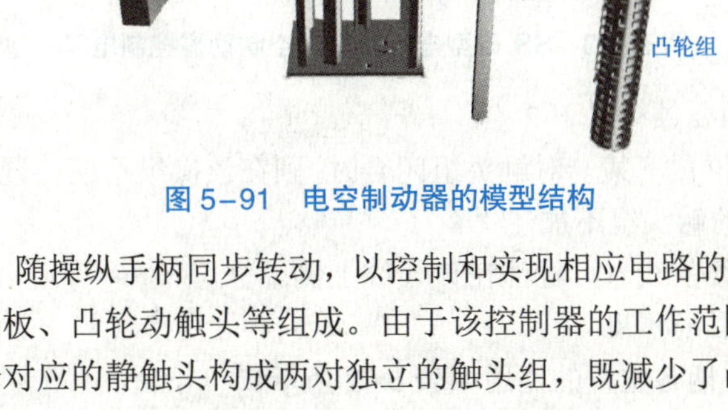

图 5-91　电空制动器的模型结构

② 凸轮轴组装。随操纵手柄同步转动，以控制和实现相应电路的闭合与断开。它主要由转轴、调速垫圈、隔板、凸轮动触头等组成。由于该控制器的工作范围小于 180°，所以一个凸轮动触头与两个对应的静触头构成两对独立的触头组，既减少了凸轮动触头个数，又使

其结构紧凑，电空制动器共设 9 个动触头。

③ 静触头组。静触头组包括 18 个静触头，每个静触头均由触头座、触指、出线座及辅助连接片等组成。18 个静触头分两列安装在一个触头座上，一个凸轮动触头分别与一个或两个静触头构成一对或两对触头组。当电空制动器操纵手柄在不同工作位置时，凸轮动触头分别与对应静触头接触或分离，从而使相应的电路闭合或开断。

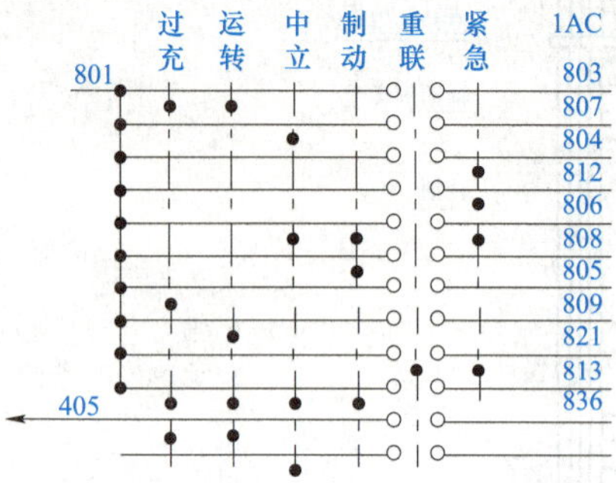

图 5-92　SS_4改型电力机车电空制动器触头闭合表

2. 工作原理

1）触头闭合表

通常用触头闭合表来表示操纵手柄不同位置下相应电路的闭合与断开情况，SS_4 改型电力机车电空制动器触头闭合表如图 5-92 所示，其控制电路如图 5-92、图 5-93 所示。

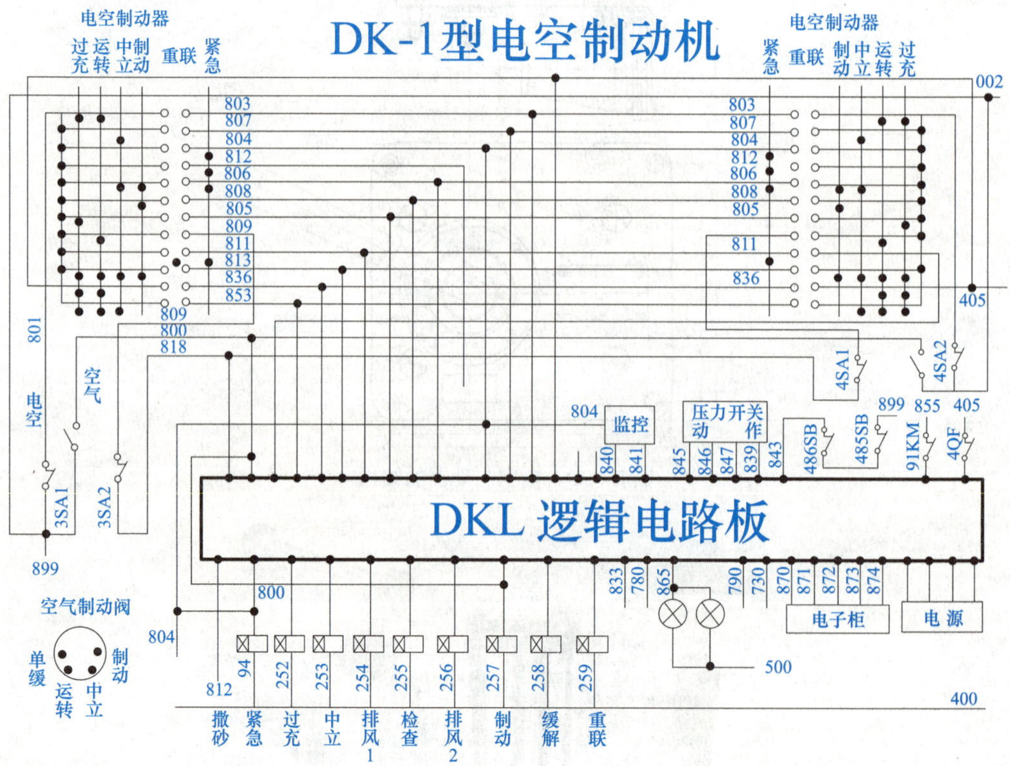

图 5-93　SS_4改型电力机车电空制动器控制电路

识读触头闭合表的要领有以下 2 点：

① 某一操纵手柄位置下某一对触头组闭合时，则在该操纵手柄位置下方及相应触头组下侧加注“●”，不闭合的触头组不加注“●”。

② 静触头连接导线的线号，标注在该导线上侧。

2）操纵手柄各位置的作用

电空制动器操纵手柄各位置的作用如表 5-2 所示。

表 5-2　电空制动器操纵手柄各位置的作用

手柄位置	得电导线	作　用
过充	803、805、813、836（经 405）	车辆快速缓解，机车保压
运转	803、809、813、836（经 405）	正常运行位，机车、车辆缓解
中立	807、806、813	全列车保压
制动	806、808、813	常用制动位，机车、车辆制动
重联	821	换端操纵，重联机车位，接受本务机车控制
紧急	804、812、806、821	紧急制动位，全列车紧急制动

活动 5.2.8　认知电空阀

1. 电空阀的构造特点

DK-1 型电空制动机除采用传统的 TFK1B 型电空阀外，为满足系统的性能还装用 TFK 型电空阀，习惯上称后者为三通电空阀。

1）TFK1B 型电空阀

TFK1B 型电空阀主要由电磁机构部分和气阀部分组成。电磁机构部分包括线圈、动铁心、磁轭等，气阀部分包括阀座、上阀门、下阀门、复原弹簧、阀杆等。其中，上下阀门与阀座分别构成上下阀口。气阀部分被上下阀口分成 3 个气室，且各气室分别与外部连通：下气室与风源连通，称为输入口；中气室通向控制对象，称为输出口；上气室与大气连通，称为排风口。TFK1B 型电空阀的结构如图 5-94 所示。

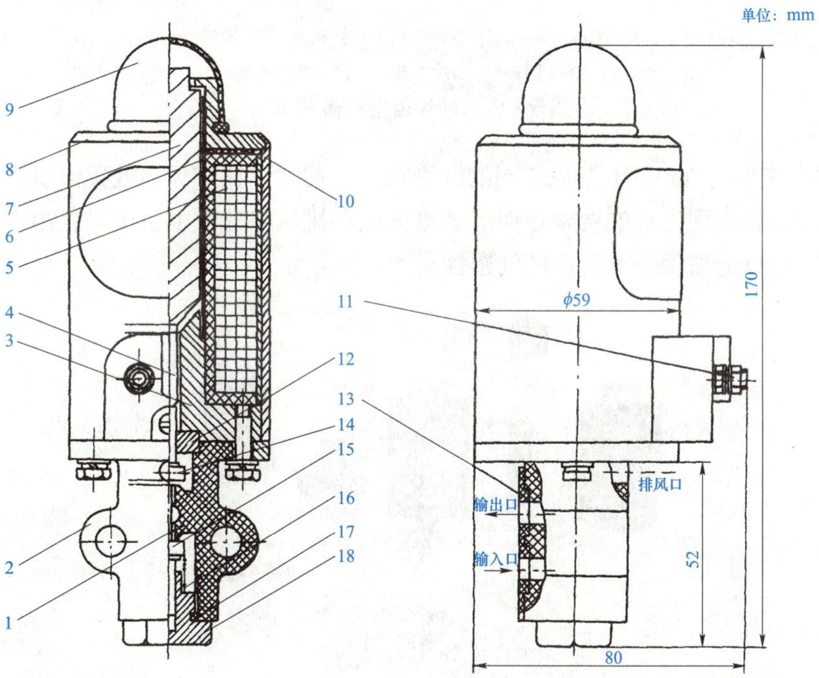

1—阀杆；2—阀座；3—静铁心；4—心杆；5—线圈；6—铜套；7—动铁心；8—磁轭；9—橡胶防尘帽；10—橡胶垫；11—接线柱；12—滑块；13—密封垫；14—上阀门；15—下阀门；16—复原弹簧；17—O 形密封圈；18—下盖。

图 5-94　TFK1B 型电空阀的结构

2）TFK 型电空阀

TFK 型电空阀是 TFK1B 型电空阀的派生产品，其结构和作用原理与 TFK1B 型电空阀相似，二者的区别在于气阀部分。TFK 型电空阀的结构如图 5-95 所示，其模型结构如图 5-96 所示。

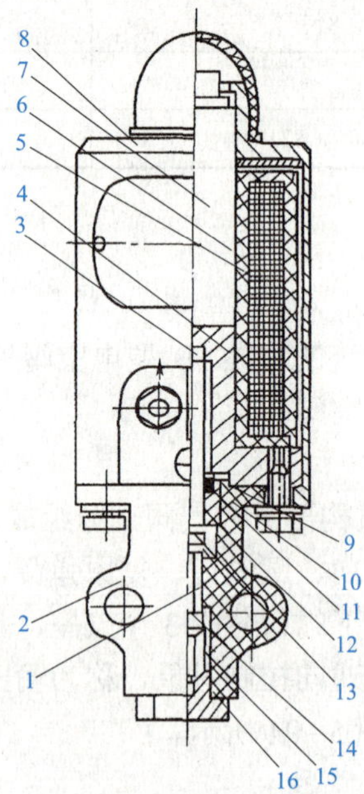

1—阀杆；2—阀座；3—心杆；4—静铁心；5—线圈；6—铜套；7—动铁心；8—磁轭；9—压圈；10、11—O 形密封圈；12—密封套；13—上阀门；14—下阀门；15—复原弹簧；16—下盖。

图 5-95　TFK 型电空阀的结构

TFK 型电空阀与 TFK1B 型电空阀的区别在于：前者可在排风口处集中引出，并根据需要接管或加堵，以实现三通的要求；而后者则无法在排风口处集中引出，且由于上阀门与滑道间有间隙，所以无法保证上气室的气密性。

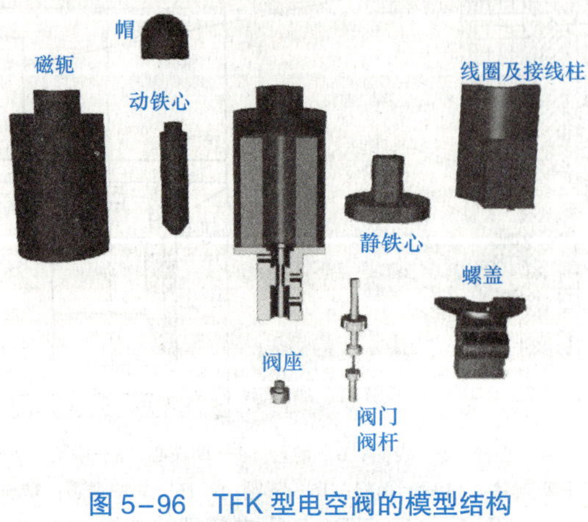

图 5-96　TFK 型电空阀的模型结构

2. DK-1 型电空制动机上的电空阀

DK-1 型电空制动机共使用 13 个闭式电空阀，各电空阀空气管路连接情况及其作用如下。

① 撒砂电空阀。共 4 个，代号为 251YV、241YV、250YV、240YV。输入口接总风管，输出口经止回阀与撒砂管连接，排风口通大气。当电空制动器置于紧急制动位时，使其得电以完成自动撒砂动作，防止车轮在制动时滑行。

② 过充电空阀。代号为 252YV。输入口接总风管，输出口接过充风缸管，排风口被堵。当电空制动器置于过充位时，使其得电并连通总风向过充风缸充风的气路，以控制双阀口式中继阀动作，使列车管快速充风，并得到过充压力。

③ 中立电空阀。代号为 253YV。输入口接总风管，输出口接总风遮断阀管，排风口通大气。当操纵电空制动器使其得电时，连通总风向总风遮断阀充风的气路，以关闭总风遮断阀口，切断列车管供气风源；而当其失电时，则开通列车管的供气风源。

④ 排风 1 电空阀。代号为 254YV。输入口接作用管，输出口和排风口通大气。当其得电时，连通作用管向大气排风的气路，以实现机车的缓解；而当其失电时，则切断该气路。

⑤ 检查电空阀。代号为 255YV。输入口接总风管，输出口接均衡风缸管，排风口被堵。当按下充气检查按钮使其得电时，连通总风向均衡风缸充风的气路，以进行列车管折角塞门开通状态的检查。

⑥ 排风 2 电空阀。代号为 256YV。输入口被堵，输出口接过充风缸管，排风口通大气。当其失电时，加快过充风缸的排风。

⑦ 制动电空阀。代号为 257YV。输入口被堵，输出口与初制风缸管和缓解电空阀 258YV 的排风口连接，排风口通大气。当其失电时，连通初制风缸和缓解电空阀 258YV 排风口向大气排风的气路；而当其得电时，则切断该气路。

⑧ 缓解电空阀。代号为 258YV。输入口经止回阀（203）、调压阀（55）接总风管（55 调压阀管），输出口接均衡风缸管，排风口与初制风缸管和制动电空阀 257YV 输出口连接。当其得电时，连通总风经调压阀向均衡风缸充风的气路，并使其得到定压；而当其失电时，则连通均衡风缸与初制风缸、制动电空阀 257YV 输出口的气路。

可见，只有当制动电空阀 257YV、缓解电空阀 258YV 同时失电时，才连通均衡风缸向大气排风的气路。

⑨ 重联电空阀。代号为 259YV。输入口接列车管，输出口接均衡风缸管，排风口被堵。当其得电时，连通均衡风缸与列车管之间的气路，以实现中继阀自锁；而当其失电时，则切断该气路。

⑩ 紧急电空阀。代号为 94YV。输入口接总风管，输出口与电动放风阀膜板下侧连通，排风口通大气。当其得电时，连通总风向电动放风阀膜板下侧充风的气路，以控制电动放风阀开放列车管的排风气路；而当其失电时，则连通电动放风阀膜板下侧向大气排风的气路，以控制电动放风阀切断列车管的排风气路。

各电空阀的配管及功能见表 5-3。

表 5-3　各电空阀的配管及功能

名称	代号	配管			功　能
		输入口	输出口	排风口	
撒砂	251YV 241YV 250YV 240YV	总风管	撒砂管	大气	紧急制动时得电，自动撒砂防滑
过充	252YV	总风管	过充风缸管	不通	过充位得电，使列车管得到过充压力（30～40 kPa）
中立	253YV	总风管	总风遮断阀管	大气	中立、制动、重联、紧急位得电，切断中继阀的列车管供气风源
排风 1	254YV	作用管	大气	大气	得电时，向大气中排放作用管的压力空气，以实现机车的缓解
检查	255YV	总风管	均衡风缸管	不通	与充气检查按钮配合，用于发车前检查并判断列车管折角塞门的开通状态
排风 2	256YV	不通	过充风缸管	大气	中立、制动、重联、紧急位失电，加速排放过充风缸的压力空气，以避免影响中继阀的作用
制动	257YV	不通	初制风缸管 258YV 的排风口	大气	失电时，向大气排放初制风缸的压力空气；得电时，切断该气路
缓解	258YV	总风管	均衡风缸管	初制风缸管 257YV 的输出口	缓解、过充位得电，使总风经调压阀（55）向均衡风缸充风；失电时，连通均衡风缸、初制风缸与 257YV 输出口的气路
重联	259YV	列车管	均衡风缸管	不通	重联、紧急位得电，连通列车管与均衡风缸的气路，使中继阀自锁
紧急	94YV	总风管	电动放风阀膜板下侧	大气	紧急位得电，控制电动放风阀开放列车管的排风的气路；失电时，关闭该气路

活动 5.2.9　认知附属部件

1. 调压阀

1）构造特点

调压阀属于气动部件，主要由调整手轮、调整弹簧、溢流阀、膜板、阀杆、缩孔、进气阀、进气阀套等组成，如图 5-97、图 5-98 所示。

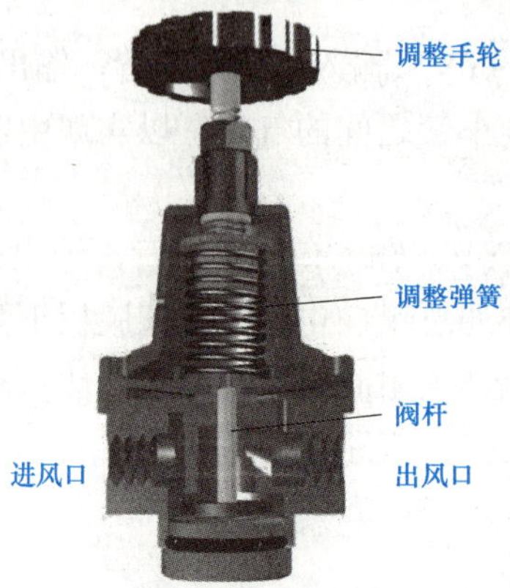

图 5-97　调压阀

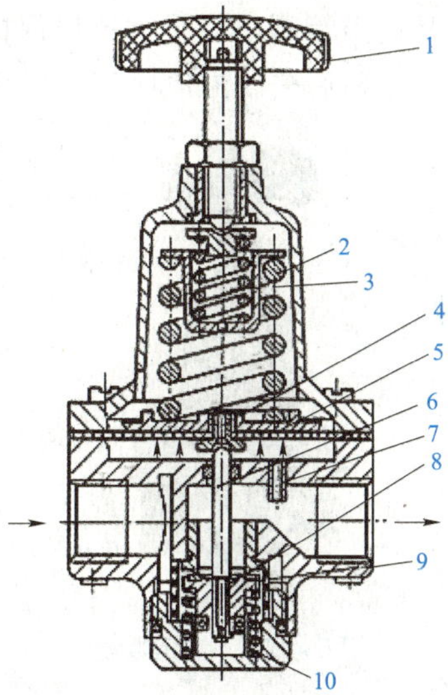

1—调整手轮；2—一级调整弹簧；3—二级调整弹簧；4—溢流阀；5—膜板；6—阀杆；
7—缩孔；8—进气阀；9—进气阀套；10—进气阀。

图 5-98 调压阀的剖面图

2）连接管路

① 进气阀下侧与左边进风口连通。

② 进气阀上侧及中央气室与右边出风口连通。

③ 膜板上侧经小孔通大气。

3）工作原理

调压阀的基本工作原理为：根据膜板上下两侧调整弹簧与中央气室内压力空气之间的作用力之差，联动阀杆上下移动，开启或关闭进气阀口，以控制出风口的空气压力保持某一数值。调压阀有以下两个工作状态：

① 供气状态。如图 5-99 所示，当调压阀进风口输入压力空气时，在调整弹簧的作用下，膜板推动阀杆下移，顶开进气阀口，使压力空气充向出风口侧，同时经小孔充入膜板下侧的中央气室。随着出风口侧的压力逐渐升高，膜板将渐趋平衡，使进风口逐渐关闭，当出风口侧或中央气室压力与调整弹簧整定压力相等时，进风口关闭，即出风口侧压力不再升高。

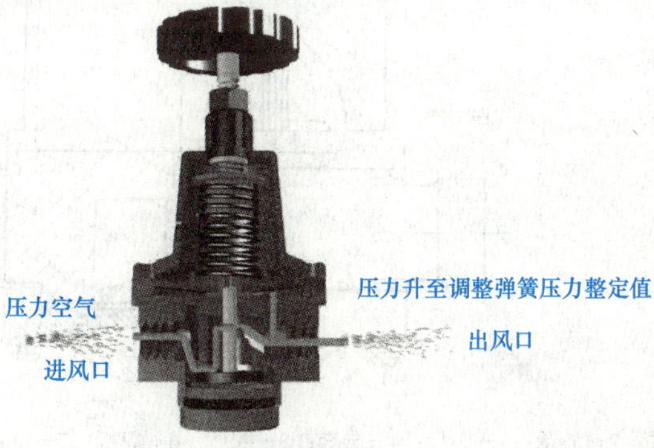

图 5-99 供气状态

② 溢流状态。如图 5-100 所示，当出风口侧（或中央气室）压力高于调整弹簧压力整

定值时，膜板带动溢流阀上移，开启溢流阀口，且进风口保持关闭，使多余的压力空气经溢流阀口排出，直至再次平衡为止，平衡后关闭溢流阀口，停止溢流。

图 5-100　溢流状态

可见，调压阀出风口侧压力总是随着调整弹簧整定压力的变化而变化，因此，改变调整弹簧的整定压力，可达到调节调压阀输出压力的目的。

调压阀的调整方法：顺时针旋转调整手轮调高输出压力，反之则调低输出压力。

4）DK-1 型电空制动机上的调压阀

SS_4 改型电力机车的 DK-1 型电空制动机上共使用两个 QTY 型调压阀，代号分别为 53、55。其中调压阀 53 设在通往空气制动阀的总风支管上，用来调整通往空气制动阀的总风压力。调整值为：电空位 300 kPa、空气位 500 kPa 或 600 kPa。调压阀 55 设在通往制动屏柜 258YV 和压力开关 208、209 的总风支管上，用来调整供给均衡风缸的总风压力。整定值为 500 kPa 或 600 kPa。

2. 压力开关

1）构造特点

压力开关主要由气动部分和微动开关两部分组成，如图 5-101、图 5-102 所示。

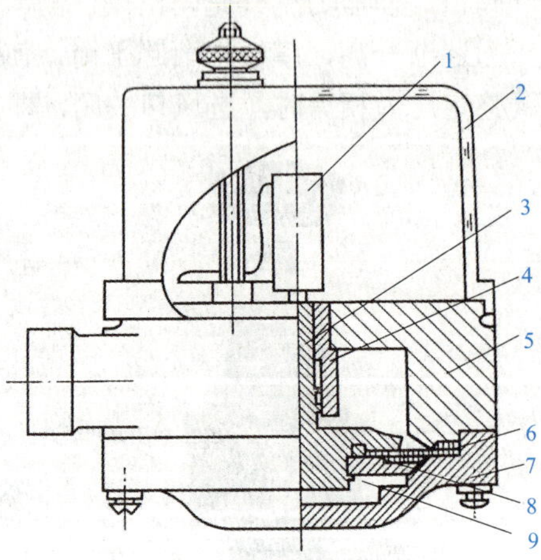

1—微动开关；2—外罩；3—心杆；4—导套；5—阀体；6—膜板；7—下盖；8—挡板；9—弹性挡圈。

图 5-101　压力开关的结构

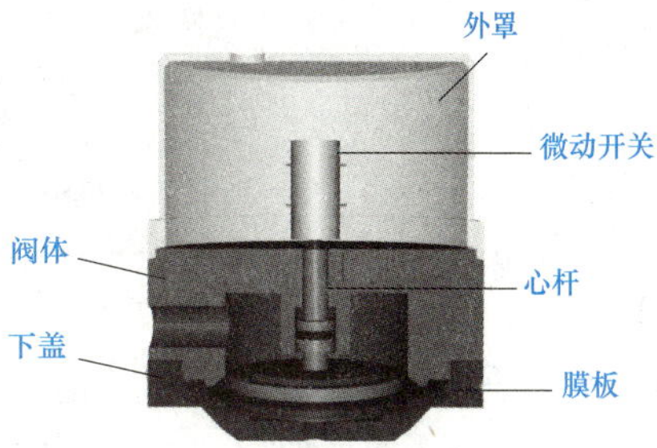

图 5-102　压力开关的模型结构

① 微动开关。采用双断点微动开关，用来控制电路的闭合和断开。

② 气动部分。主要由膜板、心杆、导套等组成，其内部被膜板隔离为上下两个气室。其作用主要是感应膜板上下两侧的压力差，通过心杆联动微动开关，以闭合或断开相应电路。

2）DK-1 型电空制动机上的压力开关

SS_4 改型电力机车的 DK-1 型电空制动机在制动屏柜上设有两个压力开关，代号分别为 208、209。其中，压力开关 208 自动控制均衡风缸或列车管的过量减压量，整定值为 190～230 kPa，一般取 200 kPa，与其联动的微动开关代号为 208SA；压力开关 209 用于电阻制动与空气制动的配合，自动控制空气初制动减压量的大小，整定值为 20 kPa，与其联动的微动开关代号为 209SA。

3）工作原理

压力开关的基本工作原理为：根据膜板上下两侧的压力差，带动心杆上下移动，以联动微动开关实现电路控制。上气室与 55 调压阀的输出管连接，下气室与均衡风缸管连接。压力开关有以下两个工作状态，两个压力开关的工作过程如图 5-103、图 5-104 所示。

① 缓解状态。当均衡风缸充风至定压时，压力开关上下气室充有相等压力的空气，但由于心杆截面占去一部分上气室受力面积而使上气室受力面积小于下气室，所以膜板带动心杆上移，压向微动开关，以控制相应电路。此时，微动开关 208SA 断开电路 808—800；微动开关 209SA 闭合电路 807—827，并断开电路 822—800。

② 制动状态。当均衡风缸减压并达到压力开关的整定值时，在膜板上产生向下的压力差，带动心杆下移并脱离与微动开关的接触，以控制相应电路。此时，微动开关 208SA 闭合电路 808—800；微动开关 209SA 断开电路 807—827，且闭合电路 822—800。

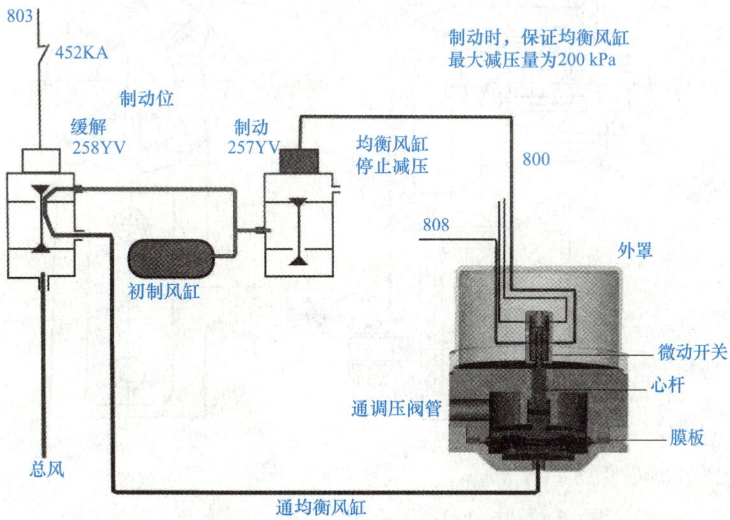

图 5-103　压力开关 208 工作过程

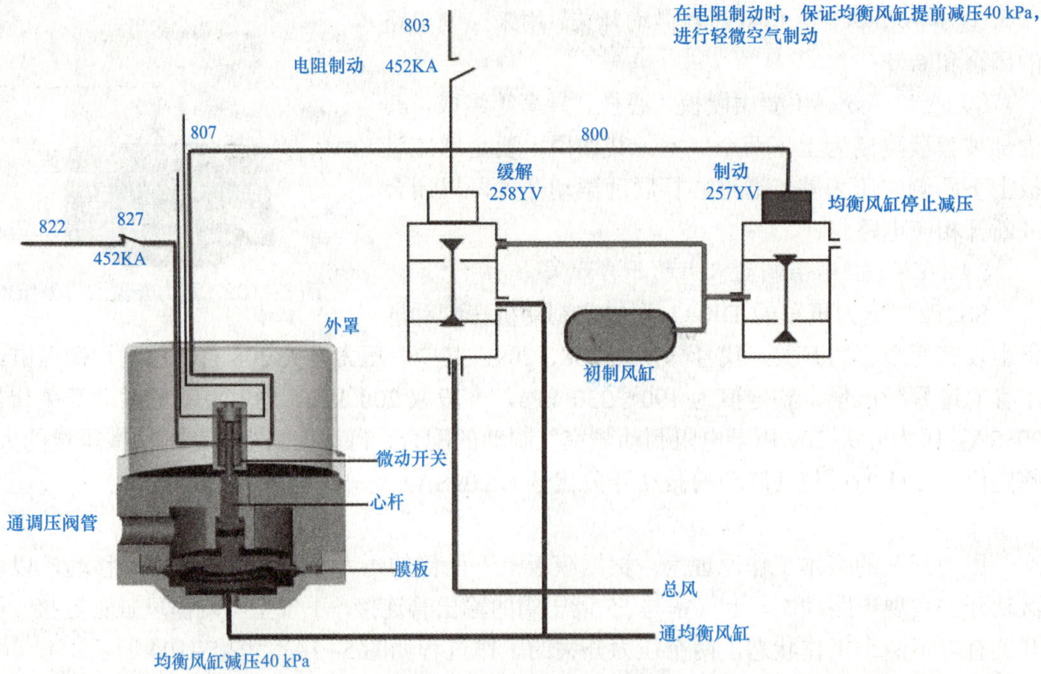

图 5-104　压力开关 209 工作过程

3. 转换阀

1）构造特点

转换阀主要由阀体、阀套、转换按钮、偏心杆和柱塞等组成，如图 5-105、图 5-106 所示。其中，阀套在轴向方向的两个位置上开有径向通孔，且上孔与阀体的进气孔相通，下孔与阀体的排气孔相通。

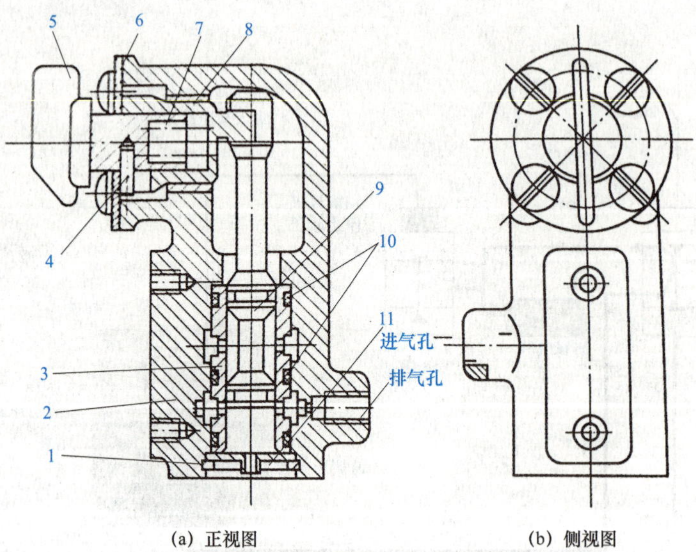

1—弹性挡圈；2—阀体；3—阀套；4—定位销；5—转换按钮；6—标示牌；7—弹簧；8—偏心杆；9—柱塞；10—O 形密封圈；11—挡盖。

图 5-105　转换阀的结构

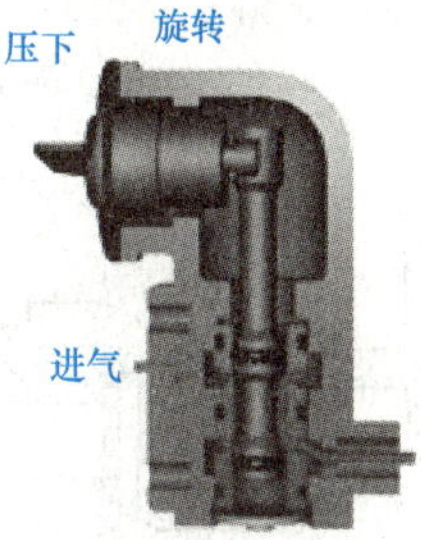

图 5-106　转换阀的模型结构

2）DK-1 型电空制动机上的转换阀

SS_4 改型电力机车的 DK-1 型电空制动机上设有两个转换阀，代号分别为 153、154。其中转换阀 153 用于控制均衡风缸与电空阀 258YV、255YV、259YV 及压力开关 208、209 之间气路的开通与关断。转换阀 154 用于控制两个初制风缸 58（1）、58（2）之间气路的开通与关断，以实现在不同工况下均达到满意的初制动效果。

3）工作原理

转换阀的基本工作原理为：当司机旋转转换按钮并将其置于相应工作位置时，偏心杆随之转动，并带动柱塞上下移动，从而使进气孔与排气孔连通或切断，以控制相应气路的通断。转换阀有以下两个工作状态。

① 开通状态。当司机将转换阀 153 的转换按钮旋转至正常位时，偏心杆随之转动，并带动柱塞下移，由柱塞凹槽连通其进气孔与排气孔之间的气路，即连通均衡风缸与 258YV、255YV、259YV 及压力开关 208、209 之间的气路。

当司机将转换阀 154 的转换按钮旋转至货车位时，偏心杆随之转动，并带动柱塞下移，由柱塞凹槽连通其进气孔与排气孔的气路，即连通两个初制风缸 58（1）与 58（2）之间的气路。

② 关断状态。当司机将转换阀 153 的转换按钮旋转至空气位时，偏心杆随之转动，并带动柱塞上移，由柱塞凹槽切断其进气孔与排气孔之间的气路，切断均衡风缸与 258YV、255YV、259YV 及压力开关 208、209 之间的气路。

当司机将转换阀 154 的转换按钮旋转至客车位时，偏心杆随之转动，并带动柱塞上移，由柱塞凹槽切断其进气孔与排气孔之间的气路，切断两个初制风缸 58（1）与 58（2）之间的气路。

可见，转换阀须人工转换，并且在转换时应先将按钮压向内侧，压下后才能转动。

4. 机车无动力装置

1）构造特点

机车无动力装置主要由止回阀和截断塞门两部分组成，其结构如图 5-107 所示。

① 止回阀。该止回阀具有滤尘作用，故又称为滤尘止回阀，用来控制无动力机车总风缸只能由列车管充风，而不能向列车管逆流。止回阀代号为 103，主要由阻流塞、止回阀、止回阀弹簧、止回阀座等组成。

② 截断塞门。用来控制列车管向无动力机车总风缸充风气路的连通与切断，代号为 155，主要由截断塞门芯、截断塞门体等组成。

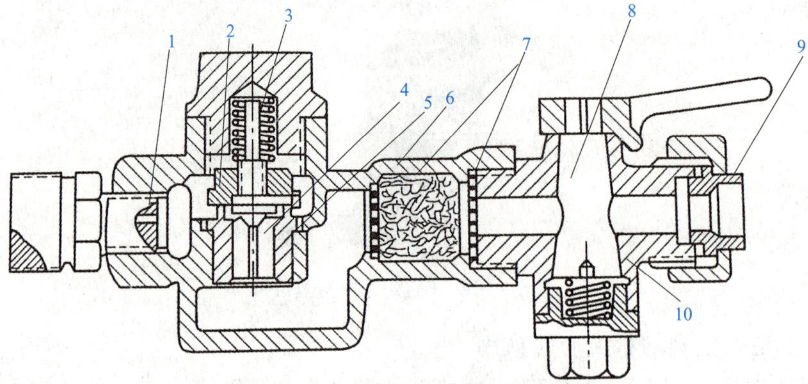

1—阻流塞；2—皮垫座；3—止回阀弹簧；4—止回阀；5—止回阀座；6—止回阀体；7—滤尘网；
8—截断塞门芯；9—管接头；10—截断塞门体。

图 5-107 机车无动力装置的结构

2）工作原理

机车无动力装置的基本工作原理为：由乘务员操纵截断塞门手柄，以连通或切断列车管向无动力机车总风缸充风的气路，并防止压力空气向列车管逆流。机车无动力装置有以下两个工作状态：

① 开放状态。当机车无火回送时，乘务员须将截断塞门 155 的手柄旋转至开放位，列车管压力空气经过滤尘网后压缩止回阀弹簧而打开止回阀口，向无动力机车总风缸充风，以备其制动用风。当列车管减压时，尽管无动力机车总风缸压力大于列车管压力，但由于止回阀的作用，使压力空气不能向列车管逆流，保证了全列车制动的可靠性。

② 关闭状态。当机车非无火回送时，乘务员须将截断塞门 155 的手柄旋转至关闭位，切断列车管经机车无动力装置向总风缸充风的气路，使车总风缸内的压力空气仅由该机车的风源系统供给。

3）几点说明

① 通常，机车无动力装置的止回阀弹簧的压力整定值为 140 kPa，所以当列车管定压为 600 kPa 时，充入无动力机车总风缸的最大压力为 460 kPa。

② 阻流塞是一个孔径为 3.2 mm 的缩堵，其作用是：当从列车管向无动力机车总风缸充风时，防止因总风缸容积较大，使列车管压力骤然下降，导致列车发生自然制动。

③ 当机车无火回送时，除开放机车无动力装置的截断塞门截断 155 外，还须进行其他相应的操纵。

任务 5.3 DK-1 型电空制动机综合制动作用

任务引入

DK-1 型电空制动机有电空位操纵和空气位操纵两种工况。在列车正常运行，电气线路无故障时，采用电空制动器控制全列车的制动、缓解与保压，空气制动阀可以单独控制机车的制动、缓解与保压。

为确保行车安全可靠，DK−1 型电空制动机特设空气位操纵。空气位操纵只是 DK−1 型电空制动机电气线路故障后的一种应急补救措施，以避免在区间“途停”而影响线路的正常使用。因此，空气位操纵时，不具备电空位操纵的全部性能，只有控制列车制动和缓解的基本功能。

活动 5.3.1 电空位操纵

1. 气路与电路

将电空转换扳钮扳至电空位，则有：

① 气路。作用管与 b 管连通。

② 电路。微动开关 3SA1 闭合电路 899—801，并断开电路 899—800。即闭合电空制动器的电源电路。

当空气制动阀操纵手柄在运转位时，电空制动器操纵手柄在各位置的作用工况一般称为自动制动作用工况，即通过电空制动器来控制全列车的制动、缓解与保压。此时的气路、电路如下：

① 气路。不连通 a、b 管的充风、排风气路。

② 电路。微动开关 3SA2 闭合电路 809—818，为排风 1 电空阀 254YV 得电做准备。

2. 运转位

1）电空制动器使导线 803、809、813 得电

① 导线 803 得电。中间继电器 $455KA_9 \sim 455KA_{10}$ 常闭联锁—中间继电器 $452KA_9 \sim 452KA_{10}$ 常闭联锁—中间继电器 $451KA_{13} \sim 451KA_{14}$ 常闭联锁—缓解电空阀 258YV 线圈、排风 2 电空阀 256YV 线圈—400。其作用是：一方面连通总风经调压阀 55（调整为列车管定压 500 kPa 或 600 kPa）向均衡风缸充风气路，即均衡风缸压力升高；另一方面关断过充风缸经排风 2 电空阀 256YV 的排风气路。

② 导线 809 得电。微动开关 3SA2 动作—导线 818 得电—中间继电器 $455KA_{11} \sim 455KA_{12}$ 常闭联锁—中间继电器 $452KA_{11} \sim 452KA_{12}$ 常闭联锁—中间继电器 $451KA_{15} \sim 451KA_{16}$ 常闭联锁—排风 1 电空阀 254YV 线圈→400。其作用是：连通作用管向大风排风的气路，即作用管压力降低。

③ 导线 813 得电。为实现 DK−1 型电空制动机与列车分离、列车管断裂、车长阀（或 121 塞门）制动及列车运行监控记录装置自动停车功能的配合做准备。

2）中继阀的动作

① 总风遮断阀。由于中立电空阀 253YV 失电而连通总风遮断阀管向大气排风的气路，所以，遮断阀左移并打开遮断阀口，使总风充入双阀口式中继阀的供气室内。

② 双阀口式中继阀。随着均衡风缸压力升高，活塞膜板带动顶杆右移而顶开供气阀口，连通总风向列车管及活塞膜板右侧（经 $\phi 1.0$ mm 缩孔限制）充风的气路，即列车管压力升高；当列车管压力升高至与均衡风缸压力平衡时，在供气阀弹簧的作用下，关闭供气阀口，且不打开排风阀口，即停止列车管充风。

3）分配阀的动作

① 主阀部。随着列车管压力升高，主活塞通过主活塞杆带动滑阀、节制阀下移，连通列

车管向工作风缸充风的气路；同时，尽量连通作用管通往 156 塞门的气路，但由于 156 塞门关断，故 156 塞门不连通作用管向大气排风的气路。

② 紧急增压阀。随着列车管压力升高，增压阀柱塞保持在下端，切断总风向作用管充风的气路。

③ 均衡部。随着排风 1 电空阀 254YV 得电而使作用管压力降低，均衡活塞带动空心阀杆下移，打开排风阀口，连通机车制动缸及均衡活塞上侧向大气排风的气路，即机车制动缸压力降低；当均衡活塞上侧及机车制动缸压力降低至与作用管压力平衡时，均衡活塞带动空心阀杆上移而关闭排风阀口，且不顶开供气阀口，停止机车制动缸的排风。

可见，在机车制动机实现缓解作用时，随着列车管压力升高，车辆制动机也进行缓解。由于车辆制动机通常采用一次缓解型的分配阀或三通阀，故车辆制动机产生完全缓解。

4）紧急阀的动作

随着列车管压力升高，使活塞膜板及活塞杆保持在上端，而不开启放风阀口，列车管压力空气经缩孔Ⅰ、Ⅱ向紧急室充风，以备紧急制动时使用。

综上所述，该操纵可实现全列车的缓解，因此常用于列车管正常充风及列车正常运行状态。

小知识

禁止“偷风”操纵

“偷风”操纵是指在列车制动保压时，人为地将电空制动器操纵手柄由中立位短时间地移至运转位或过充位，再移回中立位的操纵方法。因为车辆制动机通常为一次缓解型的，不具备阶段缓解功能，即当列车管充风时，不论是否充到定压，一次缓解型制动机均进行完全缓解，所以，“偷风”操纵会使部分车辆或全部车辆完全缓解，从而形成列车制动力不足，极易造成人为行车事故，故严禁“偷风”操纵。

3. 过充位

1）电空制动器使导线 803、805、813 得电

① 导线 803 得电。中间继电器 $455KA_9$～$455KA_{10}$ 常闭联锁—中间继电器 $452KA_9$～$452KA_{10}$ 常闭联锁—中间继电器 $451KA_{13}$～$451KA_{14}$ 常闭联锁—缓解电空阀 258YV 线圈＋排风 2 电空阀 256YV 线圈—400。其作用是：一方面连通总风经调压阀 55（调整为列车管定压 500 kPa 或 600 kPa）向均衡风缸充风的气路，即均衡风缸压力升高；另一方面关断过充风缸经 256YV 的排风气路。

② 导线 805 得电。通过过充电空阀 252YV 线圈连通导线 400，使总风向过充风缸充风，即过充风缸压力升高。

③ 导线 813 得电。为实现 DK-1 型电空制动机与列车分离、列车管断裂、车长阀（或 121 塞门）制动及列车运行监控记录装置自动停车功能的配合做准备。

2）中继阀的动作

① 总风遮断阀。由于中立电空阀 253YV 失电而连通总风遮断阀管向大气排风的气路，

所以，遮断阀左移而打开遮断阀口，使总风充入双阀口式中继阀的供气室内。

② 双阀口式中继阀。随着均衡风缸和过充风缸压力升高，活塞膜板带动顶杆迅速右移而顶开供气阀口，并且其开度较大，连通总风向列车管及活塞膜板右侧迅速充风的气路，即列车管压力迅速升高；当活塞膜板右侧及列车管的作用力升高至与活塞膜板左侧的作用力平衡时，在供气阀弹簧的作用下，关闭供气阀口，且不打开排风阀口，即停止列车管充风。

3）分配阀的动作

① 主阀部。随着列车管压力迅速升高，主活塞通过主活塞杆带动滑阀、节制阀迅速下移，连通列车管向工作风缸充风的气路；同时，尽管连通作用管通往 156 塞门的气路，但由于塞门 156 关闭，故塞门 156 不连通作用管排大气的气路。

② 紧急增压阀。随着列车管压力迅速升高，增压阀柱塞保持在下端，切断总风向作用管充风的气路。

③ 均衡部。由于作用管压力不变，所以均衡部保持不动，即处于其供风、排风阀口均不开启的保压状态。

可见，在机车制动机保压时，随着列车管压力迅速升高，车辆制动机进行快速缓解。

4）紧急阀的动作

随着列车管压力迅速升高，使活塞膜板及活塞杆保持在上端而不开启放风阀口，列车管压力空气经缩孔Ⅰ、Ⅱ向紧急室充风，以备紧急制动时使用。

综上所述，该操纵可实现车辆制动机快速缓解、机车制动机保压，因此用于列车初充风或再充风。

小知识

运转位与过充位的过充缓解有何区别？

在电空位下操纵时，电空制动器操纵手柄在运转位和过充位均可实现充风缓解，但两者是有区别的。前者使列车管正常充风并得到定压（500 kPa 或 600 kPa），以实现全列车制动系统的正常缓解；而后者则使列车管快速充风，并得到过充压力（定压+30～40 kPa），以实现车辆制动系统的快速缓解，并且保持机车制动。

当电空制动器操纵手柄由过充位移至运转位时，列车管由过充压力降至定压，即产生 30～40 kPa 的减压量，而该减压量足以使列车制动系统产生有效制动作用。那么，这一作用岂不与运转位的作用相矛盾吗？造成运转位和过充位列车管充风速度、大小不同的根本原因在于：过充位时向过充风缸充风。所以，当电空制动器操纵手柄由过充位移至运转位时，均衡风缸压力保持定压不变，而过充风缸由于过充电空阀 252YV 失电而关断其充风气路，同时，过充风缸内原有的压力空气经过充风缸缩孔（ϕ0. 5mm）的限制向大气缓慢排风，根据风缸内的总风压力不同，这一排风过程需要持续 120～180 s，即过充风缸压力缓慢降低。因此，在双阀口式中继阀活塞膜板上缓慢形成向左的压力差，使其微微开启排风阀口，列车管缓慢排风，即列车管压力缓慢降低（减压速率为 10～20 kPa/min）。对于分配阀（以 109 型分配阀为例）而言，随着列车管缓慢减压，在主活塞上产生微小的向上压力差，但其不足以带动节制阀、滑阀克服阻力上移，即保持列车管与工作风缸气路连通，因此，工作风缸向列车管逆流，致使主活塞不能产生足够的向上的压力差而使其保持缓解状态。随着过充风缸压力空气的缓慢排出，当列车管压力缓慢降低到与均衡风缸压力平衡时，双阀口式中继阀关闭排风阀口，使列车管停止减压，而工作风缸也随之停止减压，并且保持在定压。

可见，当电空制动器操纵手柄由过充位移至运转位时，既消除了列车管的过充压力，使其恢复到定压，又避免了列车制动系统产生制动（称为自然制动）。同时，当电空制动器操纵手柄移至运转位时，由于排风 1 电空阀 254YV 得电，还要使机车进行缓解。

4. 制动位

1）电空制动器使导线 806、808、813 得电

① 导线 806 得电。连通 463QS—253YV 线圈—400，使总风向总风遮断阀管充风，即总风遮断阀关闭，总风不通供气室。

② 导线 808 得电。当均衡风缸压力下降 190～230 kPa 时，连通 208SA—导线 800—制动电空阀 257YV 线圈—400，其作用是：切断初制风缸或均衡风缸向大气排风的气路，停止均衡风缸减压，避免减压过量。

③ 导线 813 得电。为实现 DK－1 型电空制动机与列车分离、列车管断裂、车长阀（或 121、122 塞门）制动及列车安全运行监控记录装置自动停车功能的配合做准备。

此时，由于缓解电空阀 258YV 和制动电空阀 257YV 同时失电，所以连通了均衡风缸向初制风缸降压及向大气排风的气路，即均衡风缸减压。若电空制动器操纵手柄一直置于制动位，则当均衡风缸减压 190～230 kPa 时，压力开关 208 动作，并联动微动开关 208SA 闭合电路 808—800，使制动电空阀 257YV 得电，切断均衡风缸向大气排风的气路，即停止均衡风缸减压，使其获得 190～230 kPa 的过量减压量。同时，排风 2 电空阀 256YV 失电，连通过充风缸经该电空阀排风的气路。

此外，因初制风缸的设置，使得均衡风缸产生一个确保全列车制动系统可靠制动的最小为 45～55 kPa 的较快减压量，以使后部车辆中较迟缓的三通阀或分配阀也能起制动作用。

2）中继阀的动作

① 总风遮断阀：由于中立电空阀 253YV 得电而连通总风向总风遮断阀管充风的气路，所以，遮断阀右移而关闭遮断阀口，切断总风充往双阀口式中继阀供气室的气路。

② 双阀口式中继阀：随着均衡风缸压力的降低，活塞膜板带动顶杆左移并打开排风阀口，连通列车管及活塞膜板右侧向大气排风的气路，即列车管压力降低；当列车管及活塞膜板右侧压力降低到与均衡风缸压力平衡时，在排风阀弹簧的作用下，关闭排风阀口，且不打开供气阀口，即停止列车管排风。

3）分配阀的动作

① 主阀部。随着列车管压力降低，主活塞通过主活塞杆带动节制阀上移，连通列车管向局减室降压的气路，以实现局部减压作用。随着列车管压力进一步降低，主活塞通过主活塞杆带动节制阀、滑阀继续上移，连通工作风缸向容积室（作用管）充风的气路，即容积室（作用管）压力升高，而工作风缸压力降低。当工作风缸压力降低至与列车管的压力平衡时，在其自重及稳定弹簧的作用下，主活塞通过主活塞杆带动节制阀下移，切断工作风缸向容积室（作用管）充风的气路，即容积室（作用管）停止充风。

② 紧急增压阀。随着列车管压力降低，增压阀柱塞仍保持在下端，切断总风向容积室（作

用管）充风的气路。

③ 均衡部。随着作用管压力升高，均衡活塞带动空心阀杆上移，顶开供气阀口，连通总风向机车制动缸及均衡活塞上侧充风的气路，即机车制动缸压力升高。当机车制动缸及均衡活塞上侧压力升高至与容积室（作用管）的压力平衡时，在供气阀弹簧的作用下，均衡活塞和空心阀杆下移，关闭供气阀口，且不打开排风阀口，即停止机车制动缸的充风。

可见，在机车制动机实现制动作用时，随着列车管压力降低，车辆制动机也进行了制动作用。

4）紧急阀的动作

随着列车管压力降低，活塞膜板带动活塞杆下移，但不足以顶开放风阀口，紧急室经缩孔 I 限制向列车管逆流，直至紧急室压力与列车管压力平衡时为止；在安定弹簧的作用下，活塞膜板带动活塞杆上移到极端位置。

综上所述，该操纵可实现全列车的常用制动，并能自动控制列车管过量减压量（190～230 kPa），因此用于列车调速或停车。

小知识

1. 一段制动法与两段制动法

在实际工作中，既可进行“一段制动法”操纵，又可进行“两段制动法”操纵。所谓一段制动法是指施行制动后不再进行缓解，根据列车减速情况追加减压，使列车停于预定地点的操纵方法。而两段制动法则是指进站前施行制动，待列车速度降至所需要的速度时进行缓解，充风后再次施行制动，使列车停于预定地点的操纵方法（适用于侧线停车）。

当在制动位实施追加制动时，须待第一次减压排风完成后，再施行追加减压。这是因为减压排风未完成就进行追加减压，相当于施行了一次大减压，列车会因制动力过强而增加冲击，也容易使后部车辆产生紧急制动。同时，追加减压量不应超过第一次减压量，否则会因列车制动力急剧增加而不利于平稳操纵。

2. 长波浪式制动与短波浪式制动

在制动位下还可以进行“长波浪式制动和短波浪式制动”。所谓长波浪式制动是指减压量小、列车减速慢、制动距离长的制动操纵方法。长波浪式制动的优点是列车在较长的距离内，基本保持匀减速运行，且用风量小，使空气压缩机工作量小；缺点是闸瓦与轮箍摩擦时间长，易发热。因此，在使用中应注意制动距离不宜过长，以免闸瓦过热而使制动失效，或轮箍过热弛缓。另外，在起伏坡道的线路上，也可以用空气制动阀调整机车的制动力。所谓短波浪式制动，是指减压量大（一般在 100 kPa 以上）、列车减速快、制动距离短的制动操纵方法。短波浪式制动的优点是闸瓦不易过热，缺点是制动频繁，空气压缩机工作量大。因此，使用时应掌握好缓解时机，防止因缓解过早而使列车速度剧增，并且要严防充风不足，错过下一次制动时机，从而造成超速或放顾事故。

3. 常用制动注意事项

施行常用制动时，应考虑列车速度、线路情况、牵引辆数和吨数、车辆种类及闸瓦压力等条件，准确掌握制动时机和减压量，保持列车均匀减速。进入停车线停车时，应做到一次停妥。牵引列车时，不应使用单阀制动停车，并遵守以下规定：

① 初次减压量，不得少于 50 kPa。

② 追加减压一般不应超过两次；一次追加减压量不得超过初次减压量。

③ 累计减压量，不应超过最大有效减压量。

④ 单阀缓解量，每次不得超过 30 kPa。

⑤ 减压时，自阀排风未止不应追加、停车或缓解列车制动。

⑥ 牵引货物列车运行中，自阀减压排风未止，不得缓解机车制动；自阀减压后至缓解、停车前，机车制动缸压力不得少于 50 kPa。

⑦ 禁止在制动保压后，将自阀手柄由中立位推向缓解、运转、保持位后再移回中立位（牵引采用阶段缓解装置的列车除外）。

⑧ 货物列车速度在 15 km/h 以下时，不应缓解列车制动。长大下坡道区段因受制动周期等因素限制，最低缓解速度不应低于 10 km/h。重载货物列车速度在 30 km/h 以下时不应缓解列车制动。

⑨ 少量减压停车后，应追加减压量至 100 kPa。

⑩ 当站停超过 20 min 时，开车前后应进行列车制动机简略试验。

5. 中立位

电空制动器使导线 806、807、813 得电：

① 导线 806 得电。连通 463QS—253YV 线圈—400，使总风向总风遮断阀管充风，即总风遮断阀关闭，总风不通供气室。

② 导线 807 得电。连通二极管 262V—制动电空阀 257YV 线圈—400，切断初制风缸或均衡风缸向大气排风的气路。

③ 导线 813 得电。为实现 DK-1 型电空制动机与列车分离、列车管断裂、车长阀（或 121、122 塞门）制动及列车安全运行监控记录装置自动停车功能的配合做准备。

在以上导线得电的同时，缓解电空阀 258YV 失电，切断总风经调压阀 55 向均衡风缸充风的气路，所以均衡风缸既不充风，也不排风，即均衡风缸压力不变，导致中继阀、分配阀及车辆制动机、紧急阀均不动作而保持原状态，相应的列车管、工作风缸、紧急室、作用管、机车制动缸压力均不变，即全列车制动系统处于保压状态。

在实际使用中，电空制动器操纵手柄置于中立位通常有两种情况：一种为制动前处于中立位，即由运转位移至中立位；另一种是制动后处于中立位，即由制动位移至中立位。

前者由于电空制动器操纵手柄在运转位时均衡风缸得到充风并达到定压，压力开关 209 联动微动开关 209SA 闭合电路 807—827，所以当电空制动器操纵手柄移至中立位时导线 807 得电，连通微动开关 209SA—导线 827—导线 803—中间继电器 $455KA_9$～$455KA_{10}$ 常闭联锁—中间继电器 $452KA_9$～$452KA_{10}$ 常闭联锁—中间继电器 $451KA_{13}$～$451KA_{14}$ 常闭联锁—缓解电空阀 258YV 线圈＋排风 2 电空阀 256YV 线圈—400，保持均衡风缸的充风气路，使均衡风缸内压力为定压，完成制动前的准备工作。

后者则与电空制动器操纵手柄在制动位时均衡风缸的减压量有关，若减压 20 kPa 以上，则压力开关 209 动作，使微动开关 209SA 闭合电路 822—800，并断开电路 807—827，所以当电空制动器操纵手柄移至中立位时，使缓解电空阀 258YV 失电，从而切断均衡风缸的充风、排风气路，实现制动系统制动后的保压。

6. 重联位

1）电空制动器的动作

电空制动器使导线 821 得电，进而连通以下 3 条电路：

① 连通二极管 260V—中立电空阀 253YV 线圈—400，其作用是：连通总风向总气遮断阀管充风的气路，即总风遮断阀关闭，总风不通供气室。

② 连通二极管 264V—制动电空阀 257YV 线圈—400，其作用是：切断初制风缸及均衡风缸的排风气路；同时因缓解电空阀 258YV 失电，切断均衡风缸的充风气路。

③ 连通重联电空阀 259YV 线圈—400，其作用是：连通均衡风缸与列车管之间的气路、中继阀自锁，以保证列车管压力不再受中继阀的控制。

同时，排风 2 电空阀 256YV 失电，连通过充风缸向大风排风的气路，从而快速排空过充风缸。可见，均衡风缸既不充风，也不排风，其压力不变。

2）中继阀的动作

一方面因中立电空阀 253YV 得电而使遮断阀口关闭，切断列车管的供气风源；另一方面，由于重联电空阀 259YV 得电使双阀口式中继阀处于自锁状态，再加上排风 2 电空阀 256YV 失电而排放过充风缸内的压力空气，所以使中继阀失去对列车管压力变化的控制作用。

3）分配阀的动作

由于列车管压力不变，故使分配阀保持不动而维持原状态，同时制动机也保持原状态。

4）紧急阀的动作

因列车管压力不变，故使紧急阀也保持原状态。

综上所述，该操纵使电空制动器失去对全列车制动系统的控制作用，因此用于重联机车、补机、无火回送机车及本务机车非操纵端。此时，全列车制动系统由本务机车操纵端进行控制。

7. 紧急位

1）电空制动器使导线 812、806、821、804 得电

① 导线 812 得电。经 107QPF 使撒砂电空阀 251YV、241YV 得电或经 107QPBW 使撒砂电空阀 250YV、240YV 得电，其作用是：根据运行方向，连通总风向撒砂器充风的气路，完成自动撒砂动作，以防止制动时滑行。

② 导线 806 得电。经转换开关 463QS 使中立电空阀 253YV 得电，连通总风向总风遮断阀管充风的气路。

③ 导线 821 得电。连通以下电路：

a）二极管 260V—导线 835—中立电空阀 253YV 线圈—400，作用同上。

b）二极管 264V—导线 800—制动电空阀 257YV 线圈—400，其作用是切断初制风缸及均衡风缸的排风气路，同时因缓解电空阀 258YV 失电，切断均衡风缸的充风气路。

c）重联电空阀 259YV 线圈—400，其作用是连通均衡风缸与列车管之间的气路，从而实

现双阀口式中继阀的自锁，以保证列车管压力不再受该双阀口式中继阀动作的控制。

同时，排风 2 电空阀 256YV 失电，连通过充风缸向大气排风的气路，从而快速排空过充风缸，以保证紧急制动时列车管压力迅速下降。

④ 导线 804 得电。此时有两方面的作用：一方面，若机车手轮有级位，即机车处于牵引工况，零位得电中间继电器 568KA 失电，反联锁闭合，连通导线 804—568KA（反）—导线 912—二极管 504V—导线 544—4QFF—400，使主断路器分闸，有选择地切除机车牵引动力，保证机车由牵引工况转变为机械制动工况；另一方面，连通导线 804—紧急电空阀 94YV 线圈—400，使总风向电动放风阀铜碗及膜板下侧充风，即铜碗及膜板下侧压力升高。

2）电动放风阀的动作

随着铜碗及膜板下侧压力升高，膜板、铜碗推动心杆上移，顶开放风阀口，连通列车管向大气的排风气路，即列车管压力迅速降低。

3）紧急阀的动作

随着列车管压力的迅速降低，活塞膜板带动活塞杆迅速下移而顶开放风阀口，连通列车管向大气的排风气路，即加速列车管排风；同时，联动微动开关 95SA 闭合电路 838—839。15 s 后，因紧急室压力空气经缩孔Ⅰ、Ⅲ排风使其压力与列车管压力趋于一致，在弹簧的作用下，关闭放风阀口，同时联动微动开关 95SA 断开电路 838—839。

4）中继阀的动作

一方面因中立电空阀 253YV 得电使遮断阀口关闭，切断列车管的供气风源；另一方面，由于重联电空阀 259YV 得电使双阀口式中继阀处于自锁状态，并且因排风 2 电空阀 256YV 失电而排放过充风缸内的压力空气，使其失去对列车管压力变化的控制作用。

5）分配阀的动作

① 主阀部。随着列车管压力迅速下降，主活塞通过主活塞杆带动节制阀、滑阀迅速上移至上端位置，连通工作风缸向作用管充风的气路，并且气路的开启程度较大，即作用管压力迅速升高。

② 紧急增压阀。随着列车管压力迅速下降及作用管压力迅速升高，增压阀柱塞迅速上移至上端位置，从而连通总风向作用管充风的气路，即作用管压力迅速升高，并且由低压安全阀将其压力限定为 450 kPa。

③ 均衡部。随着作用管压力迅速升高，均衡活塞带动空心阀杆迅速上移而顶开供气阀口，并且其开启程度较大，连通总风向机车制动缸及均衡活塞上侧充风的气路，即机车制动缸压力迅速升高。当机车制动缸压力及均衡活塞上侧压力迅速升高至与作用管压力（即 450 kPa）平衡时，在供气阀弹簧的作用下，关闭供气阀口，但打不开排风阀口，停止机车制动缸的充风。

可见，在机车制动机实现紧急制动作用时，随着列车管压力迅速下降，车辆制动机也进行紧急制动。

综上所述，该操纵可实现全列车的紧急制动（又称非常制动），并伴随自动撒砂及切除牵引工况机车的动力源，以确保行车安全，因此常用于列车运行过程中发生危及行车安全或人身安全的紧急情况。值得注意的是：紧急制动后，须 15 s 后再充风缓解。

活动 5.3.2　空气位操纵

空气位操纵，就是将电空制动机转换成空气制动机，并且由空气制动阀来操纵全列车制动系统的制动、缓解与保压。空气位操纵时须进行如下基本转换：

① 将电空转换扳钮扳至“空气位”，则有：

a）气路：连通均衡风缸与 a 管的气路。

b）电路：微动开关 3SA1 断开电路 899—801，即切断电源电路，并且闭合电路 899—800，使制动电空阀 257YV 单独得电，以保证空气位正常操纵。

② 调整调压阀 53，使其整定值达到定压。

③ 将转换阀 153 置于空气位。

④ 将塞门 157 关闭。

由于微动开关 3SA1 已切断电源电路，所以，不管微动开关 3SA2 是否闭合电路 809—818，均不能使排风 1 电空阀 254YV 得电。可见，在分析其工作过程时，不必考虑微动开关 3SA2 的工作状态，以简化分析过程。

1. 缓解位

1）空气制动阀的动作

作用柱塞在其凸轮及弹簧作用下左移至最左端位置，开通总风经调压阀 53 与 a 管、b 管与大气的气路，则总风向均衡风缸充风，即均衡风缸压力升高。

2）中继阀的动作

① 总风遮断阀。由于中立电空阀 253YV 失电而连通总风遮断阀管向大气排风的气路，所以，遮断阀左移而打开遮断阀口，使总风充入双阀口式中继阀的供气室。

② 双阀口式中继阀。随着均衡风缸压力升高，活塞模板带动顶杆右移，顶开供气阀口，连通总风向列车管及活塞膜板右侧充风的气路，使列车管压力升高；当活塞膜板右侧及列车管压力升高至与均衡风缸压力平衡时，在供气阀弹簧的作用下，关闭供气阀口，且不打开排风阀口，即停止列车管充风。

3）分配阀的动作

① 主阀部。随着列车管压力升高，主活塞通过主活塞杆带动滑阀、节制阀下移，连通列车管向工作风缸充风的气路；同时，尽管连通了作用管通往塞门 156 的气路，但由于塞门 156 关闭，故塞门 156 不开通作用管排大气排风的气路，即作用管压力不变。

② 紧急增压阀。随着列车管压力升高，增压阀柱塞保持在最下端，切断总风向作用管充风的气路。

③ 均衡部。作用管压力不变，均衡部不动作，机车制动缸压力不变。

可见，机车制动机实现保压作用。同时，随着列车管压力升高，车辆制动机进行缓解。由于我国车辆制动机通常采用一次缓解性能的分配阀或三通阀，故车辆制动机产生完全缓解。

4）紧急阀的动作

随着列车管压力升高，使活塞膜板及活塞杆保持在上端而不开启放风阀口，列车管中的压力空气经缩孔Ⅰ、Ⅱ向紧急室充风，以备紧急制动时使用。

综上所述，该操纵可实现车辆缓解、机车保压。

2. 制动位

1）空气制动阀的动作

作用柱塞在其凸轮及弹簧的作用下右移至最右端位置，开通 a 管与大气、总风经调压阀 53 与 b 管的气路，则均衡风缸向大气排风，均衡风缸压力降低。

2）中继阀的动作

① 总风遮断阀。由于中立电空阀 253YV 失电而开通总风遮断阀管向大气排风的气路，所以，遮断阀左移而打开遮断阀口，使总风充入双阀口式中继阀的供气室。

② 双阀口式中继阀。随着均衡风缸压力降低，活塞膜板带动顶杆左移而打开排风阀口，使列车管及活塞膜板右侧向大气排风，列车管压力降低；当活塞膜板右侧及列车管压力降低至与均衡风缸压力平衡时，在排风阀弹簧的作用下，关闭排风阀口，且不打开供气阀口，使列车管不再排风。

3）分配阀的动作

① 主阀部。随着列车管压力降低，主活塞通过主活塞杆带动节制阀上移，开通列车管向局减室降压的气路，以实现局部减压作用；随着列车管压力进一步降低，主活塞通过主活塞杆带动滑阀、节制阀上移，开通工作风缸向作用管充风的气路，使作用管压力升高，而工作风缸压力降低；当工作风缸与列车管压力平衡时，在其自重及稳定弹簧的作用下，主活塞通过主活塞杆带动节制阀下移，切断工作风缸向作用管充风的气路，使作用管停止充风。

② 紧急增压阀。随着列车管压力降低，增压阀柱塞仍保持在下端，切断总风向作用管充风的气路。

③ 均衡部。随着作用管压力升高，均衡活塞带动空心阀杆上移，顶开供气阀口，开通总风向机车制动缸及均衡活塞上侧充风的气路，机车制动缸压力升高；当机车制动缸及均衡活塞上侧压力升高至与作用管压力平衡时，在供气阀弹簧的作用下，均衡活塞和空心阀杆下移，关闭供气阀口，且不打开排风阀口，机车制动缸不再充风。

可见，在机车制动机实现制动作用时，随着列车管压力降低，车辆制动机进行制动。

4）紧急阀的动作

随着列车管压力降低，使活塞膜板带动活塞杆下移，但不足以顶开放风阀口，紧急室的压力空气经缩孔 I 向列车管逆流；当紧急室压力降低至接近列车管压力时，在安定弹簧的作用下，活塞膜板带动活塞杆上移到最上端位置。

综上所述，该操纵可实现全列车的常用制动，因此用于列车减速或停车。

提示：尽管空气制动阀操纵手柄一直保持在制动位，可使均衡风缸和列车管减压到零，但在实际操纵中，不允许将空气制动阀操纵手柄长时间停放在制动位，以免引起列车管过量减压而延误缓解时机。

3. 中立位或运转位

对于空气制动阀，作用柱塞在其凸轮及弹簧作用下处于中间位置，切断 a 管、b 管、调压阀管及大气间的气路，即均衡风缸压力不变。所以，均衡风缸既不充风，也不排风，即均衡风缸压力不变，这将导致中继阀、分配阀及车辆制动机、紧急阀均不动作而保持原状态，列车管、工作风缸、紧急室、作用管、机车制动缸压力均不变，全列车制动系统呈现保压状态。

4. 下压操纵手柄

① 空气制动阀。当下压空气制动阀操纵手柄时，推动转轴内的顶杆下移，从而顶开单缓阀口，开通作用管向大气排风的气路，使作用管压力降低。

② 分配阀均衡部。随着作用管压力降低，均衡活塞带动空心阀杆下移，打开排风阀口，开通机车制动缸及均衡活塞上侧向大气排风的气路，使机车制动缸压力降低。当机车制动缸

及均衡活塞上侧压力降低至与作用管压力平衡时，均衡活塞带动空心阀杆上移，关闭排风阀口，且不打开供气阀口，使机车制动缸不再排风。

综上所述，该操纵可实现机车的单独缓解。下压操纵手柄，通常在空气制动阀中立位进行。

任务 5.4　DK−1 型电空制动机“五步闸”试验

任务引入

制动系统对机车正常运行起着至关重要的作用，若它发生故障，机车将不能正常停车，对铁路运输将会产生不可估量的损失。所以现场要求司机每一次出乘都要进行制动机试验，检查制动机的性能，以保证制动机能够正常工作。那具体制动机试验如何进行？本任务将重点介绍。

活动 5.4.1　DK−1 型电空制动机的检查试验

DK−1 型电空制动机的检查试验，主要用来检查制动机的各项作用是否正常。它是通过电空制动器、空气制动阀操纵手柄在各工作位置间的顺序转换，同时观察压力表指针的变化情况，来分析、判断 DK−1 型电空制动机及其各部件是否处于良好状态。DK−1 型电空制动机试验分为装车前试验和装车后试验。其中，装车前试验在 DK−1 型电空制动机试验台上进行，装车后试验通常在单机上进行，主要包括检修试验（即“八步闸”试验）和日常试验（即“五步闸”试验）。下面主要介绍单机日常试验。

活动 5.4.2　DK−1 型电空制动机的单机日常试验

1. 电空位试验

1）操作前的准备工作

① 检查控制电源屏上的电空制动用自动开关 615QA：扳钮应朝上，处于闭合位。

② 检查电空制动屏柜：

a）转换阀 154：在列车管定压为 500 kPa 时，置于货车位；在列车管定压为 600 kPa 时，置于客车位。

b）转换阀 153 处于正常位。

c）开关板 502 上的 3 个转换开关（463QS、464QS、465QS）均应朝下，处于闭合位。其中，转换开关 463QS 因目前尚未用于适应补风的车辆制动机，故不宜朝上处于补风位。转换开关 464QS、465QS 则在相应的电路有故障或另有规定时，可朝上处于切除位。

d）调压阀 55 输出压力调整为列车管定压（500 kPa 或 600 kPa）。调整时以司机操纵台列车管压力表读数为准。

③ 除塞门 155、156、121 外，开通所有与制动机系统有关的塞门。

④ 电空转换扳钮均处于“电空位”。非操纵节机车的电空制动器操纵手柄在重联位取出，空气制动阀操纵手柄在运转位取出，并于操纵节机车电空制动器、空气制动阀的相应位置装入。

⑤ 将空气制动阀下方调压阀 53 的压力调整为 300 kPa。调整时以司机操纵台制动缸压力读数为准。

完成上述各项准备工作并对制动机进行规定的机能检查后，即可使用电空位操作。

2）操作中的注意事项

① 操纵电空制动器可对全列车进行制动与缓解；操纵空气制动阀可对机车进行单独制动与缓解。

② 电空制动器紧急制动后，若需要缓解全列车，须使操纵手柄在紧急位停留 15 s 以上才能将其扳回运转位进行缓解。

③ 当电空制动器操纵手柄在过充位、运转位、中立位和制动位时，若由于其他原因引起紧急制动作用，须经 15 s 以后，先将电空制动器操纵手柄置重联位或紧急位，再回运转位，才能缓解列车。

准备工作中的第②及③项操作，只是在机车出库前或进行一般的机能检查时，为缩短检查时间而采取的简易方法。在机车运行中，则应严格执行《机车操作规程》中“车未停稳，严禁移动单、自阀手柄”的规定。

2. 空气位试验

1）操作前的准备工作

① 将操纵节机车空气制动阀上的电空转换扳钮扳至空气位，并将操纵手柄移至缓解位。

② 将操纵节机车空气制动阀下方调压阀 53 的输出压力值调整为定压（500 kPa 或 600 kPa）。

③ 将电空制动屏柜上的转换阀 153 由正常位转换至空气位。

提示：上述第③项操作，在一般的机能检查时可不必进行。但在运行途中必须转为空气位操作时，应全部完成上述三项操作，以确保顺利转换。

2）操作中的注意事项

① 操作空气制动阀可对全列车进行制动与缓解。单缓机车则要下压其操纵手柄。

② 电空制动器操纵手柄应置于运转位，也可从重联位取出。

③ 需要紧急制动时，应按压紧急按钮或开启手动放风塞门（塞门 121），并将空气制动操纵手柄置于制动位。

④ 此时因列车管有补风作用，在中立位停留一段时间后，要查看速度的变化，以免因车辆的陆续自然缓解而丧失制动时机。

⑤ 由于空气位操作只是一种补救措施，因此在操作时必须格外注意，做到正、副司机密切协调，方能确保行车安全。

⑥ 若非操纵节机车处于空气位，或处于电空位但无电空制动电源，应将非操纵节机车中继阀的列车管塞门（塞门 115）关闭。

⑦ 空气位操作，只允许短时间内以低速维持运行，到达安全地方后，应及时恢复电空制动，以确保行车安全。

3. 本、补机重联试验

当机车作为本务机车运行时，制动机操作方法与上述的电空位或空气位操作相同。当机车作为补机运行时，该机车制动机受本务机控制，因此补机须做以下处理（此时补机操纵车节的 570DK 应闭合)。

1）与同型号机车重联

（1）两机车间平均管、总风联管、列车管均开通

① 将两节机车电空制动器操纵手柄置于重联位或取出；将空气制动阀操纵手柄置于运转位或取出。

② 将两节机车的重联转换阀的转换按钮置于补机位。

③ 若某节机车无电空制动电源或处于空气位，还应将该节机车中继阀座下方的列车管塞门（塞门 115）关闭。

（2）两机车间平均管、总风联管没有开通

① 将两节机车电空制动器操纵手柄置于重联位或取出；将空气制动阀操纵手柄置于运转位或取出。

② 将重联操纵节机车的重联转换阀的转换按钮置于本机位。

③ 将重联非操纵节机车的重联转换阀的转换按钮置于补机位。

④ 将重联操纵节机车的分配阀缓解塞门（塞门 156）打开。

⑤ 若某节机车无电空制动电源或处于空气位，还应将该节机车中继阀座下方的列车管塞门（塞门 115）关闭。

2）与不同型号机车重联

同上述第（2）种情况。

4. 退乘操作

运行后的退乘及机能检查试验完成后的操作要点如下：

① 切断电空制动电源。

② 关闭总风缸塞门（塞门 111、塞门 113）。

③ 当确认控制风缸的压力为 900 kPa 时，及时关闭膜板塞门（塞门 97）。

5. 无火回送操作

① 将空气制动阀操纵手柄置于运转位或取出，将电空制动器操纵手柄置于重联位或取出。

② 关闭两节机车的列车管塞门（塞门 115），并打开分配阀缓解塞门（塞门 156）及无火回送塞门（塞门 155）。

③ 将两节机车分配阀的低压安全阀的整定值调整为 180～200 kPa。

④ 使两节机车的重联转换阀位置与本务机车相同。

⑤ 关闭两节机车的总风缸塞门（塞门 112）。

6. 电空联锁的作用

使用电空联锁时，制动机应工作在电空位下，且操纵节机车电空制动器操纵手柄在运转位。电空制动屏开关板上的转换开关（465QS）应朝下（电空联锁位）。

当一次电空联锁结束，且调速手柄回“0”后，若需再一次实现电空联锁，应先将电空制动器操纵手柄移至中立位，而后再回运转位。

当电空联锁作用时，空气制动经 25 s 后自动缓解。当电阻制动力不足时，可追加空气制动。机车制动缸压力能自动缓解。

7. 空电联合制动

当操纵节机车在电空位，电空制动器操纵手柄在运转位或过充位，空电联合制动转换开关

（466QS）在Ⅰ位或Ⅱ位，电子柜为A组，司机控制器在制动位时，可产生空电联合制动作用。

① 若 466QS 在Ⅰ位，则在通过分相无电区时，应先断主断路器，再断辅机，并将调速手柄回“0”；分相完毕后，先合主断路器，再合辅机，给定调速手柄，确认完毕后，按司机台上的空电恢复按钮。

② 在空电联合制动中，若需要司机人工干预，可将电空制动器操纵手柄置于制动位、中立位后追加减压；也可将电空制动器操纵手柄置于中立位后再回运转位或过充位，以提前缓解。

③ 若 466QS 在Ⅱ位，只能将电空制动器操纵手柄置于中立位后再回运转位或过充位，缓解空气制动。缓解空气制动后，电制动将最多维持 1 min。

在日常运用的交接班过程中，通常只进行单机日常试验，也就是“五步闸试验”，其试验顺序、实验内容、检查要求见表 5-4。

表 5-4　DK-1 型电空制动机“五步闸试验”

序号	电空制动器（过充位、运转位、中立位、制动位、重联位、紧急位）／空气制动阀（缓解位、运转位、中立位、制动位）	检查要求
第一步	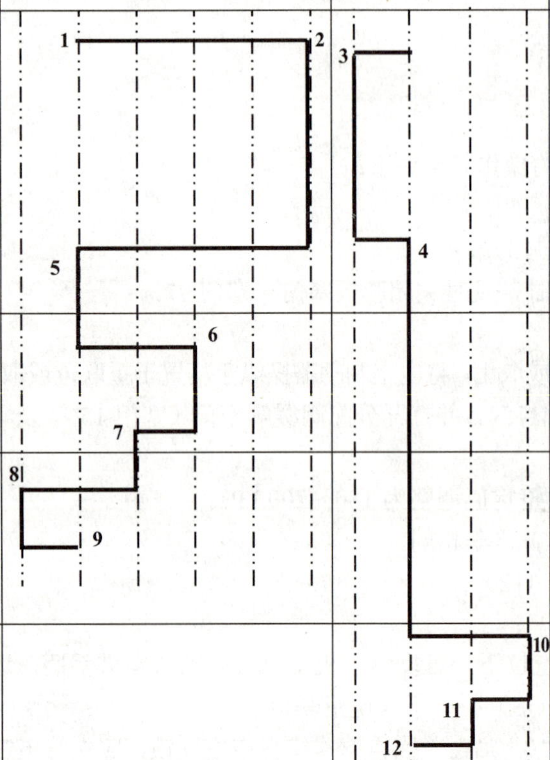	1. 列车管、均衡风缸、总风缸均为规定压力，制动缸压力为 0。 2. 列车管压力 3 s 内降为 0；制动缸压力 5 s 内升至 400 kPa，最高压力达到 450 kPa；自动撒砂；有级位时切除主断路器。 3. 同时下压空气制动阀手柄，制动缸压力应缓解到 0。 4. 制动缸压力不得回升。 5. 列车管压力充至 480 kPa 的时间在 9 s 内
第二步		6. 均衡风缸达常用最大有效减压量的时间为 5～7 s；制动缸压力升至 340～380 kPa 的时间为 6～8 s。 7. 均衡风缸、列车管的泄漏量分别不大于 5 kPa/min、10 kPa/min
第三步		8. 均衡风缸压力为定压，列车管压力为过充压力（定压+30～40 kPa），制动缸压力不变。 9. 120～180 s 过充压力消除，列车管恢复定压，制动缸压力应缓解为 0
第四步		10. 制动缸压力由 0 升至 280 kPa 的时间在 4 s 内，最终达到 300 kPa。 11. 制动缸压力不变。 12. 制动缸压力由 300 kPa 降至 40 kPa 的时间在 5 s 内
第五步	空气位操作程序： ① 将电空转换扳钮扳至空气位。 ② 将调压阀 53 调至定压。 ③ 空气位试验完毕后，将电空转换扳钮复位至电空位 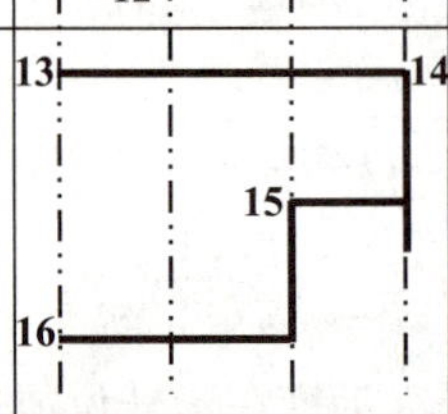	13. 下压空气制动阀手柄，列车管、均衡风缸皆为定压，制动缸压力为 0。 14. 均衡风缸减压 140 kPa 的时间为 5～7 s。 15. 均衡风缸、列车管、制动缸的泄漏量分别不超过 5 kPa/min、10 kPa/min、10 kPa/min。 16. 均衡风缸、列车管恢复定压

项目小结

1. DK–1 型电空制动机的组成

DK–1 型电空制动机由电气线路和空气管路两部分组成。根据 DK–1 型电空制动机的安装情况，可将其分为操作台、电空制动屏柜及空气管路柜 3 部分。

在司机操纵台上设有电空制动器、空气制动阀和压力表。

在副司机操纵台上设有紧急制动按钮和紧急制动阀。

电空制动屏柜又称制动屏柜、气阀柜，主要安装有电空阀、调压阀、双阀口式中继阀、总风遮断阀、机车分配阀、电动放风阀、紧急阀、压力开关、转换阀、电子时间继电器及中间继电器、重联阀等部件。

除此之外，电空制动屏柜内还设有初制风缸、工作风缸、均衡/过充风缸、限制风堵及各种塞门等。

空气管路主要包括：管道滤尘器、截断塞门、管路及管路连接件等。

2. DK–1 型电空制动机的控制关系

DK–1 型电空制动机的工作分为两种工况：电空位（即正常位）工作时，通过操纵电空制动器（或空气制动阀）可以控制、实施全列车（或机车）的制动与缓解；空气位（即故障位）工作时，通过操纵空气制动阀可以控制、实施全列车的制动与缓解。

3. DK–1 型电空制动机的检查试验

DK–1 型电空制动机试验分为装车前试验和装车后试验。其中，装车前试验在 DK–1 型电空制动机试验台上进行；装车后试验通常在单机上进行，主要包括检修试验（即“八步闸”试验）和日常试验（即“五步闸”试验）。

复习思考题

1. 简述 DK–1 型电空制动机各主要组成部分及其在机车上的安装位置。
2. 简述 DK–1 型电空制动机的特点。
3. 简述 DK–1 型电空制动机气动部件、电气部件的名称及结构。
4. 简述双阀口式中继阀的工作状态及工作原理。
5. 简述总风遮断阀的工作状态及工作原理。
6. 简述分配阀的工作状态及工作原理。
7. 简述空气制动阀的工作状态及工作原理。
8. 简述电动放风阀的工作状态及工作原理。
9. 简述紧急阀的工作状态及工作原理。
10. 简述电空制动器的工作状态及工作原理。
11. 简述重联阀的工作状态及工作原理。
12. 简述调压阀的工作状态及工作原理。
13. 简述转换阀的工作状态及工作原理。

14. 简述压力开关的工作状态及工作原理。

15. 简述无动力回送装置的工作状态及工作原理。

16. DK–1 型电空制动机如何切换为电空位操纵？需要进行哪些准备工作？

17. 简述 DK–1 型电空制动机电空位操纵，空气制动阀操纵手柄运转位，电空制动器操纵各位置综合作用过程。

18. 简述 DK–1 型电空制动机电空位操纵，电空制动器操纵运转位，空气制动阀操纵手柄各位置综合作用过程。

19. 简述 DK–1 型电空制动机电空位操纵，电空制动器操纵制动位或制动后的中立位，空气制动阀操纵手柄缓解位或下压空气制动阀操纵手柄的综合作用过程。

20. DK–1 型电空制动机如何切换为空气位操纵？需要进行哪些准备工作？

21. 简述 DK–1 型电空制动机空气位操纵，空气制动阀操纵手柄各位置综合作用过程。

22. 简述 DK–1 型电空制动机五步闸操作过程。

附录A　铁道机车制动机制动作用附图

（扫描二维码，获取高清管路图）

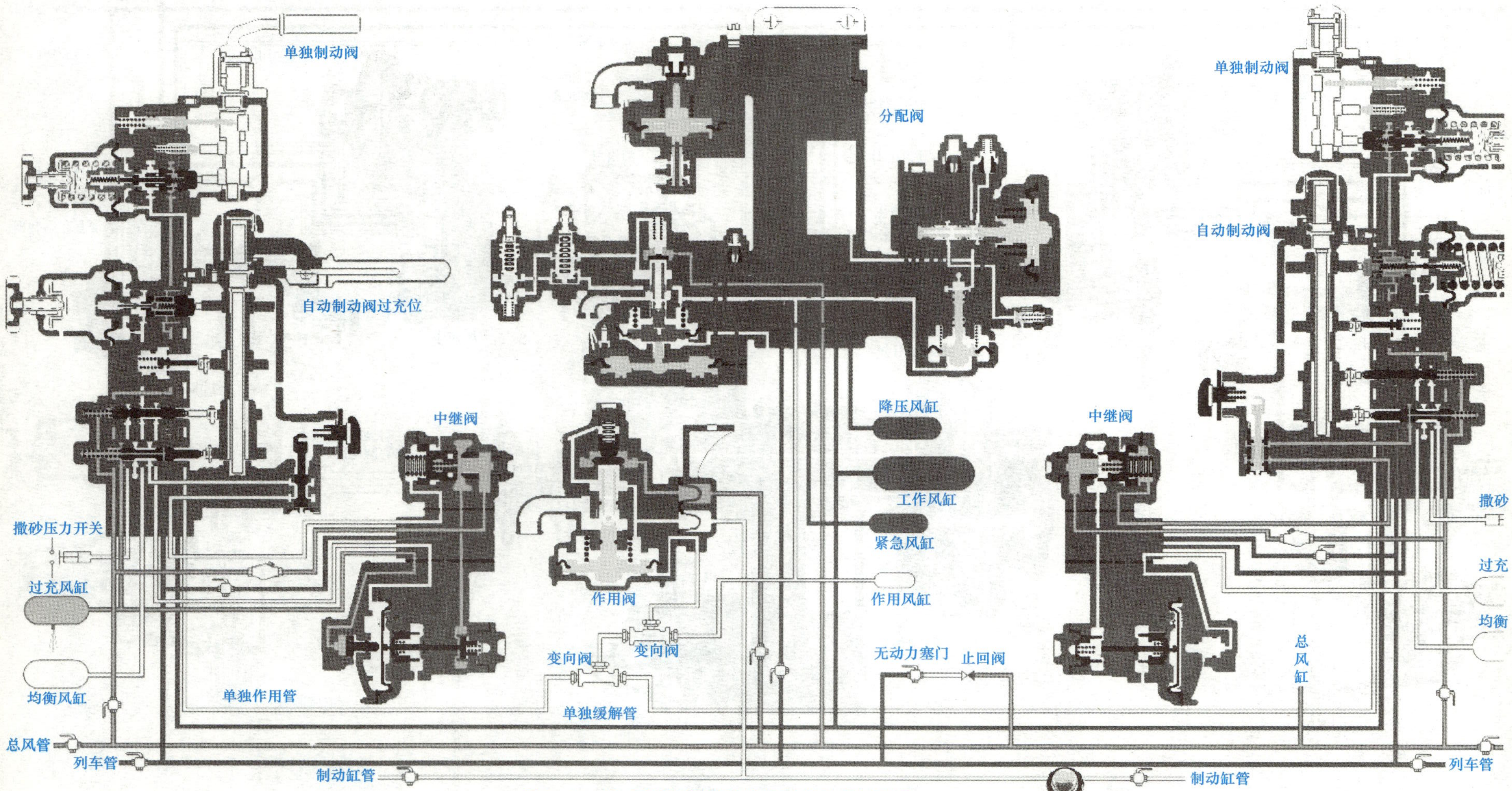

图A-1　JZ-7型空气制动机自动制动阀过充位

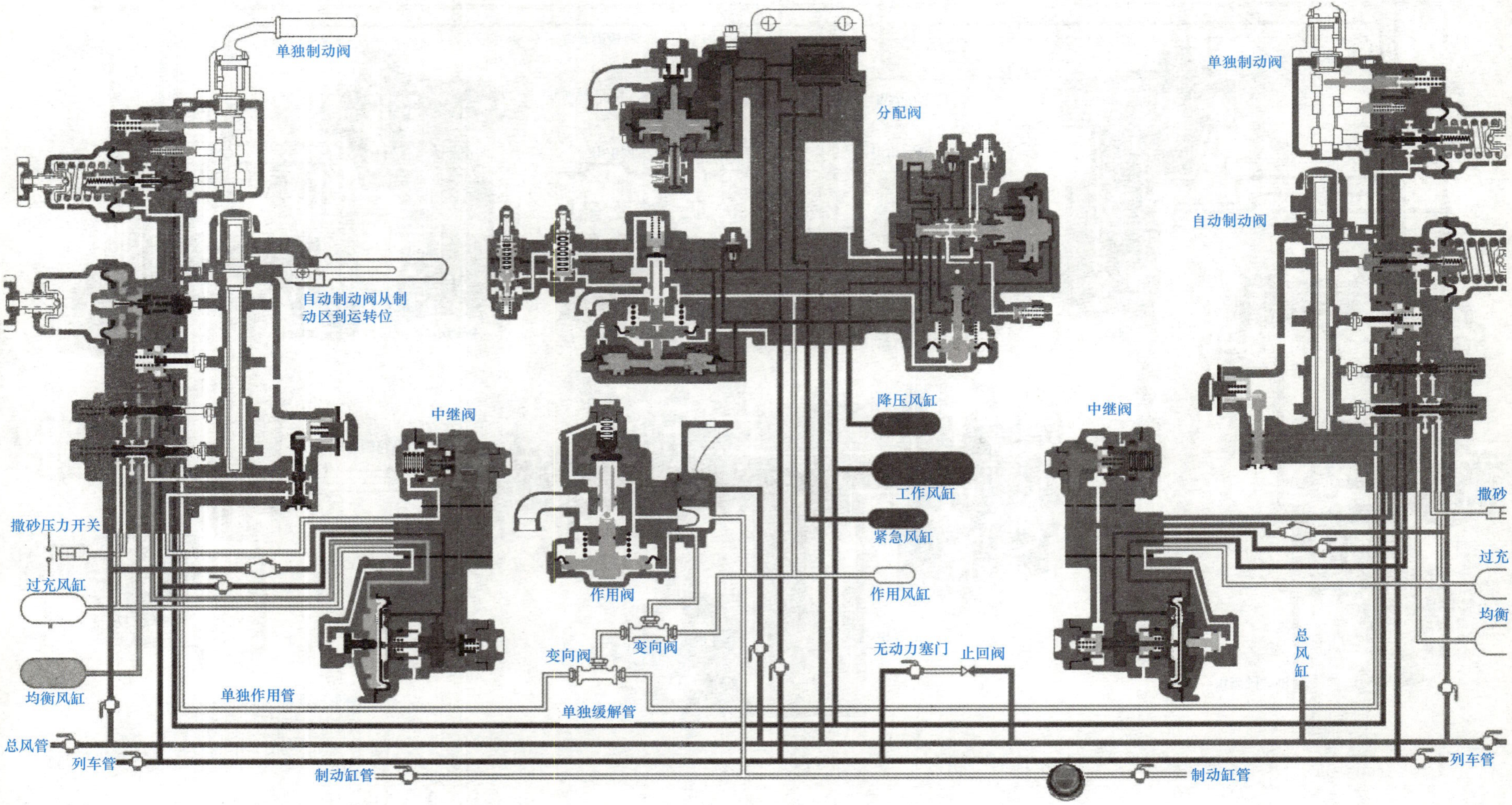

图A-2　JZ-7型空气制动机自动制动阀运转位

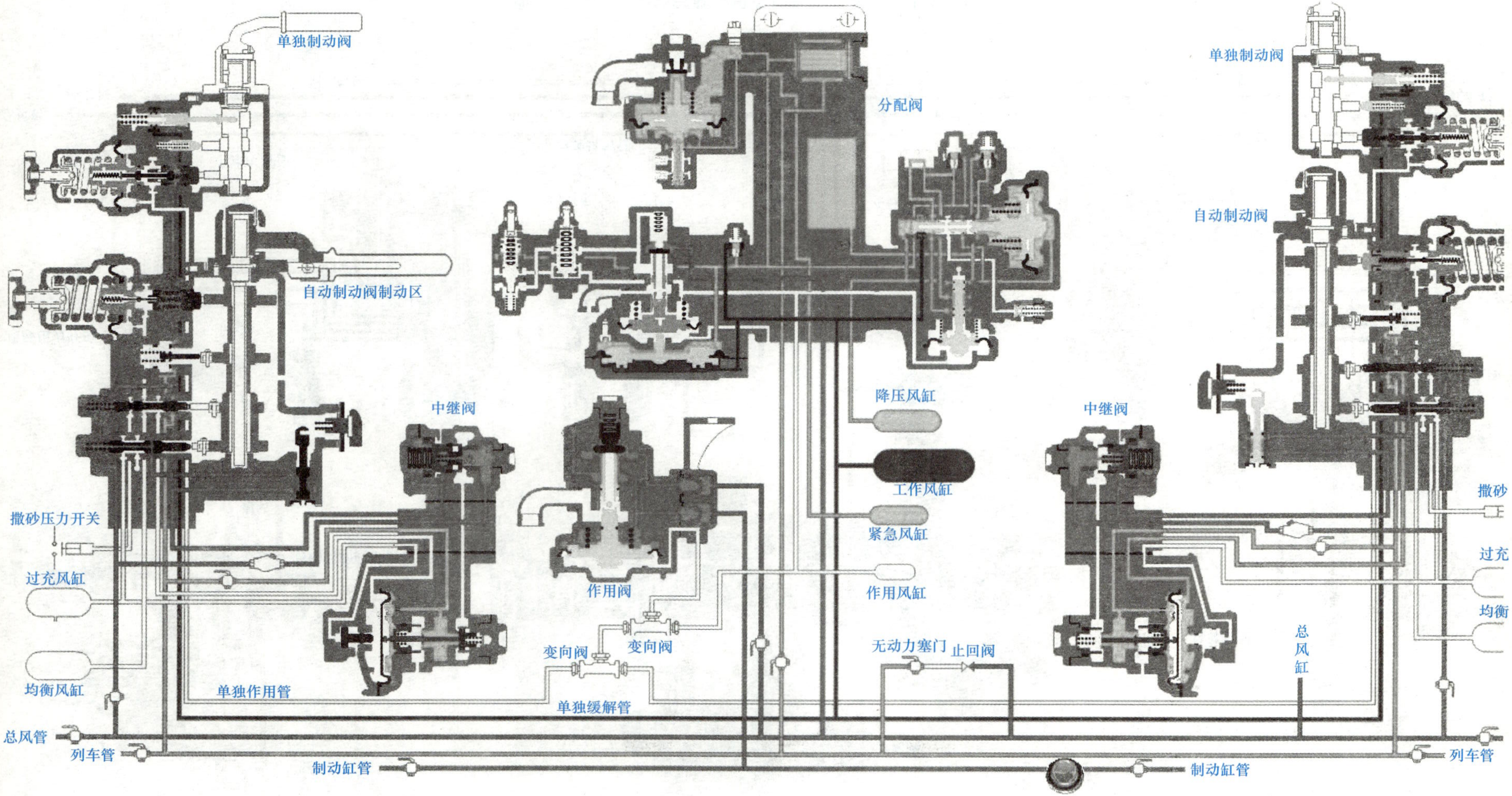

图A-3　JZ-7型空气制动机自动制动阀制动区

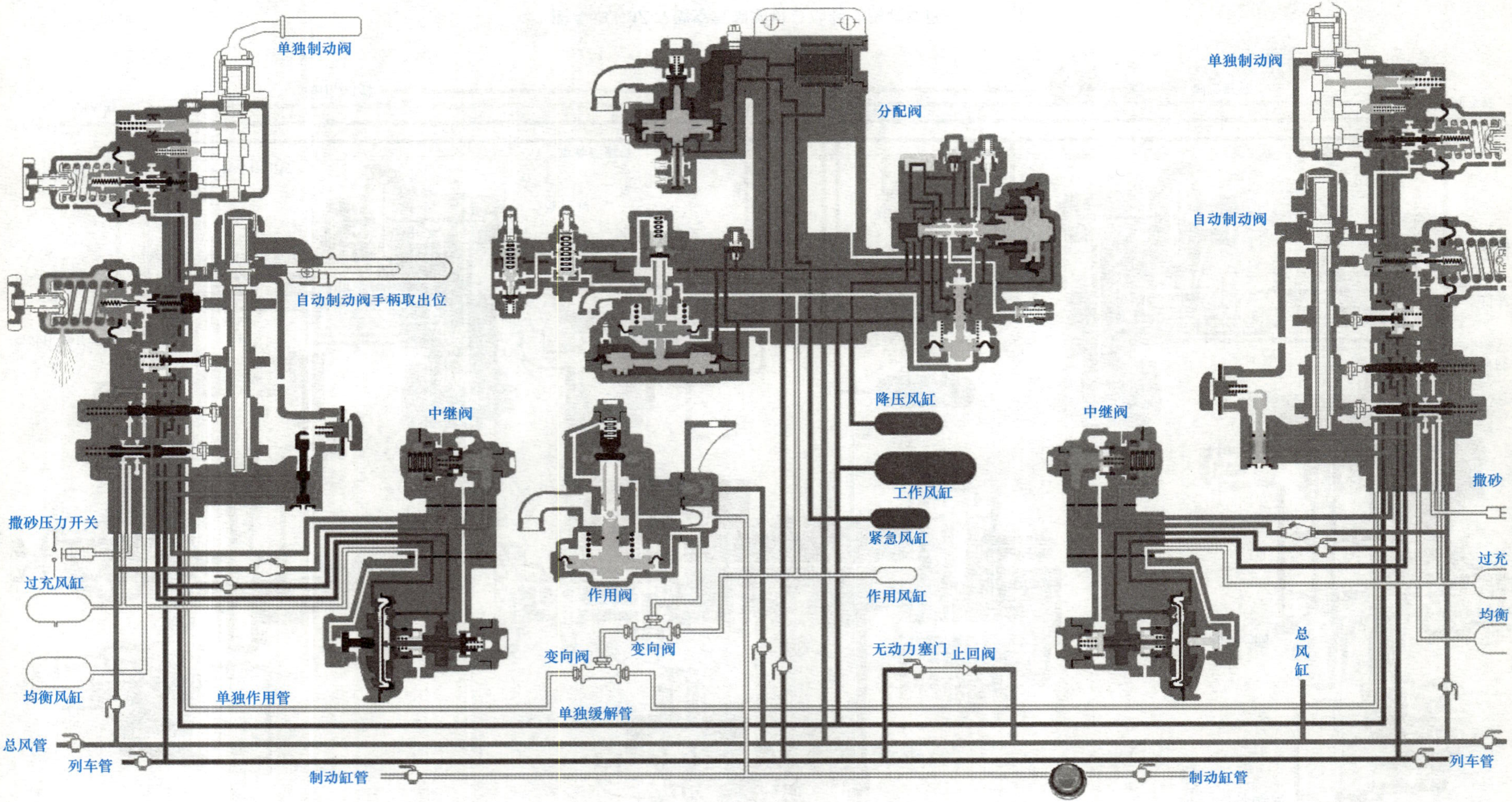

图A-4　JZ-7型空气制动机自动制动阀手柄取出位

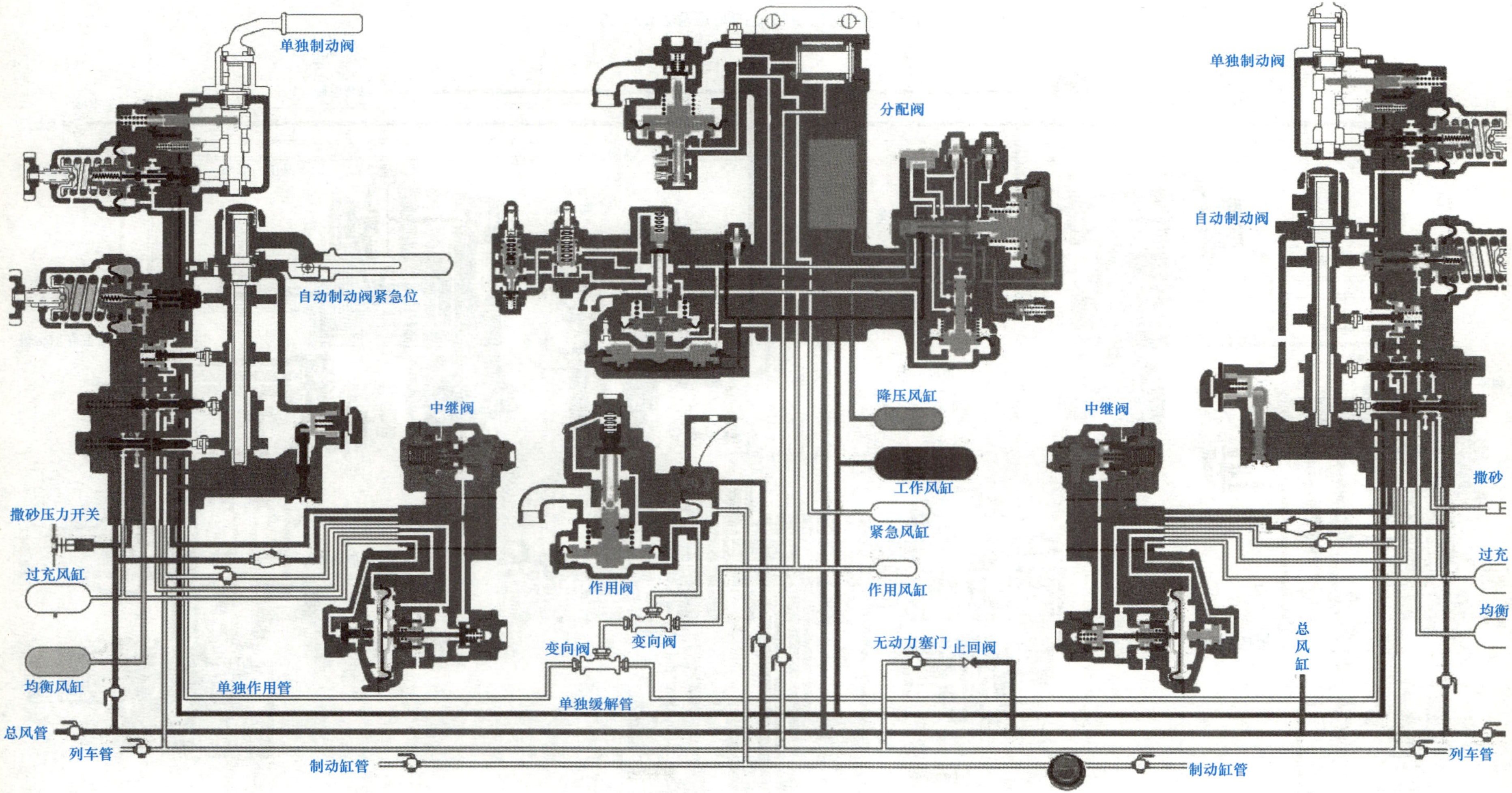

图A-5　JZ-7型空气制动机自动制动阀紧急位

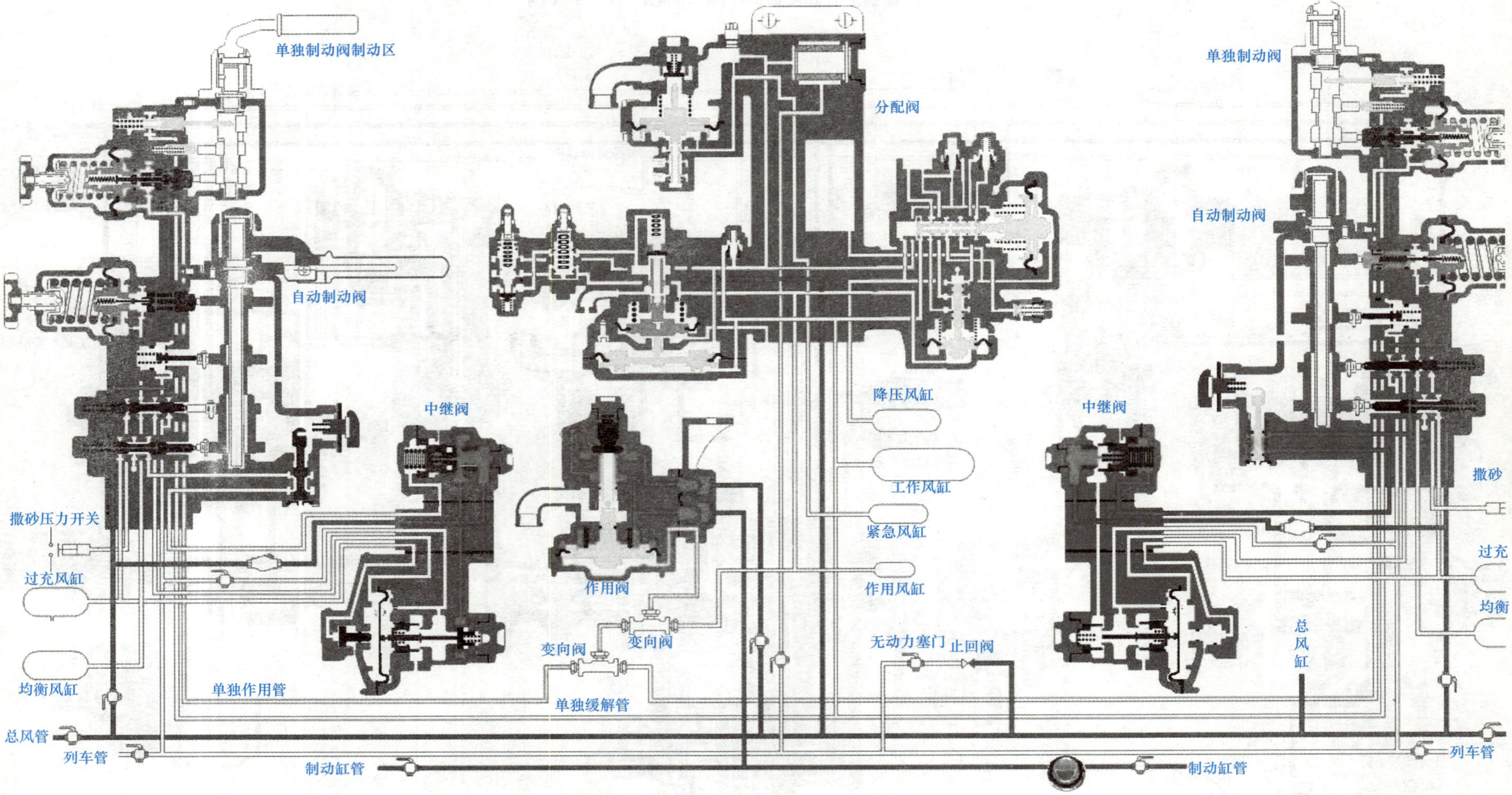

图A–6　JZ–7型空气制动机单独制动阀制动区

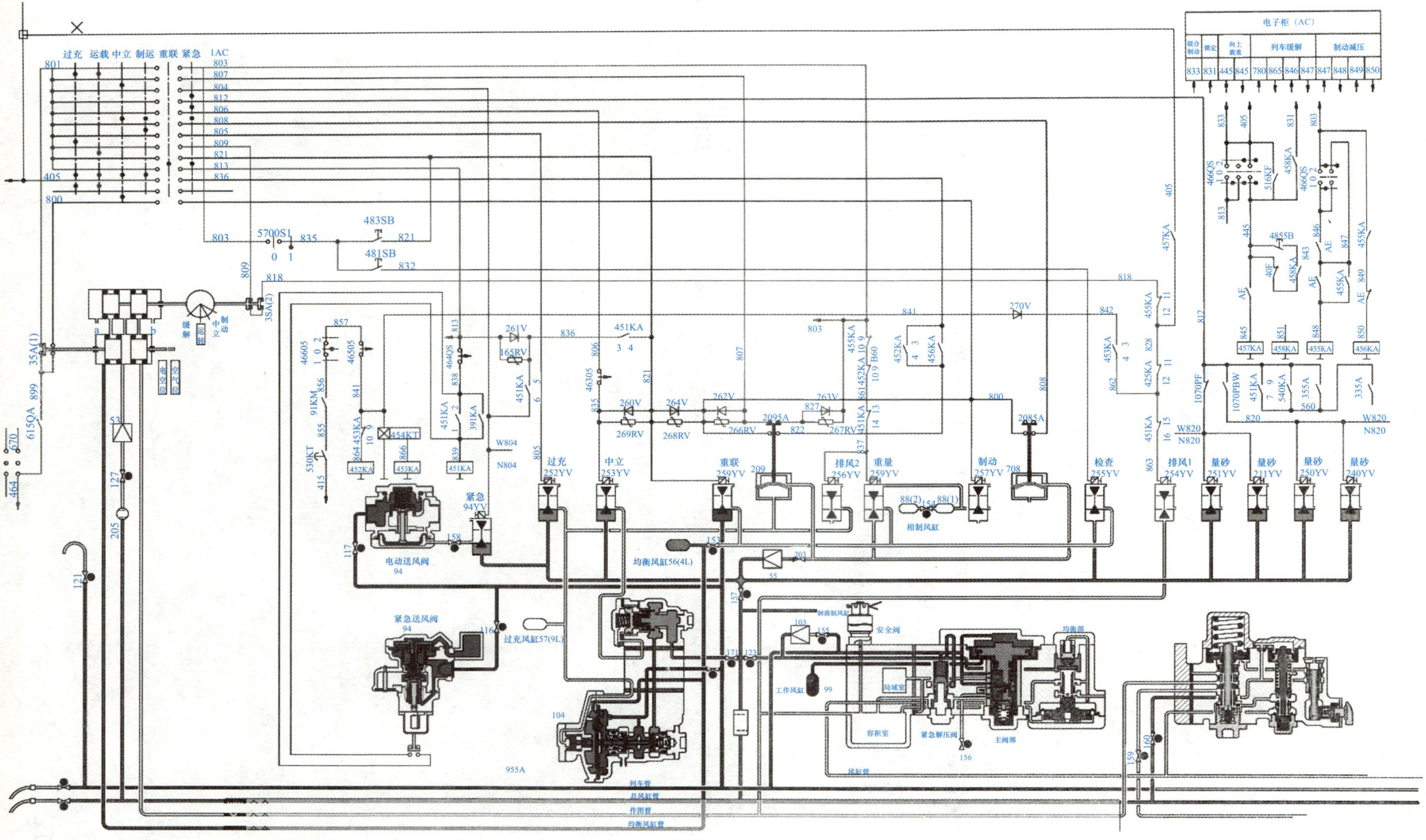

图A-7　SS_4改型电力机车DK-1电空制动机管路图

参考文献

[1] 张有松，朱龙驹. 韶山$_4$型电力机车[M]. 北京：中国铁道出版社，1998.

[2] 刘豫湘，陆缙华，潘传熙. DK–1 型电空制动机与电力机车空气管路系统[M]. 北京：中国铁道出版社，1998.

[3] 李益民，阳东. 电力机车制动机. 北京：中国铁道出版社，2012.

[4] 呼和浩特铁路局职工教育处. 电力机车司机[M]. 北京：中国铁道出版社，2013.

[5] 阳东. 电力机车制动机操纵与检修[M]. 北京：中国铁道出版社，2017.

[6] 王爱民. DK–1 型电空制动机检修及故障处理[M]. 北京：中国铁道出版社，1996.

[7] 那利和. 电力机车制动机[M]. 北京：中国铁道出版社，2001.

[8] 高旭. 内燃机车空气制动机[M]. 北京：中国铁道出版社，2000.

[9] 杨兆昆，罗鑫，许秀杰. 东风$_{11}$型内燃机车乘务员[M]. 北京：中国铁道出版社，2003.

[10] 戚墅堰机车车辆厂. 东风$_{8B}$型内燃机车[M]. 北京：中国铁道出版社，1999.

[11] 呼和浩特铁路局职工教育处. 内燃机车司机[M]. 北京：中国铁道出版社，2014.